工程法律与伦理 经典案例

王凤民　胡文俊　林乾洋　编著

厦门大学出版社　国家一级出版社
XIAMEN UNIVERSITY PRESS　全国百佳图书出版单位

图书在版编目（CIP）数据

工程法律与伦理经典案例 / 王凤民，胡文俊，林乾洋编著. -- 厦门：厦门大学出版社，2022.8
ISBN 978-7-5615-8703-4

Ⅰ．①工… Ⅱ．①王… ②胡… ③林… Ⅲ．①建筑法
—研究—中国 Ⅳ．①D922.297.9

中国版本图书馆CIP数据核字(2022)第152603号

出 版 人	郑文礼
责任编辑	甘世恒
美术编辑	蔡炜荣

出版发行	厦门大学出版社
社　　址	厦门市软件园二期望海路 39 号
邮政编码	361008
总　　机	0592-2181111　0592-2181406(传真)
营销中心	0592-2184458　0592-2181365
网　　址	http://www.xmupress.com
邮　　箱	xmup@xmupress.com
印　　刷	厦门市竞成印刷有限公司

开本	787 mm×1 092 mm　1/16
印张	15.25
字数	362 千字
版次	2022 年 8 月第 1 版
印次	2022 年 8 月第 1 次印刷
定价	55.00 元

本书如有印装质量问题请直接寄承印厂调换

厦门大学出版社
微信二维码

厦门大学出版社
微博二维码

序 言

"天下之事,闻者不如见者知之为详,见者不如居者知之为尽。"人的认识是适应实践需要,为解决和完成实践提出的问题和任务而产生的。工程活动既是应用科学和技术改造物质世界的自然实践,又是改进社会生活和调整利益关系的社会实践。随着科学技术的迅猛发展,现代工程活动在产生良好经济和社会效益,为人类造福的同时,也对人类自身与社会环境带来了损害与发展风险。因此,现代工程活动发展的客观现实,要求工程师不仅要具备专业的知识和技能,更需具备"正当地行事"的法律与伦理意识,以及规避技术、社会风险和协调利益冲突的综合素质与能力。"知之愈明,则行之愈笃;行之愈笃,则知之益明。"对工程活动社会影响与效果的认识与理解,需要走出课堂,深入实际,通过亲力亲为,直观、真切地感知。工科学生只有将书本学习与工程实际相结合,与社会生活相结合,与个人发展相结合,才能产生学习实际效果,才能达到素质提升之目的。

2019年3月18日,习近平总书记在全国学校思想政治理论课教师座谈会上发表重要讲话,提出"敬教劝学,建国之大本;兴贤育才,为政之先务";"要坚持问题导向,学生关注的、有疑惑的问题其实也就几大类,要把这些问题掰开了、揉碎了,深入研究解答,把事实和道理一条条讲清楚";"马克思主义是在实践中形成并不断发展的,要高度重视思政课的实践性,把思政小课堂同社会大课堂结合起来,在理论和实践的结合中,教育引导学生把人生抱负落实到脚踏实地的实际行动中来,把学习奋斗的具体目标同民族复兴的伟大目标结合起来,立鸿鹄志,做奋斗者"。理论学习不能空谈,仅为学习而学习,理论将会成为无本之木,无源之水。现代工程活动与工程技术自身的复杂性及其与自然、社会的密切关系,对传统工程教育提出了严峻挑战。因此,理论学习要向实践延伸,课堂教学要向课外拓展。工科大学生是未来的工程师,不仅要精通技术,还要拥有高度的社会责任感、科学的价值观、正确的利益观和强烈的伦理道德意识,而社会责任感、价值观和伦理道德意识恰恰需要实践培育。通过工程实践,学生可真正领悟人生意义,真实感知社会责任,树立科学价值观,强化伦理道德意识。

"不闻不若闻之,闻之不若见之,见之不若知之,知之不若行之。"实践不仅不断地提出认识新课题,推动着认识向前发展,还为认识发展提供必要条件。认识活动的目的在于更好地去改造客体,更有效地指导实践。人的情感和伦理认知也来源于实践。工程活动以造物为核心,既不是单纯的科学应用,也不是相关技术的简单堆砌和剪贴拼凑,而是综合利用了科学知识、经验技能、人、财、物等各种资源,是对科学、技术、经济、管理、社会、文化、环境等众多要素的集成、选择和优化。因此,工程师在工程活动中必须考虑经济、科技、政治、文化等各个因素影响,建立全新工程理念,提出技术先进、经济合理、社会适宜、富有创新性的较优方案,以解决复杂工程问题。"道虽学不行不至,事虽小不为不成。"一切工程活动都是为了增进社会利益,满足社会某种目的。对工程师而言,工程理念塑造和对各种工程要素的集成思考,需要通过长时间的实践和点滴经验累积,才能形成工程经济与社会效益双考量的较优方案。因此,实践尤其重要。

"学之之博,未若知之之要;知之之要,未若行之之实。"2020 年 8 月,本课题编撰的《工程法律与伦理》教材已出版,内容涉及工程法律与伦理多种基本制度与基础理论。为提供学习效能与效度,需要对其内容进一步深化、应用化,于是催生了本书编写计划。本书以该教材内容为基准,选取工程实践中保理合同、医药标准、质量、资质许可、招投标、商标、商业秘密、噪音污染、责任事故和惩罚性赔偿等十个工程法律典型案例;选取港珠澳大桥、化工爆炸、楼房坍塌、造良心桥、网络安全与隐私保护、棱镜门、整治塑料污染、人脸识别、人体器官移植、核电站泄露等十个工程伦理典型案例。通过深入分析每个工程事件或具体项目案例意义、作用、得与失、经验与启示,以及案例背后的制度依据、行业标准等,对案例进行科学、技术、经济、管理、社会、文化和环境等众多维度剖析,阐述其中蕴含的法律或伦理问题,并有针对性提出案例启示,以助于对基础理论与知识学习与理解。本书对学生学习工程法律与伦理课程,理解相关理论与制度具有积极意义,对工程实践具有重要指导意义。

福建工程学院校长 教授 博士生导师

2021 年 12 月 1 日于福州旗山

目　录

案例一 保理合同——助推企业融资，促进市场融通

提　　要	保理作为应收账款融资重要类型，具有低成本、逆周期等特点，能够解决企业应收账款账期、担保物缺乏、难获银行授信等问题，尤其对中小微企业融资难问题解决具有重要作用。保理业务经常与保证、质押、抵押等担保制度同时发生、并用，以强化保理业务安全性。企业作为最重要的市场主体，应充分认识、了解保理制度的优势与积极作用，谨慎运用、善用保理业务，良性运营，实现利益最大化，促进资金与市场交易融通。
基本概念	保理　合同　追索权　保证　最高额质权

案情简介

2019 年 10 月 15 日，上海远东国际融资租赁有限公司（以下简称"远东公司"）与上海海寓公寓管理有限公司（以下简称"海寓公司"）、上海景闳远寓公寓管理有限公司（以下简称"景闳公司"）签订"有追索权保理合同"。远东公司为保理商，海寓公司为应收账款转让方，景闳公司为应收账款债务人，三方形成了保理合同法律关系。合同约定：海寓公司将其与景闳公司签订的基础合同项下应收账款 2970 万元转让给远东公司；远东公司向海寓公司支付应收账款受让款 2970 万元，作为其受让该应收账款的对价；景闳公司向远东公司分期支付回收款 2970 万元及服务费 172 万元。同日，上海合滨投资管理有限公司（以下简称"合滨公司"）与远东公司签订保证合同，承诺为景闳公司在保理合同项下向原告应付的债务承担连带保证责任。海寓公司也与远东公司签订了"最高额股权质押合同"，约定将海寓公司合法享有的景闳公司 49% 的股权质押给远东公司，用以担保景闳公司在保理合同项下向原告应付的债务。事后，远东公司与海寓公司签订了应收账款转让协议，办理了应收账款转让登记，并依约支付了应收账款转让对价。

事后，远东公司收到景闳公司第一期回收款及服务费后，未收到其余已到期款项。同时，远东公司发现海寓公司、景闳公司经营状况、财务状况显著恶化，海寓公司合法持有的景闳公司 49% 的股权亦被冻结。远东公司遂向上海浦东新区法院起诉，请求依约解除合同，并获得经济赔偿。

上海浦东法院经审理后认为,本案是保理合同纠纷,根据《最高人民法院关于适用〈中华人民共和国民法典〉时间效力的若干规定》的规定,应当适用《民法典》关于保理合同的规定。此案即成为《民法典》实施后,上海法院审理的首例案件。依据《民法典》等法律法规,法院判决各方签订的有追索权保理合同于 2020 年 9 月 11 日解除;海寓公司、景阅公司连带赔偿远东公司经济损失,包括回收款损失 2680 万元及相应违约金;景阅公司支付远东公司服务费 172 万元及相应违约金;合滨公司对景阅公司的付款义务承担连带清偿责任,在履行上述清偿义务后,有权向景阅公司追偿;若景阅公司未按期履行付款义务,远东公司可与海寓公司协议,以其持有的景阅公司 49% 的股权折价,或者申请以拍卖、变卖该股权所得价款在最高债权限额 4400 万元的范围内优先受偿。[①]

案情分析与结论

一、各方签订的有追索权保理合同、保证合同、最高额股权质押合同和应收账款转让协议均是合法有效的

本案中,远东公司、海寓公司、景阅公司和合滨公司等各方间订立的追索权保理合同、保证合同、最高额股权质押合同和应收账款转让协议,均是依照诚实信用原则,在平等自愿的基础上,体现了各方的真实意思表示,符合当时《民法通则》《民法总则》《物权法》《合同法》和《担保法》等法律法规相关制度要求,形成了各方间的合同法律关系,因而是合法有效的。其中保理合同在我国当时施行的《合同法》中,并未将其确定为具体有名合同,但《合同法》第124 条规定"本法分则或者其他法律没有明文规定的合同,适用本法总则的规定,并可以参照本法分则或者其他法律最相类似的规定"。保理合同是应收账款债权人将现有的或者将有的应收账款转让给保理人,保理人提供资金融通、应收账款管理或者催收、应收账款债务人付款担保等服务的合同。对保理合同内容进行剖析,可以发现债权人让与债权是保理合同成立的基本要素,而债权让与是债法的一般制度;保理人提供资金融通、应收账款管理或者催收、应收账款债务人付款担保等服务,均有借款、委托和担保等法律制度相规制。因此,司法实践中对保理合同纠纷的处理,通常以《合同法》《物权法》《担保法》及其相关司法解释、司法规范性文件为依据,符合相应立法精神与具体法律法规要求,是没有任何问题的。

二、景阅公司逾期未支付第一期之外的回收款及服务费,构成违约,应承担违约责任;海寓公司、合滨公司也应按事前约定承担相应责任;远东公司有权解除合同

依照《合同法》的有关规定,依法成立的合同,对当事人具有法律约束力,受法律保护;

---

① 案例来源:上海浦东新区:审结近 3000 万元保理合同纠纷案,2021-01-05;《〈民法典〉实施后上海首案!浦东法院审理并判决一起保理合同纠纷》,载《新民晚报》,2020-01-04。

当事人应当按照约定全面履行自己的义务，不得擅自变更或者解除合同；当事人一方不履行合同义务或者履行合同义务不符合约定的，应当承担继续履行、采取补救措施或者赔偿损失等违约责任。本案中，景闳公司逾期未支付第一期之外的回收款及服务费，已构成违约，应承担违约责任。景闳公司违约行为不仅致使其应承担违约责任，同时导致海寓公司依约与其一起承担连带赔偿责任，海寓公司与合滨公司分别为其承担担保责任。因此，法院判决景闳公司、海寓公司与合滨公司依约承担相应责任具有事实与法律依据，是合理的。《合同法》规定，当事人一方迟延履行主要债务，经催告后在合理期限内仍未履行，另一方当事人可以解除合同。远东公司在景闳公司支付第一期回收款及服务费后，拒不支付后期款项，即享有合同解除权，故法院支持其合同解除诉求符合法律规定。

三、本案适用《民法典》审理是正确的

我国《民法典》第 1260 条规定"本法自 2021 年 1 月 1 日起施行。《中华人民共和国婚姻法》、《中华人民共和国继承法》、《中华人民共和国民法通则》、《中华人民共和国收养法》、《中华人民共和国担保法》、《中华人民共和国合同法》、《中华人民共和国物权法》、《中华人民共和国侵权责任法》、《中华人民共和国民法总则》同时废止"。本案发生于 2019—2020 年，法院审理于 2021 年 1 月，是适用《民法典》还是《民法典》施行前法律，是一个焦点问题。2020 年 12 月 14 日，《最高人民法院通过关于适用〈中华人民共和国民法典〉时间效力的若干规定》（法释〔2020〕15 号），自 2021 年 1 月 1 日起施行。其规定"民法典施行前的法律事实引起的民事纠纷案件，当时的法律、司法解释没有规定而民法典有规定的，可以适用民法典的规定，但是明显减损当事人合法权益、增加当事人法定义务或者背离当事人合理预期的除外""民法典施行前订立的保理合同发生争议的，适用民法典第三编第十六章的规定"。本案是典型的保理合同纠纷，故应适用《民法典》进行审理。

相关法律法规索引

《民法典》（2021 年 1 月 1 日生效）

第 761 条：保理合同是应收账款债权人将现有的或者将有的应收账款转让给保理人，保理人提供资金融通、应收账款管理或者催收、应收账款债务人付款担保等服务的合同。

第 762 条：保理合同的内容一般包括业务类型、服务范围、服务期限、基础交易合同情况、应收账款信息、保理融资款或者服务报酬及其支付方式等条款。保理合同应当采用书面形式。

第 763 条：应收账款债权人与债务人虚构应收账款作为转让标的，与保理人订立保理合同的，应收账款债务人不得以应收账款不存在为由对抗保理人，但是保理人明知虚构的除外。

第 764 条：保理人向应收账款债务人发出应收账款转让通知的，应当表明保理人身份并附有必要凭证。

第 765 条：应收账款债务人接到应收账款转让通知后，应收账款债权人与债务人无正当理由协商变更或者终止基础交易合同，对保理人产生不利影响的，对保理人不发生效力。

第 766 条：当事人约定有追索权保理的，保理人可以向应收账款债权人主张返还保理融资款本息或者回购应收账款债权，也可以向应收账款债务人主张应收账款债权。保理人向应收账款债务人主张应收账款债权，在扣除保理融资款本息和相关费用后有剩余的，剩余部分应当返还给应收账款债权人。

第 767 条：当事人约定无追索权保理的，保理人应当向应收账款债务人主张应收账款债权，保理人取得超过保理融资款本息和相关费用的部分，无须向应收账款债权人返还。

第 768 条：应收账款债权人就同一应收账款订立多个保理合同，致使多个保理人主张权利的，已经登记的先于未登记的取得应收账款；均已经登记的，按照登记时间的先后顺序取得应收账款；均未登记的，由最先到达应收账款债务人的转让通知中载明的保理人取得应收账款；既未登记也未通知的，按照保理融资款或者服务报酬的比例取得应收账款。

第 769 条：本章没有规定的，适用本编第六章债权转让的有关规定。

法律制度解读

一、保理与保理合同

保理又称保付代理、托收保付，是指"以提供融资便利或者使买方免去管理上的麻烦，或者使其免去坏账风险，或以上两种或全部为目的而承购应收账款的行为"[①]。《国际保理公约》（国际统一私法协会 1988）规定"保理是供应商与保理商间存在的合同关系，根据该关系，供应商将其基于与客户订立的货物销售合同（包含服务）所产生的应收账款转让给保理商，由保理商至少为其提供下列服务中的两项：贸易融资、销售分户账管理、应收账款催收与坏账担保"。保理制度发端于 4000 多年前的古巴比伦王国，现代保理制度可追溯到欧洲大陆银行贴现与美国商业代理业务。最初，欧洲大陆各国银行通过贴现业务，收购商家应收账款，为商家筹集资金；美国销售代理商通过商品代理，为被代理商提供收缴货款和商业融资等服务。他们的共同作用都是为消减商家应收账款回流风险，为商家未能及时回收应收账款提供担保。在此基础上，欧美的银行贴现与美国商业代理业务在发展、演化道路上殊途同归，共同衍生出现代保理，并日渐成为世界各国与国际贸易中极为重要的金融法律制度。我国的保理业务开展得较晚，始于 1987 年的银行保理业务，2012年开始试行商业保理。近些年，保理作为企业融资的一种手段，使贸易更安全、结算更迅速、资金融通更便捷，尤其在缓解中小企业融资难、融资贵难题方面，起到了积极作用，促进了实体经济的发展。同时，保理制度也日渐成熟，并广泛应用于国际贸易、国内贸易和

[①] ［英］弗瑞迪·萨林格：《保理法律与实务》，刘园、叶志壮译，对外经济贸易大学出版社 1995 年版，第 5 页。

金融等领域。目前，我国保理业务发展迅速，保理业务量已连续多年跃居全球第一，在全球保理市场中占据举足轻重的地位。

"保理业务一般涉及三方当事人和两个合同。三方当事人为保理商、债权人、债务人。保理商是开展保理业务的银行、保理公司或其他金融机构。债权人是指基础合同中的债权人，也是保理合同中应收账款的出让人。债权人与保理商签订保理合同，将基础合同中的应收账款转让给保理商。债务人是指基础合同项下的付款义务人，债务人作为保理合同中的第三人，有将应收账款偿付给保理商的义务。两个合同为基础合同和保理合同，基础合同是指债权人与债务人之间，有关销售货物、提供服务或出租资产等基础交易合同，保理合同是指债权人与保理商之间的保理合同。"①保理业务在我国已经开展了20多年，但保理合同却是第一次在《民法典》中被增设为典型的有名合同。我国《民法典》规定，保理合同是应收账款债权人将现有的或者将有的应收账款转让给保理人，保理人提供资金融通、应收账款管理或者催收、应收账款债务人付款担保等服务的合同。

保理合同的一方主体即保理商，应当是根据国家规定、获得有关部门能够办理保理业务的商业保理机构或者金融公司。保理合同中，应收账款转让是保理法律关系成立的基础，且保理商至少应当为债权人提供销售分户账管理、应收账款催收、资信调查与评估、信用风险控制及坏账担保等业务中的一项。一般情况下保理商收回的应收账款，若在扣除本金、利息及有关费用后有超出部分，应将超出部分支付给债权人，此特征主要是区别于普通的债权转让合同；在有追索权的保理中，出现债务人不完全履行或债权人违约行为对应收账款回收产生不良影响时，保理商有权要求债权人回购应收账款，此特征主要是区别于普通的质押合同。因此，"保理合同实质上是应收账款转让与融资、委托代理、担保、应收账款催收与管理等服务要素的组合体，是以合同形式表现的应收账款转让与综合性金融服务的叠加，具有混合合同的属性"②。按照不同标准，保理可分为不同类型，保理合同也相应分为不同种类。保理合同根据基础交易当事人及基础交易行为是否涉及国际贸易，可分为国内保理合同和国际保理合同；根据应收账款转让后，在特定条件下保理商是否可以将应收账款反转于债权人，可分为有追索权保理合同和无追索权保理合同；根据债权人是否具有通知债务人应收账款转让事实的义务，可分为明保理合同和暗保理合同；根据开展保理业务的主体不同，可分为银行保理合同与商业保理合同。

二、有追索权保理

追索权源于票据制度，是一种票据权利，是指"票据之持票人于到期不能获得付款及期前得不到承兑时，持票人请求其前手清偿票据金额、利息及有关费用的票据权利"③。票据权利具有双重性，包括付款请求权和追索权，在持票人请求权不能实现情况下，就可以行使追索权实现其利益，因此追索权又称第二次请求权。追索权制度，实为对价关系的法律制度。票据的最后持票人付出代价取得票据后，本应从付款人处获得付款，获得补偿

① 孙琳煊：《保理合同法律问题研究》，沈阳工业大学2019年硕士学位论文，第14页。
② 黄和新：《保理合同：混合合同的首个立法样本》，载《清华法学》2020年第3期。
③ 王世声：《论票据权利中的追索权》，载《科学·经济·社会》2000年第3期。

的对价,但若付款人不付款,就对持票人失去对价而显失公平。因此,有了追索权,票据债权才具有完整的安全性,使票据被社会广泛接受和利用,并维护着票据制度的稳定和有效运行。

如前所述,根据应收账款转让后,在特定条件下保理商是否可以将应收账款反转让于债权人,可将保理分为有追索权保理和无追索权保理,其中的追索权与票据权利中的追索权内涵一致。有追索权保理,"是保理人仅提供包括融资在内的金融服务,而不承担为债务人核定信用额度和提供坏账担保的义务。无论因何种原因不能收回应收账款,保理人都有权向债权人追索已付融资款项本息,并拒付尚未收回的差额款项,或者要求债权人回购应收账款;也可以向债务人主张应收账款债权"①。本案中,远东公司、海寓公司与景闾公司间签订的即是有追索权保理合同。根据《民法典》的立法精神与具体规范,当事人约定有追索权保理的,保理人可以向应收账款债权人主张返还保理融资款本息或者回购应收账款债权,也可以向应收账款债务人主张应收账款债权。保理人向应收账款债务人主张应收账款债权,在扣除保理融资款本息和相关费用后有剩余的,剩余部分应当返还给应收账款债权人。需要注意的是,保理人在向应收账款债权人主张返回保理融资本息或者回购应收账款债权的同时,又向应收账款债务人主张应收账款债权的,是允许的;但若当事人另有约定,当依照约定顺序主张权利。无论有无顺序约定,保理人均不得重复受偿。与无追索权保理相比较,有追索权保理对保理人回款来源一定程度上起到了保护作用,其经营风险大大降低,但其保理服务的回报率也会低一些。

三、保证与保证合同

现代市场交易大都是以信用为中介的,因此市场经济也被视为一种信用经济。信用在促进市场交易成本降低的同时,也带来了一定的风险,即当受信人(债务人)失信或信用不足时,授信人(债权人)的受偿风险就会增加,为减少或避免信用风险,信用担保制度便产生了。保证作为一种重要的担保手段,在古罗马时期就已得到广泛应用,现代保证制度是随着合同法律制度一起发展起来的。保证是"确保债权利益实现的担保制度体系中的一种类型,它是通过保证人担保债务人履行债务的行为来确保债权人利益实现的法律制度"②。保证分为一般保证和连带责任保证。当事人约定,债务人不能履行债务时,由保证人承担保证责任的,为一般保证。一般保证的保证人在主合同纠纷未经审判或者仲裁,并就主债务人财产依法强制执行仍不能履行债务前,对债权人可以拒绝承担保证责任。连带责任保证的债务人在主合同规定的债务履行期届满没有履行债务的,债权人可以要求债务人履行债务,也可以要求保证人在其保证范围内承担保证责任。本案中,合滨公司与远东公司签订的保证合同就是连带责任保证。保证是经济活动中应用较普遍的担保形式,对维护交易安全,降低市场风险起到了重要作用。

保证合同是为保障债权的实现,保证人和债权人约定,当债务人不履行到期债务或者发生当事人约定的情形时,保证人履行债务或者承担责任的合同。我国《民法典》第681

---

① 黄和新:《保理合同:混合合同的首个立法样本》,载《清华法学》2020年第3期。
② 郭明瑞:《担保法》,中国政法大学出版社1998年版,第145页。

条至第 702 条对保证合同作了专章规定，与原《担保法》《合同法》等法律法规中的保证制度相比，改动较大，主要表现为以下方面：(1)原《担保法》规定"当事人可以约定保证合同的效力独立于主合同，主合同无效不影响保证合同的效力"；《民法典》修改为"保证合同是主债权债务合同的从合同。主债权债务合同无效的，保证合同无效，但是法律另有规定的除外"。(2)原《担保法》规定"保证方式约定不明的，按连带保证承担保证责任"；《民法典》修改为"按一般保证承担责任"。(3)《民法典》不仅将保证人行使先诉抗辩权的例外情形有所修改，还增加了"债务人下落不明，且无财产可供执行""债务人的财产不足以履行全部债务或者丧失履行债务能力"两种情形。(4)《民法典》不区分"保证期间约定是否明确"的情形，只要未约定保证期间的，统一将保证期间确定为 6 个月，不再有"约定不明，保证期间两年"之规定。(5)原《担保法》的司法解释规定，保证合同的诉讼时效起算点为"判决或者仲裁裁决生效之日起"；《民法典》修改为"保证人拒绝承担保证责任的权利消灭之日起"。(6)原《担保法》规定"债权转让后，保证人在原保证范围内继续承担保证责任"；《民法典》修改为"债权转让未通知保证人的，对保证人不发生效力"。(7)原《担保法》规定"保证人承担保证责任后，可以向债务人追偿"；《民法典》继续确认了保证人追偿权，但新增了"当事人另有约定的除外"之规定，也就是说当事人可自行约定排除这种追偿权。总之，《民法典》保证合同相关规定与原《担保法》等法律法规相比，改动较大，有些甚至是颠覆性改变，实际应用中一定要注意，千万不要凭经验办事，否则会引发法律风险。

四、最高额质权

质押，是指债务人或第三人将特定的财产交由债权人占有，或者以财产权利为标的，作为债权担保，在债务人不履行债务或者发生当事人约定的实现质权的情形时，债权人以该财产或权利折价，或以拍卖、变卖所得价款优先受偿的担保制度。质押关系中，提供财产或权利的人为出质人，享有质权的人为质权人。无论依据原《担保法》《合同法》或《物权法》，还是现行《民法典》之规定，股权均可出质，形成股权质押。股权质押是"一种债务融资方式，其实质是股东利用股权作为质押物向金融机构或者第三方获得融资贷款的一种方式，当出质人到期不能履行债务时，质押方可以依照约定就股份折价受偿，或将该股份出售并就其所得价金优先受偿"[①]。

我国原《担保法》只规定了最高额抵押权，没规定最高额质权，但"法无禁止即自由"，因而实践中民事主体间订立最高额股权质押合同是没有问题的。本案中，海寓公司与远东公司签订最高额股权质押合同，约定将其合法享有的景阔公司 49% 的股权质押给远东公司，用以担保景阔公司在保理合同项下向原告应付的债务，在审判中得到了法院的确认。《民法典》弥补了原《担保法》的立法缺陷，在第 439 条中规定"出质人与质权人可以协议设立最高额质权。最高额质权除适用本节有关规定外，参照适用本编第十七章第二节的有关规定"，即适用于最高额抵押权的相关规定。

最高额质权，"是指对于债权人的一定范围内的不特定而连续发生的债权预定一个最

---

① 张晨宇：《股权质押、信息披露及其经济后果》，对外经济贸易大学 2018 年博士学位论文，第 8 页。

高限额,并由债务人或第三人提供质物予以担保而设定的特殊质权"①。设定最高额质权,有利于在降低市场主体间连续性交易成本,简化程序,增强长期交易信任。最高额质权作为一种特殊质权,除具有普通质权共同特征如质押标的为债务人或者第三人财产或权利,以标的物的移转占有为成立要件外,还具有一定的特殊性,主要体现在以下两个方面。一是最高额质权是担保将来发生的连续性、不特定债权。最高额质权设定时,所担保债权尚未发生,将来是否发生以及发生数额多少都处于不确定状态。合同双方设立最高额质权时,只需限定被担保债权范围,只要是约定范围内不断发生的债权,均是其担保对象。二是最高额质押所担保债权限于预定的最高担保额。预定的最高担保额是质权人与出质人约定的,能够由最高额质权获得优先受偿之债权的最高限额。在最高额质权确定时,债权额若超过预定的最高担保额,则超过部分不属于担保范围;债权额若低于预定最高担保额,则以实际存在的债权为担保债权。本案中,海寓公司与远东公司约定的最高质权限额是 4400 万元,而被担保债权最终确定额总计不到 3000 万元,没有超出最高限额,属于担保范围,其诉求也得到了法院的支持。

案例启示

一、企业应充分认识、了解保理制度的优势与积极作用

虽然我国的保理业务开展得较晚,但发展异常迅速。根据 FCI(国际保理商联合会)统计数据,2011—2014 年,中国保理业务量一直位居世界第一;2015—2016 年排名第二;2017—2019 年重返世界第一。我国保理业务主要集中在零售、钢铁、医药、煤炭、汽车、通信、建筑等行业,2018 年保理行业市场规模约为 4116 亿欧元,2019 年市场规模约为 4034 亿欧元。据预测,我国商业保理业务规模有望大幅增长,预计 2025 年业务量将比 2020 年增长 1 倍,达到 3 万亿元人民币。国家统计局数据显示,2013—2019 年,我国规模以上工业企业应收票据及应收账款总额逐渐增多。截至 2019 年年底,我国规模以上工业企业应收票据及应收账款 17.4 万亿元,较 2018 年年末增长 4.5%。如果加上中小企业的应收账款余额,我国目前的应收账款余额应在 30 万亿元左右。可见,我国保理业务体量庞大,发展潜力巨大,已成为国民经济的重要组成部分。

保理业务是应收账款融资的重要类型,具有低成本、逆周期的特点,能够解决企业的应收账款账期、担保物缺乏、难获银行授信等问题,较好地发挥流动资产的运行效益,成为企业尤其是中小微企业便捷的融资手段和普惠金融的落地方式。目前,赊销逐渐成为主流结算方式,"债权人供应货物完成或相应服务提供后,如果需要立即取得资金以继续维持正常的营业,可以根据保理合同的约定,向保理人提交发票等单据凭证后便可以取得与应收账款相对应的融资款项,使得账面应收账款债权很快为现金所取代,维持供应商的现

---

① 戴谋富:《关于构建我国最高额质押制度的研究》,载《湖南省政法管理干部学院学报》2000 年第 6 期。

金流。此种通过简单方便的手续流程即获得的融资款对当前贸易中惯常的以赊销方式进行货物销售的供应商来说至关重要，可以极大地满足其维持业务和扩大经营的需要，同时能达到增加更多交易机会的目的"①。国际贸易中，出口商通过保理业务为进口商提供赊销结算，能够取得更多的海外订单，有助于拓展国际市场，提升企业的国际竞争力。近年来，随着"互联网＋"和金融科技的发展，保理业务也走上了线上化、智能化、便捷化的创新发展之路。各商业银行通过区块链、大数据等新兴科技整合供应链资金流、物流、商流和信息流，利用金融科技手段提升业务操作便利性和工作效率。保理产品创新也进入了稳步发展阶段，保理企业根据市场和客户需求偏好，已经开始定制保理服务产品。保理资产证券化和再保理以现有产品为基础，通过模式创新不断发展，产品投放量和延展度得到有效提升；云链保理通过利用供应链金融平台，充分发挥核心企业作用，为供应链上下游客户提供融资便利。2020 年，新冠疫情全球暴发、国际贸易形势错综复杂、国内经济增长放缓的背景下，党中央、国务院以及监管机构发布一系列政策指导商业银行积极支持企业复工复产、畅通产业链资金链条，促进国际、国内经济的双循环，为保理融资提供了新机遇。

二、企业应谨慎运用、善用保理制度，促进发展

保理业的快速发展也诱发了产业风险。2017 年，FCI（国际保理商联合会）分析指出，由于很难保证交易的真实性，中国保理市场欺诈风险逐渐增加。这些市场欺诈行为的大幅增长，已经在过去两年间给中国保理市场造成了超过 150 亿美元的损失，严重影响了保理市场的健康发展。据统计，目前保理合同纠纷案件主要是由虚假贸易、确权瑕疵、间接支付、伪造应收账款通知、法院向境外买方下达止付令、法院曲解、禁止转让条款争议、管辖权异议、贸易纠纷、保理融资预扣利息、证据原件缺失等风险项引发。其中 41.6％的保理合同纠纷案件是由虚假贸易、确权瑕疵、伪造应收账款通知等欺诈风险导致。"在保理业务中，由于信息不对称，虚构合同往往不易发现，保理商仅能从基础合同文本、相关付款凭证、发票等凭据中认定基础合同真实性、合法性。如果存在债权人单独或串通第三人虚构基础合同，极易造成保理商承担债权无法回收的风险。"②基础合同虚假已成保理合同纠纷的主要因素，债权人、债务人虚构应收账款固然是造成此种局面的主因，但也有贸易虚假是保理人未尽贸易背景真实性审查义务所致。因此，企业应谨慎运用、善用保理业务，发挥其优势制度，服务企业，促进发展。

本案中，远东公司与海寓公司签订保理合同，海寓公司将其与景闳公司签订的基础合同项下应收账款 2970 万元转让给远东公司；远东公司向海寓公司支付应收账款受让款 2970 万元，作为其受让该应收账款对价。海寓公司因此获得交易融资，并进行有序运营。本案中海寓公司（债权人）与景闳公司（债务人）没有虚构应收账款，远东公司（保理人）对贸易背景与基础合同的真实性也尽到了积极的审查义务。为加强景闳公司（债务人）财务情况和遭遇危机时的偿债能力，合滨公司承诺对债务承担连带保证责任，同时海寓公司又

---

① 朱宏文：《国际保理法律与实务》，中国方正出版社 2001 年版，第 23 页。

② 石莹：《保理合同法律问题研究——以"珠海华润银行诉江西燃料公司案"为例》，兰州大学 2018 年硕士学位论文，第 21 页。

向远东公司提供了股权质押担保。因此,本案远东等相关公司为保理的业务运行提供了良好的样板,值得企业学习。保理业务中,企业应注意以下问题:(1)保理人需要对买卖双方进行全面考察,要关注卖方是否已完全履行合同所约定的义务,买方是否具备付款能力,以保证到期后应收账款能够及时收回。(2)债权人与债务人不得虚构基础交易和应收账款金额,否则债务人不得以应收账款不存在为由对抗保理人。(3)债权人与保理人都应将收账款转让之事实通知债务人,债务人接到债权转让通知后,该转让才发生效力。(4)保理法律关系成立后,债权人与债务人无正当理由协商变更或者终止基础交易合同,对保理人产生不利影响的,对保理人不发生效力。(5)债权人获得融资款后,应确保资金流向安全,不得将其投入股市、房地产等高危行业,以避免保理人行使追索权出现还款困难。(6)保理人应积极对保理业务进行投保,当出现应收账款未能够及时、足额收回时,保理人可以通过保险进行理赔,最大限度地减少自身损失。(7)当债权人就同一应收账款订立多个保理合同时,保理人应及时进行应收账款转让登记,以确保权利主张优先顺位。

三、企业应积极运用多种法律制度,构建合法权益保障网

权益可分解为"权利＋利益",也可解读为法益,是"应为法律保护的利益"①。"市场中的经营者享有竞争权利,包括正当竞争权和反非正当竞争权,前者的权能具体包括竞争范围选择权、合同自由权等,后者权能则包括请求停止权、请求赔偿权等等。"②"经营者的合法权益"实际上就是"竞争权利",是"综合了法定和约定权利兼具实体法权利和程序法权利,将各类权利进行杂糅"③。企业在日常经营管理以及逐渐发展壮大的过程中,会越来越多地遇到各种法律问题,在实际的业务经营中也会存在很多法律风险,包括合同纠纷、债权债务、知识产权保护、员工劳动纠纷、行政干预、刑事风险等。企业应积极运用多种法律制度,构建合法权益保障网,以防范法律风险,维护企业合法权益。

本案中,远东公司在其与海寓公司、景闳公司的保理业务中,先后与各方签订有追索权保理合同、保证合同、最高额股权质押合同和应收账款转让协议。为加强景闳公司(债务人)财务情况和遭遇危机时的偿债能力,又运用保证、质押等法律制度,构建了应收账款回收多重法律保障网,可谓周到、谨慎。海寓公司依据《保理合同》,从远东公司获得应收账款受让款2970万元,但又将其拥有的景闳公司49%的股权质押给远东公司,以担保景闳公司在保理合同项下的应付债务。对于海寓公司来讲,如果景闳公司到期无法清偿保理合同项下的应付债务,其将面临两种法律风险:一是远东公司将向其行使追索权,即要求其返还应收账款受让款2970万元;二是远东公司将行使其质押权,将其质押的股权拍卖,并在最高额质押范围内优先受偿。法院判决显示,这两种法律风险已经演化成现实法律责任,给公司带来巨大的不利益。那么海寓公司在合同订立时,该如何维护自身的合法权益呢?首先,建议海寓公司应尽可能地与远东公司签订无追索权保理合同,这样就可规

---

① 李宜琛:《民法总则》,正中书局1977年版,第44页。
② 王全兴:《竞争法通论》,中国检察出版社1997年版,第51页。
③ 黄颖:《"经营者合法权益"研究——以"公平竞争权"为研究进路》,上海交通大学2018年硕士学位论文,第7页。

避上述第一种风险。当然订立无追索权保理合同需要远东公司同意，并要支付更高的服务费用。其次，建议海寓公司加强自身债权的保护力度。一是在其与景阂公司签订应收账款 2970 万元的基础合同时，就应要求景阂公司为此笔应收账款提供一定担保（最好是抵押、质押等物权担保），这样当其将应收账款债权转让给远东公司时，就不用为其债权实现提供股权抵押，上述第二种风险也就无从发生。二是如果在海寓公司与景阂公司签约时，景阂公司没有对应付款提供任何担保，在其债权转让并提供质押担保时，可以要求景阂公司为其担保提供反担保，以抵销其担保责任承担风险。因此，企业应注重从源头上防范风险，要善于运用法律手段，加强合法权益的自我保护。

四、企业应减少成本，良性运营，实现利益最大化

市场竞争环境下，企业要充分获取、利用有效资源，对成本、财务、营销和组织结构等进行计划和决策，创造经济价值与社会价值，实现利益最大化。对于"企业利益最大化"，传统上一般将其理解为"股东权益最大化"，即"通过财务上的合理经营，采用最佳财务策略，在考虑资金的时间价值和风险报酬的情况下，使股东的财富达到最大"[①]。但"企业的目标是为其所有利益相关者创造财富和价值……企业是由利益相关者组成的系统，它与给企业活动提供法律和市场基础的社会大系统一起运作"[②]。其中的"利益相关者"包括股东、债权人、雇员、供应商、顾客、政府、社会等利益受企业经营影响，同时又通过特定手段影响企业经营的主体。因此，对"企业利益最大化的理解"不应仅指"股东权益最大化"，而是"利益相关者利益最大化"，即"通过企业财务上的合理经营，采用最优的财务政策，充分考虑资金的时间价值和风险与报酬的关系，在保证企业长期最稳定发展的基础上使企业的利益相关者财富达到最大"[③]。企业经营眼光与经营战略，不应仅局限于企业内部，而应以企业为核心划定利益相关方，形成市场命运共同体；在关注、实现企业经营效益增长的同时，使利益相关方受益，使相关各方共同成长。

本案中，海寓公司与景阂公司之间形成了以应收账款支付为核心内容的基础合同关系，在此基础上产生了保理、保证和质押等法律关系。对于景阂公司而言，其利益相关方包括海寓公司（债权人和质押人）、远东公司（保理人和质权人）、合滨公司（保证人）等。景阂公司对海寓公司的债务履行是否及时、顺畅，不仅对自身影响极大，而且直接关涉其利益相关方。如果景阂公司债务履行及时、顺畅，则其利益相关方皆受益；否则利益相关方皆受损，甚至会被带入万劫不复之境地。从本案法院判决可知，景阂公司利益相关方皆因其未能按期支付到期款项而受损，其中远东公司应收账款到期无法及时、足额回收，应得服务费无法得到；海寓公司不仅要与其承担连带赔偿责任，还将承担质押担保责任；合滨公司需要承担保证责任。对于景阂公司而言，这样的结果并不是其所愿意看到或追求的，但却真实发生了，不仅自身陷入债务泥潭，还给利益相关方带来了不利影响。因此，企业

---

① 王鑫：《浅谈我国股份制企业财务管理目标》，载《北方经贸》2001 年第 2 期。

② 陈宏辉：《企业利益相关者的利益要求：理论和实证研究》，经济管理出版社 2004 年版，第 4 页。

③ 袁水林、张利云：《利益相关者财富最大化是财务管理目标的首要选择》，载《经济经纬》2002 年第 2 期。

只有创新管理方式,提高成本认识,改进财务制度,提高技术水准,调动创新动力,提高资源效率,增强自身的良性运营能力,才能实现自身及利益相关方的利益最大化,实现经济与社会的效益共同成长。

2020 年 5 月 21 日,习总书记在南昌主持召开的推动中部地区崛起工作座谈会上发表重要讲话,强调"优化营商环境,对标国际一流水平,营造稳定公平透明的营商环境,缓解民营企业和中小微企业融资难题"。企业是最重要的市场主体,企业行为受市场结构影响,而市场结构又反过来影响企业行为,企业兴则市场兴,市场通则企业旺。保理业务作为应收账款融资的重要手段,能够解决企业应收账款账期、担保物缺乏、难获银行授信等问题,为民营企业和中小微企业缓解融资难题起到重要作用。因此,企业应善用保理业务,助推企业发展,促进交易融通,共同营造稳定、公平、透明的市场营商环境。

思考题

1.有追索权保理与无追索权保理的区别是什么?

2.保理人应如何审核基础合同的真实性?

3.保理合同订立后,债权人与债务人变更合同对保理人有何影响?

4.保理业务的应收账款转让登记意义是什么?

5.保理业务中,保理人应如何构建合法的权益保障网?

参考文献

1.[英]弗瑞迪·萨林格:《保理法律与实务》,刘园、叶志壮译,对外经济贸易大学出版社 1995 年版。

2.郭明瑞:《担保法》,中国政法大学出版社 1998 年版。

3.黄和新:《保理合同:混合合同的首个立法样本》,载《清华法学》2020 年第 3 期。

4.朱宏文:《国际保理法律与实务》,中国方正出版社 2001 年版。

5.陈宏辉:《企业利益相关者的利益要求:理论和实证研究》,经济管理出版社 2004 年版。

6.《民法典》(2021 年生效)。

<table>
<tr><td>案例二</td><td>医药标准——强制技术规范，兼顾效率公平</td></tr>
</table>

提　　要	加强标准与质量管理与控制，有利于保障公众生命身体健康，促进科技进步，提高经济社会的发展水平。标准与质量是红线、底线，不可逾越。加强药品管理，保证药品质量，是管理者、生产者与销售者的共同社会责任与法律责任，无视药品规范标准，故意生产、销售假药是严重的违法犯罪行为，应依法予以严惩。消费者应多学习法律知识，增强法律意识与自我防护能力；应善用多种法律救济手段，全方位维权。
基本概念	标准与质量　销售假药罪　公益诉讼　刑事附带民事

案情简介

2018 年 7 月，江苏省海安市民张某听信网络药品销售人员关于"医保回收药、价廉物美"的宣传，从网上购得预防血栓药品"波立维"30 盒。张某购买后发现药品包装粗糙，遂向海安市市场监督管理局举报。该局鉴定该"波立维"为假药后，随即向公安机关移送涉嫌犯罪案件线索。

经公安机关查明，2017 年 2 月至 2018 年 10 月，被告人朱某某明知涉案"波立维""立普妥""可定"等 9 种药品系假药，仍大量购入并组织吴某某等 5 人层层发展下线，在全国多地通过微信销售牟利。山东、湖北与云南的 3 家连锁药企及白某某等 42 人也先后参与其中。各犯罪单位及犯罪行为人均明知所销售药品系假药，仍公开销售，造成假药在全国众多地区扩散。朱某某个人销售假药 83.7 万余元，被害人达 2000 余人。

2019 年 4 月 22 日，江苏省海安市人民检察院以上述被告单位和被告人涉嫌销售假药罪，向海安市人民法院提起公诉，同时提起附带民事公益诉讼。

2019 年 7 月 9 日，海安市人民法院作出一审判决，认定被告人朱某某等 42 人及 3 家单位的行为构成销售假药罪；被告人朱某某销售假药 80 余万元，数额巨大，判处有期徒刑 10 年并处罚金人民币 81 万元；其余各被告人分别被判处拘役 1 个月至有期徒刑 4 年不等的刑罚；3 被告单位被判处罚金。判决宣告禁止徐某某等 38 名被告人在缓刑考验期内从事药品生产、销售及相关活动。同时，判令朱某某等在全国发行的媒体上公开赔礼道歉、发出消费警示,并支付惩罚性赔偿金共计 238 万余元。各被告人、被告单位均认罪服判,未上诉。[①]

案情分析与结论

一、本案适用刑事附带民事公益诉讼程序,符合法律规定

我国《民事诉讼法》规定,"对污染环境、侵害众多消费者合法权益等损害社会公共利益的行为,法律规定的机关和有关组织可以向人民法院提起诉讼。人民检察院在履行职责中发现破坏生态环境和资源保护、食品药品安全领域侵害众多消费者合法权益等损害社会公共利益的行为,在没有前款规定的机关和组织或者前款规定的机关和组织不提起诉讼的情况下,可以向人民法院提起诉讼"。最高人民法院、最高人民检察院《关于检察公益诉讼案件适用法律若干问题的解释》规定,"人民检察院对破坏生态环境和资源保护、食品药品安全领域侵害众多消费者合法权益等损害社会公共利益的犯罪行为提起刑事公诉时,可以向人民法院一并提起附带民事公益诉讼,由人民法院同一审判组织审理"。本案中,朱某某等 42 人及 3 家单位明知"波立维""立普妥""可定"等 9 种药品系假药,仍大量购入,并利用互联网、连锁药企等方式公开销售牟利,造成假药在全国众多地区扩散,造成严重后果。检察院以被告人涉嫌销售假药罪,依法向法院提起公诉,消费者协会等机关、社会组织并没有提起公益诉讼。在此情况下,检察院向法院一并提起附带民事公益诉讼,符合上述规定要求,本案也应适用刑事附带民事公益诉讼程序进行审判。

二、本案对被告人刑事责任的定罪量刑准确

生产、销售假药罪的犯罪行为表现为生产假药、销售假药两种,只要具备其中一种行为即符合该罪客观要求,即分别构成生产假药罪或销售假药罪。本案中,朱某某等 42 人及 3 家单位明知"波立维""立普妥""可定"等 9 种药品系假药,仍利用互联网、连锁药企等方式公开销售牟利,已构成销售假药罪。依据《刑法》第 141 条的规定"生产、销售假药的,处三年以下有期徒刑或者拘役,并处罚金;对人体健康造成严重危害或者有其他严重情节的,处三年以上十年以下有期徒刑,并处罚金;致人死亡或者有其他特别严重情节的,处十年以上有期徒刑、无期徒刑或者死刑,并处罚金或者没收财产"。第 150 条规定"单位犯本节第一百四十条至第一百四十八条规定之罪的,对单位判处罚金,并对其直接负责的主管人员和其他直接责任人员,依照各该条的规定处罚"。因此,本案被告人朱某某销售假药数额巨大,属于"其他特别严重情节",判处有期徒刑 10 年并处罚金;其他被告人分别被判处拘役 1 个月至有期徒刑 4 年不等刑罚,其中 38 人获缓刑;3 被告单位被判处罚金,均符合上述法律规定。另外,我国《刑法》第 72 条规定"宣告缓刑,可以根据犯罪情况,同时禁

---

① 本案例引自中国法院网—典型案例:"江苏海安朱某某等销售假药刑事附带民事公益诉讼案",https://www.chinacourt.org/,2020-01-09。

止犯罪分子在缓刑考验期限内从事特定活动，进入特定区域、场所，接触特定的人"。据此，法院判决宣告禁止徐某某等38名被告人在缓刑考验期内从事药品生产、销售及相关活动，是有法律依据的。

三、本案对被告人民事责任判决适当

最高人民法院《关于审理消费民事公益诉讼案件适用法律若干问题的解释》规定，"原告在消费民事公益诉讼案件中，请求被告承担停止侵害、排除妨碍、消除危险、赔礼道歉等民事责任的，人民法院可予支持"。《关于审理食品药品纠纷案件适用法律若干问题的规定》（2020年12月修正）规定，"生产假药、劣药或者明知是假药、劣药仍然销售、使用的，受害人或者其近亲属除请求赔偿损失外，依据药品管理法等法律规定向生产者、销售者主张赔偿金的，人民法院应予支持""法律规定的机关和有关组织依法提起公益诉讼的，参照适用本规定"。《消费者权益保障法》规定，"经营者提供商品或者服务有欺诈行为的，应当按照消费者的要求增加赔偿其受到的损失，增加赔偿的金额为消费者购买商品的价款或者接受服务的费用的三倍"。因此，依据上述规定，法院判令朱某某等在全国媒体上公开赔礼道歉、发出消费警示，并支付惩罚性赔偿金共计238万余元，符合法律规定，也是适当的。

相关法律法规索引

《中华人民共和国标准化法》（2017年修订）

第2条：本法所称标准（含标准样品），是指农业、工业、服务业以及社会事业等领域需要统一的技术要求。标准包括国家标准、行业标准、地方标准和团体标准、企业标准。国家标准分为强制性标准、推荐性标准，行业标准、地方标准是推荐性标准。强制性标准必须执行。国家鼓励采用推荐性标准。

《中华人民共和国产品质量法》（2018年修正）

第13条：可能危及人体健康和人身、财产安全的工业产品，必须符合保障人体健康和人身、财产安全的国家标准、行业标准；未制定国家标准、行业标准的，必须符合保障人体健康和人身、财产安全的要求。禁止生产、销售不符合保障人体健康和人身、财产安全的标准和要求的工业产品。具体管理办法由国务院规定。

《中华人民共和国药品管理法》（2019年修订）

第6条：国家对药品管理实行药品上市许可持有人制度。药品上市许可持有人依法对药品研制、生产、经营、使用全过程中药品的安全性、有效性和质量可控性负责。

第7条：从事药品研制、生产、经营、使用活动，应当遵守法律、法规、规章、标准和规范，保证全过程信息真实、准确、完整和可追溯。

第 98 条:禁止生产(包括配制,下同)、销售、使用假药、劣药。有下列情形之一的,为假药:(1)药品所含成分与国家药品标准规定的成分不符;(2)以非药品冒充药品或者以他种药品冒充此种药品;(3)变质的药品;(4)药品所标明的适应症或者功能主治超出规定范围。有下列情形之一的,为劣药:(1)药品成分的含量不符合国家药品标准;(2)被污染的药品;(3)未标明或者更改有效期的药品;(4)未注明或者更改产品批号的药品;(5)超过有效期的药品;(6)擅自添加防腐剂、辅料的药品;(7)其他不符合药品标准的药品。禁止未取得药品批准证明文件生产、进口药品;禁止使用未按照规定审评、审批的原料药、包装材料和容器生产药品。

《中华人民共和国刑法》(2020 年刑法第十一次修订)

第 141 条:生产、销售假药的,处三年以下有期徒刑或者拘役,并处罚金;对人体健康造成严重危害或者有其他严重情节的,处三年以上十年以下有期徒刑,并处罚金;致人死亡或者有其他特别严重情节的,处十年以上有期徒刑、无期徒刑或者死刑,并处罚金或者没收财产。药品使用单位的人员明知是假药而提供给他人使用的,依照前款的规定处罚。本条所称假药,是指依照《中华人民共和国药品管理法》的规定属于假药和按假药处理的药品、非药品。

第 150 条:单位犯本节第一百四十条至第一百四十八条规定之罪的,对单位判处罚金,并对其直接负责的主管人员和其他直接责任人员,依照各该条的规定处罚。

法律制度解读

一、标准与质量

现代工程是一种高度社会化的生产活动,必须以技术上的高度统一与广泛协调为前提,标准是实现这种统一与协调的手段。"任何一种社会规范,都有保证其实施的社会力量,即都有某种强制性。然而不同社会规范的强制性在性质、范围、程度和方式等方面是不尽相同的。"[1]我国《标准化法》规定"标准是指农业、工业、服务业以及社会事业等领域需要统一的技术要求"。标准依据其强制性不同,可分为强制性标准与推荐性标准两种。强制性标准具有绝对强制性,在其效力范围内所有人都必须遵守;推荐性标准具有相对强制性,其效力范围仅及于有意愿接受其强制性约束的社会个体。"标准与法律之间建立了一种相辅相成的关系,为了实现法律所规定的总体目标,实施技术标准,与此同时,标准在实施法律中得以强制实施。"[2]

实践中,一般将制定标准、组织实施标准以及对标准制定、实施进行监督活动,称为标准化。加强标准化工作,目的在于提升产品和服务质量,促进科学技术进步,保障人身健

---

① 张文显:《法理学》,高等教育出版社、北京大学出版社 1999 年版,第 47 页。
② 沈同、邢造宇等主编:《标准化理论与实践》,中国计量出版社 2007 年版,第 196 页。

康和生命财产安全，维护国家与生态环境安全，提高经济社会的发展水平。"标准化是一项活动，一个过程。其对象不是孤立的一件事、一个事物，而是共同的、可重复的事物。范围包括制定、发布、实施，当然也包括制定前的研究和实施后的修订和修改。这样的活动产生了标准，并使标准在社会一定范围内得以推广，使不够标准的状态转变为标准状态。"① 标准化活动过程大体可分为标准制定与标准实施两个阶段。标准制定是标准的产生过程。依据我国《标准化法》，标准分为国家标准、行业标准、地方标准、团体标准和企业标准。这些标准效力层次不同，制定依据、程序和具体要求也有所不同。标准实施是将标准运用于社会生活之中，使其发生实际效力的过程。依据《标准化法》，我国强制性标准贯彻执行，主要是通过工业产品生产许可、食品生产许可和强制性产品认证等制度实现的。

质量是反映产品或服务满足明确和隐含需要的能力的特性总和。无论对企业、消费者还是社会而言，质量不仅指产品质量，更是企业技术水平、管理水平、人员素质和劳动效率等各方面的综合反映。因此，依据一定的标准，加强质量管理与控制，促进质量提高，就成为全社会共同关注的事情。质量管理，又称质量控制，是为保证和提高产品质量和工作质量所进行的质量调查、研究、组织、协调、控制、信息反馈、改进等各项工作的总称。简言之，质量管理即为达到质量要求，所采取的作业技术和活动。我国质量管理制度主要包括产品出厂检验、产品质量监督抽查、工业产品生产许可、食品生产许可和强制性产品认证等。本案中，被告人朱某某等 42 人及 3 家单位违反国家药品生产、经营制度，不遵守国家强制性标准，销售不符合保障人体健康和人身、财产安全标准假药，严重扰乱了医药市场秩序，危及公众生命健康，应当严令禁止并依法严惩。

二、生产、销售假药罪

生产、销售假药罪，是指"违反国家药品管理法规，生产、销售假药的行为"②。生产、销售假药罪是假药类犯罪的统称，包括生产假药罪、销售假药罪和生产、销售假药罪三个具体罪名。生产假药、销售假药是两种行为，生产假药表现为一切制造、加工、采集、收集假药的活动；销售假药是指一切有偿提供假药的行为。这两种行为既可分别实施，也可同时存在，只要具备其中一种行为即符合该罪的客观要求，即分别构成生产假药罪或销售假药罪；如果同时具备上述两种行为，则构成生产、销售假药罪。本案中，被告人朱某某等42 人及 3 家单位有偿提供假药的犯罪行为即构成销售假药罪。近些年，高额利润诱使一些犯罪分子铤而走险，假药类犯罪案件高发。2019 年，全国检察院共起诉制售假药劣药、有毒有害药品等犯罪 12360 人，同比上升 5.5%；办理食药领域公益诉讼 35778 件；全国法院共审结危害食品药品安全犯罪案件 7092 件。③ 当前，假药销售行为方式日益复杂，呈现出线上线下结合、国内外交叉等新特征。犯罪主体也从零星、散落，向集团化、链条化方向发展，社会危害性日趋严重。

---

① 朱一飞、冀瑜、范晓宇等编著：《标准化法教程》，厦门大学出版社 2011 年版，第 2 页。
② 高铭暄、马克昌：《刑法学》，北京大学出版社 2011 年版，第 377 页。
③ 数据分别来源于《最高人民检察院 2019 年工作报告》和《最高人民法院 2019 年工作报告》。

"犯罪构成要件是行为成立所必须具备的条件。"[①]生产、销售假药罪的犯罪客体是复杂客体,既侵犯了国家药品管理制度,又侵犯了不特定多数人的生命、健康权利。犯罪客观方面表现为违反药品监督管理法规,实施生产、销售假药行为。生产行为包括制造、加工、包装(如印制说明书、标签等)以及采集、收集假药等。销售行为是指有偿提供假药给他人的行为,包括自产自销和贩卖他人假药两种方式。犯罪主观方面是故意,行为人只要对其生产、销售假药具有明知即可,不区分直接故意或间接故意。犯罪主体既可以是个人,也可以是单位,具体表现为生产者和销售者两类。生产者即药品的制造、加工、采集、收集者,销售者即药品的有偿提供者。依《刑法》规定,个人犯生产、销售假药罪的,处3年以下有期徒刑或者拘役,并处罚金;情节严重的,处3年以上10年以下有期徒刑,并处罚金;情节特别严重的,处10年以上有期徒刑、无期徒刑或者死刑,并处罚金或者没收财产;单位犯生产、销售假药罪的,对单位判处罚金,并对其直接负责的主管人员和其他直接责任人员依照上述规定处罚。

三、刑事附带民事诉讼

"人们奋斗所争取的一切,都与他们的利益有关。"[②]权利是实现利益的合法手段,侵权行为是"因故意或过失不法侵害他人之权利或故意以悖于善良风俗之方法,加害于他人之行为也"[③]。世界上大多数国家的法律都经历了从民刑不分,到逐渐分离的过程。在民刑不分时期,侵权行为和犯罪行为实际上是不作区分的,许多在今天看来属于民事侵权的行为,在过去都被视为犯罪行为。因此,犯罪行为与侵权行为具有密切联系。随着现代法律制度中不同法律部门的分化,出现了责任趋同的现象,即行为人因同一行为而违反不同部门法律,会产生不同的法律责任,也就是责任重合。在法律责任出现重合的情形下,责任人对多种法律责任的承担是复合叠加的,不能相互替代,因为各种不同法律责任的功能实现目的侧重不同。

"法律责任的认定和追究,只能由国家专门机关依照法定程序来进行。"[④]那么在法律责任重合的情况下,司法机关如何高效、精准地对各种法律责任进行认定与追究?刑事附带民事诉讼就是一种优化、高效的制度选择与设计。"刑事附带民事诉讼,是指公安司法机关在刑事诉讼过程中,在解决被告人刑事责任的同时,附带解决被告人的犯罪行为所造成的物质损失的赔偿问题而进行的诉讼活动。"[⑤]刑事附带民事诉讼与一般的民事诉讼相比较,具有以下特点:(1)刑事附带民事诉讼提起是以刑事案件成立为存在条件,没有刑事诉讼就没有刑事附带民事诉讼。刑事附带民事诉讼是在刑事诉讼过程中提起,并由审判刑事案件审判组织附带民事部分一并审判。(2)刑事附带民事诉讼除适用刑法、刑事诉讼法等刑事法律外,还适用民事法律规范。(3)刑事附带民事诉讼中,被害人只能就物质损

---

① 何辉利、董晓楠:《我国犯罪构成要件理论探析》,载《社会科学论坛》2007年第8期。
② 曲新久:《论刑事附带民事诉讼中公权与私权的协调》,载《法学》2003年第8期。
③ 史尚宽:《债法总论》,中国政法大学出版社2000年版,第234页。
④ 孙国华主编:《法理学》,法律出版社1995年版,第417页。
⑤ 陈光中:《刑事诉讼法》,北京大学出版社、高等教育出版社2016年第6版,第250页。

失请求赔偿,不包括精神损失。(4)审判时间短,不需缴纳诉讼费用。

"刑附民诉讼对于刑事诉讼和民事诉讼来说,类似于三角形定律,两边之和与第三边相比较必然会大于之,这样的结果虽然对于刑事诉讼的负担来说肯定会加重,但对二者之合并来说,体现出了法律的效率价值。"①因此,节约司法资源、提高司法效率,是刑事附带民事诉讼制度的首要价值选择。此外,该制度还有利于降低刑事案件被害人证明责任,减少诉累与诉讼成本;有利于化解社会矛盾,维护社会和谐稳定。1979年,我国《刑事诉讼法》确立了刑事附带民事诉讼制度,后经过多次修改与完善,该制度在实际践行过程中,也凸显出其制度优势,取得了良好的实施效果。2015年,依据党中央《关于全面推进依法治国若干重大问题的决定》精神,最高人民检察院于2015年7月2日发布《检察机关提起公益诉讼改革试点方案》,并在北京等13个省、自治区、直辖市开展为期两年的提起公益诉讼试点。在试行过程中,部分检察机关结合刑事附带民事诉讼制度,办理了多件刑事附带民事公益诉讼案件,并取得了积极的法律与社会效果。2018年,最高人民法院、最高人民检察院联合发布《关于检察公益诉讼案件适用法律若干问题的解释》(以下简称《解释》),正式确定刑事附带民事公益诉讼制度。本案中,被告人朱某某等42人及3家单位销售假药,侵害了众多消费者的合法权益,损害了社会公共利益,人民检察院依法向人民法院提起刑事附带民事公益诉讼,符合该《解释》规定。

四、公益诉讼

顾名思义,公益诉讼即"公共利益+诉讼"。公共利益是一个不确定概念,"判断某利益是否为公共利益的标准是看它是否涉及公共福利和社会的一般认同。根据这个标准和人类社会历史的继承性,我可以断言,虽然不同的历史阶段公共利益从总体上看内涵各异,但即使在古希腊、中世纪时期被认为是公共利益价值依然可以纳入现代公共利益的范畴。它们就是反映人类社会最基本的一些价值取向和认同感,如社会的秩序、安全,性伦理等"②。因此,公共利益确立和保护的标准是公共福利和社会认同,主要表现为"不特定、多数人的、扩散性利益的公共利益"③。诉讼,是指"国家专门机关在当事人及其他诉讼参与人的参加下,依照法定程序办理案件的全部活动,以及进行此种活动的循序渐进的程序"④。基于上述理解,公益诉讼是指"特定的国家机关和相关的组织和个人,根据法律的授权,对违反法律法规,侵犯国家利益、社会利益或特定的他人利益的行为,向法院起诉,由法院依法追究法律责任的活动"⑤。

公益诉讼面对的是带有社会性、普遍性的公共利益的保护问题,因此在一定程度上克服了立法的烦琐和滞后,建立了多元化的公共利益救济格局。公益诉讼的起诉主体不局

① 邵世星:《刑事附带民事诉讼疑难问题研究》,中国检察出版社2002年版,第40页。
② 马俊驹:《民法学原论》,法律出版社1999年版,第73页。
③ [美]H.盖茨:《公共利益诉讼的比较法鸟瞰》,载[意]莫诺·卡佩莱蒂:《福利国家与接近正义》,法律出版社2001年版,第73页。
④ 刘玫、张建伟、熊秋红:《刑事诉讼法》,高等教育出版社2014年版,第5页。
⑤ 李卓:《公益诉讼与社会公正》,吉林大学2006年博士学位论文,第34页。

限于具体合法权利直接受到不法侵害者,其他机关、团体或个人也可以以公众利益受到侵害为由代表国家和公众提起诉讼。公益诉讼客体往往具有广泛的覆盖面,同一个公益诉讼涉及的侵犯客体,可能既有国有资产相关权利,又有特定主体的实际权益损害,实践中主要表现为与环境污染有关的公害、消费者诉讼等典型形态。

我国公益诉讼分为民事公益诉讼和行政公益诉讼两类,分别规定在《民事诉讼法》与《行政诉讼法》中。《民事诉讼法》规定,对污染环境、侵害众多消费者合法权益等损害社会公共利益的行为,法律规定的机关和有关组织可以向人民法院提起诉讼。人民检察院在履行职责中发现破坏生态环境和资源保护、食品药品安全领域侵害众多消费者合法权益等损害社会公共利益的行为,在没有前款规定的机关和组织或者前款规定的机关和组织不提起诉讼的情况下,可以向人民法院提起诉讼。《行政诉讼法》规定,人民检察院在履行职责中发现生态环境和资源保护、食品药品安全、国有财产保护、国有土地使用权出让等领域负有监督管理职责的行政机关违法行使职权或者不作为,致使国家利益或者社会公共利益受到侵害的,应当向行政机关提出检察建议,督促其依法履行职责。行政机关不依法履行职责的,人民检察院依法向人民法院提起诉讼。2018 年,最高人民法院、最高人民检察院联合通过《关于检察公益诉讼案件适用法律若干问题的解释》,其中又进一步确立了刑事附带民事公益诉讼制度。本案即被告人销售假药,侵害众多消费者合法权益,损害社会公共利益,人民检察院依据上述规定向人民法院提起的刑事附带民事公益诉讼。

案例启示

一、标准与质量是红线、底线,不可逾越,更不可无视

"标准化的主要价值之一,在于对多样化的技术、规格和实现方法选择并加以固定,消除冗余、简化种类、增加互换和复用程度,达到产品、技术和经济运行的成本节约。"[①]要实现标准化这一价值目标,赋予标准的统一规范性、一定强制性是必要的。标准的强制性可以分为两种,即绝对强制性与相对强制性。强制性标准具有绝对强制性,在其效力范围内所有人都必须遵守;推荐性标准具有相对强制性,其效力范围仅及于有意愿接受其强制性约束的社会个体。我国《药品管理法》规定"从事药品生产活动,应当遵守药品生产质量管理规范,建立健全药品生产质量管理体系,保证药品生产全过程持续符合法定要求";"药品应当按照国家药品标准和经药品监督管理部门核准的生产工艺进行生产""从事药品经营活动,应当遵守药品经营质量管理规范,建立健全药品经营质量管理体系,保证药品经营全过程持续符合法定要求"。现代市场经济环境中,质量不仅是企业生存与发展的根本,提高效益与竞争力的关键因素,还是满足社会需求,促进社会发展的推动力。因此,标

---

① ［英］桑德斯:《标准化的目的与原理》,中国科学技术情报研究所译,科学技术文献出版社 1972 年版,第 7 页。

准与质量市场经营的红线、底线，不可逾越，更不可无视。市场主体应依据一定标准，加强质量管理与控制，为社会提供安全产品。

为加强药品管理，保证药品质量，保障公众用药安全和合法权益，保护和促进公众健康，我国坚持风险管理、全程管控、社会共治的原则，建立了全面提升药品质量的监督管理制度。相关法律法规明确规定，从事药品研制、生产、经营、使用活动，应当遵守法律、法规、规章、标准和规范。从事药品零售活动，应当取得药品经营许可证；无药品经营许可证的，不得经营药品。药品经营企业购进药品，应当验明药品合格证明和其他标识；不符合规定要求的，不得购进和销售。禁止生产、配制、销售、使用假药、劣药。本案中，被告人朱某某等 42 人及 3 家单位违反国家药品强制性标准，无视药品经营质量管理制度，故意销售假药，严重扰乱了医药市场秩序，危及公众生命健康。对这种无视药品规范标准，故意触碰药品质量管理红线、底线的严重违法行为，应当依法予以严惩。

二、尊法、守法既是道德义务又是法律义务，违法必被究

"人的文明素质不是从娘胎里带来的，而是社会规范的结果。一个人从穿开裆裤、当街撒尿而无羞耻之心，到衣冠楚楚讲风度，都得归功于社会的规范，这使他知道了作为一个正常的人，怎样做是正常的，怎样做是不正常的；哪些行为会得到社会认同，哪些举止会为社会所不齿。""文明的丰富性，决定着文明规范的广泛联系、互相影响的特质。人们追求的文明，大体上包含两部分：一是体现为社会公德，诸如维护公共卫生、遵守公共秩序等；二是保障每一位社会成员公平、公正地获得生存和发展的条件。"[①]法治社会离不开道德支撑与法律强制，"道德成为法律的支撑不在于以复古的方式实现道德对法律的取代与消解，而在于将道德意识融入法律运行的各个阶段和环节，消除法与人、法律工作者与民众的情感对立，促进民众对法律威严和公信的认同"[②]。对法律威严的认同，要求每个人尊法、崇法，严格守法，这既是道德义务又是法律义务。尊法、崇法与严格守法，意味着尊重他人权利，规范行使权利，不得滥用权利。因为"权利滥用，并非因为逾越权利内容的结果，而是行使权利的结果，侵害了存在于权利之外的另一条规定，因而成为违法行为"[③]。故滥用权利是对他人正当权益的漠视，会导致社会或他人利益受损，将会被依法追究并承担法律责任。

本案中，被告人朱某某等 42 人及 3 家单位为谋取私利，无视法律法规的强制性要求，公然销售假药，不仅危及公众生命与健康，还扰乱了医药市场管理秩序，行为性质恶劣，社会危害性极大。案件审理中，法院对被告人销售假药罪的犯罪行为认定是准确的，适用刑事附带民事公益诉讼的程序也是恰当的。从判决中可以看出，对被告人的违法犯罪行为，既依法追究了刑事责任，又追究了民事责任。对被告人的刑事责任追究体现为拘役、有期

---

① 大林：《文明的规范与失范》，载《党建》1997 年第 9 期。

② 刘雪蕾：《全面依法治国背景下社会道德与法律间的关系研究》，载《黑河学院学报》2018 年第 6 期。

③ 黄越钦：《权利滥用与恶意抗辩权》，载《民法总则论文选辑》，五南图书出版公司 1984 年版，第 914 页。

徒刑(其中主犯朱某某被判处有期徒刑 10 年)和罚金(主犯朱某某被判处罚金人民币 81 万元)等承担形式。同时判决宣告禁止 38 名被告人在缓刑考验期内从事药品生产、销售及相关活动。对被告人的民事责任追究包括公开赔礼道歉、发出消费警示和支付惩罚性赔偿金(238 万余元)等承担形式。本案判决"罚当其罪",既追究了违法犯罪人的法律责任,又实现了法律教育功能,对维护药品市场秩序,保障公众生命健康权益,起到了积极作用。

三、消费者应多学习法律知识,增强法律意识与自我防护能力

20 世纪 80 年代,以德国著名社会学家 Ulrich Beck 教授为代表的学者提出了"风险社会"的概念,认为"风险社会是一种社会的发展阶段或社会的发展状态,在这一阶段,根源于人类实践活动的各种全球性风险和危机对整个人类生活,对人类的生存和发展构成了根本性的严重威胁"[①]。其中的"风险"可理解为"围绕相对于预期而可能出现的种种不同结果的变化,是在一定条件下某种自然现象、生理现象或社会现象是否发生及其对人类的社会财富和生命安全是否造成损失和损失程度的客观不确定性"[②]。也就是说,风险一般意味着未来结果的不确定性或损失。本案缘起于市民张某听信网络药品销售人员关于"医保回收药、价廉物美"的宣传,从网上购得预防血栓药品"波立维"30 盒。张某购买后发现药品包装粗糙,遂向海安市市场监督管理局举报。后经公安机关调查,本案被害人达2000 余人。本案正是由于受害人社会风险意识与法律意识不强,缺少自我防护能力,才导致生命健康、财产等利益受损。

"法律意识是社会意识的一种特殊形式,反映的是法律现象,是人们关于法律现象的思想、观点和心理,比如人们对法律的评价,依据法律对判决是否公正的看法,对法、依法办事原则的信任程度等等。"[③]社会公众的法律意识水平越高,法律意识的调整作用就越大,就会促使人们的行为更加符合法的目的和意志,更有利于法律秩序的维护和社会法治的实现。然而,现实中公众法律知识掌握的程度普遍不高,法律意识简单、直观、零碎、不系统,致使行为表现出偏狭、残缺或不稳定状态,其权益极易受损。因此,只有具备基本生活法律知识,才能维护自身的合法权益。

就药品消费而言,消费者首先要学习、了解医药管理法规,知晓药品质量要求、生产与销售标准等内容,不能凭经验,听信传闻,轻易相信广告、专家诊断等。其次要注意消费细节,避免上当。具体应做到以下几点:(1)要选对药店。应到证照齐全的正规药店购药,流动摊贩处容易买到假药。网上购药,可通过国家药监局数据查询网站,了解获批的网上药店名录,查看是否具有"互联网药品交易服务资格证书"与"互联网药品信息服务资格证",最好是在有实体连锁店依托的网店购药。(2)对所购药品要做到"五看"。一看包装,合格药品包装盒外观印刷精美、字迹清晰,包装药品的铝箔板边缘整齐,外包装详细注明生产企业名称、地址、邮编、电话、网址等;假药常常包装质地软、字迹不清,甚至没有批准文号、

---

① 艳兵:《风险刑法:以危险犯为中心的展开》,中国政法大学出版社 2012 年版,第 24 页。
② 马步云:《现代化风险初探》,复旦大学 2006 年博士学位论文,第 29 页。
③ 孙国华:《法理学教程》,中国人民大学出版社 1994 年版,第 248 页。

生产批号和有效期。二看说明书，经批准合法生产的药品，说明书内容准确齐全，包括药物组成、作用类别、药理作用、适应症、用法用量、注意事项、不良反应、贮藏方法等。三看批准文号，无批准文号或标注有问题的药不要购买。其中国产药品批准文号为"国药准字H(Z、S)＋8位数字"；中国香港、澳门和台湾地区药品，其医药产品注册证号格式为"H(Z、S)＋8位数字"；进口药品分包装为"国药准字J＋8位数字"，注册证号格式为"H(Z、S)＋8位数字"。其中，H是化学药品，Z为中药，S为生物制品，J为进口药品。假药常使用废止批准文号或假批准文号。其他的批准文号，如卫食准字、国食健字、卫食健字，都属于食品或保健品，不是药品。四看生产日期和有效期，近效期(距离规定的有效期6个月)药品不宜购买。五看药品品质，固体制剂要看其有无变色、斑点，液体制剂(如糖浆剂)要看其有无霉变、絮状物、混浊、沉淀等，软膏剂要看其有无水化、变稀、变色、异味等情况。(3)网上购药时，只能购买安全性较高、疗效确切、毒副作用小、质量稳定的非处方药，而处方药必须凭医生处方购买，并在医师或药师的指导下服用且到医院购买。(4)要学会识别虚假广告。虚假药品广告一般表现为夸大功效，常带有绝对或保证性的广告用语，如"一针见效，无效退款"和"根治""国家级新药"之类；假用医生、家传秘方、明星患者的名义吹嘘疗效；模糊保健品和药品的概念，在保健食品的广告词中加入治疗疾病的内容；将药品广告做成新闻的样子，让患者以为是新闻报道，增加可信度。消费者应明辨真伪，勿让不法分子有空可钻。

此外，消费者购买药品要保存好购物凭证，便于出现问题后有利于维权。如果怀疑买到假药，可向药师或执业药师咨询，并及时向当地的药品监管部门进行举报。本案中，市民张某怀疑在网上购买到假药后，遂向市场监督管理局举报，说明其具有一定的医药知识与法律意识，具有一定的自我防护能力，只是还应进一步加强，才能避免受损，切实维护自身的合法权益。

四、受害人应善用多种法律救济手段，全方位维权

"权利是规定或隐含在法律规范中、实现于法律关系中的，主体以相对自由的作为或不作为的方式获得利益的一种手段。"[1]权利是个人享有特定利益的法律之力，但任何权利的实现不仅关涉权利人利益，而且关涉义务人利益以及国家和社会利益。因此，任何权利都是有限制的，绝对自由的权利行使即构成权利滥用，"权利滥用者，盖谓权利行使必有一定的界限，超过正当之界限而行使权利，即为权利之滥用，为法所不许也"[2]。权利滥用即会造成他人利益受损。法国思想家卢梭认为，"国家与公民之间是一种契约关系，是每个公民都把自身的一部分自由权利让渡出来给整个社会，寻求一种力量的结合而组成国家，转而再管理社会"[3]。国家有责任构建相应的制度，保护社会个体的合法权益，当社会个体的合法权益受损时，可通过多种途径寻求法律救济。一般情况下，社会个体权益受损，可通过行政裁决、和解、调解、仲裁与诉讼等制度寻求法律救济。

① 张文显：《法理学》，高等教育出版社、北京大学出版社2011年版，第94页。
② 李宜琛：《民法总则》，台湾编译馆1980年版，第156页。
③ [法]让-雅克·卢梭：《社会契约论》，李阳译，作家出版社2016年版，第23页。

本案中,市民张某购买假药,致使其合法权益受损,即向行政机关举报;行政机关在确定假药后,向公安机关移送涉嫌犯罪的案件线索;公安机关将案件查明后,检察院以涉嫌销售假药罪,向法院提起刑事附带民事公益诉讼。当然本案中虽未提及,但张某也应提起附带民事诉讼。最终,张某受损权益得以救济,违法犯罪人得到惩处。本案中张某权利救济启动了行政裁决、诉讼等法律程序,当然其中也暗含着和解、调解程序。其中最重要的是刑事附带民事诉讼程序,因为与一般的民事诉讼相比,刑事附带民事诉讼具有审判时间短,不需缴纳诉讼费用,有利于降低刑事案件被害人证明责任等优势。这些程序联合启动,有利于受害人快速、全方位地维权,对其他社会个体维权具有一定的指导意义。

2020年9月,习总书记在教育文化卫生体育领域专家代表座谈会上发表重要讲话,强调"加快提高卫生健康供给质量和服务水平,是适应我国社会主要矛盾变化、满足人民美好生活需要的要求,也是实现经济社会更高质量、更有效率、更加公平、更可持续、更为安全发展的基础"。因此,标准与质量是市场经营的红线、底线,市场主体应加强质量管理与控制,为社会提供安全产品。对药品更应坚持风险管理、全程管控,建立全面提升药品质量监督管理制度,保障公众的用药安全,保护和促进公众健康。

思考题

1.如何判断假药、劣药?

2.生产者与销售者应怎样遵守标准与规范?

3.消费者应如何增强自我防护能力?

4.消费者应如何维权?

5.如何理解公益诉讼?

6.与一般民事诉讼相比,刑事附带民事诉讼具有什么优势?

参考文献

1.沈同、邢造宇等主编:《标准化理论与实践》,中国计量出版社 2007 年版。

2.高铭暄、马克昌:《刑法学》,北京大学出版社 2011 年版。

3.邵世星:《刑事附带民事诉讼疑难问题研究》,中国检察出版社 2002 年版。

4.李卓:《公益诉讼与社会公正》,吉林大学 2006 年博士学位论文。

5.马步云:《现代化风险初探》,复旦大学 2006 年博士学位论文。

6.《中华人民共和国药品管理法》(2014 年修订版)。

7.《中华人民共和国刑法》(2020 年刑法第十一次修订)。

<table>
<tr><td rowspan="1">案例三</td><td>质量是生命——严守工程
底线,捍卫公共安全</td></tr>
</table>

案例三 质量是生命——严守工程底线,捍卫公共安全

提　要　如果存在屋面广泛性渗漏的客观事实,那么无论是竣工验收合格证明还是其他的书面证明都无法构成有效的抗辩。在本文案例中南通二建以验收合格为依据试图对工程质量问题发起抗辩,法院对其抗辩事由不予支持。另外该工程公司以《建设工程质量管理条例》为依据提出应当只承担维修责任,法院对此依然不予支持。基于公平原则,造成屋面质量问题的主体应当承担相应的赔偿责任。在这一案件中并非设计部门的图纸有误导致最终的屋面渗漏,而是因为工程方在建设的过程中以节约成本为目的擅自变更用料,所以工程方应当依照全面设计方案对工程事故损害进行修复,同时可以依照实际情况对修复过程中产生的成本进行合理分配。

基本概念　工程质量　赔偿责任　公平原则

案情简介

2004年10月15日,江苏南通二建集团依照法律规定流程与恒森股份有限公司对施工合同进行了签署,其中约定由南通二建承建恒森公司发包的吴江恒森国际广场全部土建工程,合同价款30079113元,开工日期2004年10月31日,竣工日期2005年4月28日。同日,双方签订补充协议约定:开工日期计划2004年10月2日(以开工令为准),竣工日期2005年3月11日,工期141天(春节前后15天不计算在内)。每推迟一天,南通二建支付违约金10万元。

2004年10月30日,南通二建致函恒森公司,认为因设计变更造成其钢筋成型损失约6万元,要求恒森公司承担该损失。2004年11月10日,恒森公司致函南通二建,认为应对成型钢筋尽量利用,对确实无法利用的,由南通二建上报明细,经双方核对后,由恒森公司给予补偿。事后,南通二建未报损失明细。

2005年1月6日,双方对会议纪要进行签署,其中提出南通二建将会作为工程的总承包商,管理费用为工程总费用的1%。恒森公司法定代表人强调必须在2005年4月中旬全部竣工通验。2005年4月20日,南通二建与恒森公司签订补充合同,约定恒森公司

将恒森国际广场室外铺装总体工程发包给南通二建施工,工程总价暂按 270 万元计,最终结算价按江苏省建安 2004 年定额审计下浮 12％确认,室外工程工期为 2005 年 4 月 20 日至 6 月 20 日。

2005 年 6 月 27 日,南通二建与恒森公司就工程现场签证单确认问题等事项订立会议纪要协商确认工程于 6 月底前全部竣工,如不能如期竣工,根据原因由责任方承担责任。施工期间,恒森公司陆续将水电等工程分别分包给第三方施工。其中幕墙分包工程固定总价 205 万元,另四份协议均约定由南通二建按分包合同总价的 2.5％向分包单位收取配合管理费。经确认,南通二建已收取配合管理费 323750 元。2005 年 7 月 20 日工程完工进入验收程序,其后恒森公司将工程中的一座面积为 22275 平方米的房屋做出租用途,原一审中经现场勘查,承租人在屋顶场地中央打螺丝孔安装照明灯 4 盏。

一审中,南通二建申请对工程造价进行审计,恒森公司申请对屋面渗漏的重大损失进行鉴定。认证中心的鉴定意见为:南通二建施工工程造价为 35034260.23 元,其中屋面结构层以上实际施工部分造价为 1677635 元。天正鉴定所对工程现场实施了检验并提出,出现渗漏情况的位置以伸缩缝、落水管、屋面板以及排气管为主。将工程实际成果与设计图纸对比得知,建设过程中没有依照图纸设置 50 厚粗砂隔离层等多个设施,另外伸缩缝位置还缺少 3.0 厚防水卷材。经过检验确定该工程的建设方法与设计图纸不符。

东吴设计院经过检验后提出,由于当前的建设方法不符合设计图纸,如果对出现渗漏问题的位置实施局部修复大概率无法有效根除大范围渗漏的情况,所以为能够彻底解决问题,应当彻底铲除原防水层并重新实施屋面防水层部分的建设,同时该设计院还给出了全新的设计方案。方案中明确给出了承建方省略的施工程序,并在初始设计的基础上增添了伸缩缝位置的翻边。认证中心根据东吴设计院上述全面设计方案出具的鉴证价格为 3975454 元。

在一审阶段,按照《合同法》《民事诉讼法》等相关法律文件之中的法律条文,法院于 2012 年 8 月 31 日作出判决:"一、恒森公司支付南通二建工程价款 8368953.23 元。二、恒森公司支付南通二建工程余款利息。三、南通二建赔偿恒森公司屋面修复费用 3413752.04 元。四、南通二建赔偿恒森公司工期延误损失 250000 元。五、驳回南通二建及恒森公司的其他诉讼请求。"南通二建当庭向江苏省高级人民法院发起上诉。依照《民事诉讼法》的有关条文,江苏省高级人民法院变更一审判决主文第三项为:"南通二建赔偿恒森公司屋面修复费用 2877372.30 元。"①

案情分析与结论

一、本案工程价款应按司法鉴定造价为工程款结算依据

诉讼中,南通二建、恒森公司均同意以鉴定造价 35034260.23 元作为工程款结算的依

---

① 案例来源:中国法院网—江苏南通二建集团有限公司与吴江恒森房地产开发有限公司建设工程施工合同纠纷案,https://www.chinacourt.org/,2020-01-10。

据，并一致认可已支付工程款 26815307.00 元。南通二建同时认为，工程价款还应加上总包管理费 15 万元及钢筋成型损失 6 万元。

诉讼中双方一致认可按司法鉴定造价为工程款结算依据。有关总包管理费这一纠纷，在工程建设的过程中合同双方约定南通二建作为总承包商并且获取 1‰ 的管理费用，合同内容确为双方真实意思表达，所以应当对其进行确认。恒森公司分包合同总价为 1500 万元，故恒森公司应按约支付 15 万元。关于钢筋成型损失问题，双方曾约定恒森公司给予损失补偿的前提是由南通二建上报无法利用钢筋的明细，现因南通二建未能提供因设计变更导致无法利用的钢筋数量明细，应视为该部分成型钢筋已合理用于本案工程中，施工方未实际发生成型钢筋损失，故法院对南通二建的该项诉讼请求不予支持。另，因保修期限届满，且屋面广泛性渗漏问题将在本案中作出处理，故恒森公司应退还保修保证金。综上，一审法院认定恒森公司应付工程总价款为 35184260.23 元（35034260.23＋150000.00）。扣除恒森公司已付工程款 26815307.00 元，恒森公司应支付南通二建工程价款 8368953.23 元。"只有在本金数额确定的情况下，才谈得上支付利息问题，本金不确定，利息就无法计算。"[1]恒森公司欠付工程款的利息可参照事先约定的本金及双方确认的补充协议中的付款期限计算。

二、屋面渗漏质量问题，南通二建作为施工单位应承担责任

结合鉴定意见及现场情况，应确认屋面渗漏系南通二建未按原设计图纸施工导致隐患及承租人擅自安装路灯破坏防水层两方面因素所致，其中未按设计图纸施工为主要原因，路灯破坏防水层为局部和次要原因。南通二建指出是由于设计方案缺乏科学性导致最终出现工程质量问题，因为方案中并没有强制性要求施工单位在伸缩位置设置翻边。但是没有证据可以验证如果不在这一位置装设翻边就一定会引发最终的质量问题。

南通二建提出自身只担负对工程进行维修的责任，但是全面重建所造成的成本并不应当由该建设方承担。针对这一主张，一审法院提出由于该建设方所采取的建筑方法不符合初始设计方案，导致了建筑出现质量问题，此时对出现渗漏情况的位置实施局部维修无法从根本上解决房屋质量问题；况且，南通二建因偷工减料造成质量不符合设计要求是全面性而非局部性的问题。东吴设计院认为应当彻底对初始的防水层进行拆除，并重新建设防水层。针对这一建议该设计院出台了相应的设计方案，本次出台的方案在初始方案的基础之上，在伸缩缝位置设立翻边。因此，可以认定全面设计方案宜作为彻底解决本案屋面渗漏的修复方案。鉴于诉讼双方目前已失去良好的合作关系，由南通二建进场施工重做防水层缺乏可行性，故恒森公司可委托第三方参照全面设计方案对屋面缺陷予以整改，并由南通二建承担整改费用。

关于对全面设计方案修复费用 3975454.00 元应如何承担的问题。一审认为，全面设计方案相较原设计，伸缩缝部位增加了一道翻边，由此增加的费用 8713.00 元应扣除。南通二建在实际施工中少做的工序并未计入工程总价款，而全面设计方案中包含这几道工

---

① 最高人民法院民事审判一庭：《最高人民法院建设工程施工合同司法解释的理解与适用》，人民法院出版社 2004 年版，第 163 页。

序,基于权利义务相一致的原则,该部分费用应扣除。但屋面渗漏主要系南通二建施工原因造成,工程实际修复时建筑行业人工、材料价格均有上涨,此事实增加了恒森公司的负担,该上涨部分的费用应由南通二建承担。经鉴定,2004 年 10 月 15 日,南通二建工程屋面结构层以上实际施工部分工程价款为 1677635.00 元;而 2009 年 4 月 27 日,相同工程量工程价款为 3198436.68 元(全面修复总费用 3975454.00 元,屋面防水构造做法中增做部分 755036.46 元,伸缩缝部位增做部分 13267.56 元,伸缩缝翻边 8713.30 元)。因此,屋面防水构造做法与伸缩缝部位中应做而未做的部分在 2004 年 10 月 15 日的实际工程价款为 402988.66 元,而在 2009 年 4 月 27 日相应工程价款则为 768304.02 元,两者之间的差额 365315.36 元应由南通二建承担。承租人在屋顶打洞装灯破坏防水层,亦是导致屋面渗漏的原因之一,故应当相应减轻南通二建的责任。鉴于该处路灯位于屋面停车场中央较高位置及该路灯仅对屋面板渗漏有影响,酌情认定应予扣除修复工程款金额 15 万元。南通二建应支付的修复费用合计为 3413752.04 元。

三、南通二建应承担延误工期的违约责任

"违约责任与侵权责任在民法体系内各具特色。"[①]"我国民法体系中的合同法奉行严格责任,遵循的是英美法、国际合同条约或合同示范法的归责原则。"[②]根据双方补充协议,南通二建应于 2005 年 3 月 11 日完工,否则按每天 10 万元承担违约责任;实际施工期间,因地基工程施工失败,双方约定由南通二建接替原地基工程施工单位实施地下室围护的抢险施工及围护桩加固工作,该项工作并非总包单位合同内容,属于增加工程,必然导致工期延长,故双方就工期协商约定互不追究,但恒森公司并未放弃工期要求,在承诺不针对原工期追究责任的同时要求南通二建必须于 2005 年 4 月中旬竣工。此外,恒森公司将室外铺装工程另行发包给南通二建施工,并明确室外铺装工程工期至 2005 年 6 月 20 日止,结合双方于 2005 年 6 月 27 日会议纪要中作出的工程应于 6 月底前竣工,否则根据原因由责任方承担责任的意思表示,可认为双方因地下室及工程量增加等原因,已协商将竣工时间延长至 2005 年 6 月 30 日。本案工程于 2005 年 7 月 20 日竣工,南通二建逾期完工 20 天,南通二建未能举证证明该 20 天存在可延长的情形,故逾期完工 20 天的责任应由南通二建承担。因恒森公司投资建房的目的之一系对外招租开设大卖场以获取租金收益,南通二建逾期完工必然导致恒森公司迟延接收使用房屋并获得租金收益,结合恒森公司将所建房屋对外实际出租的状况及规模,法院酌定由南通二建赔偿工期延误损失 25 万元。

---

① 叶名怡:《违约与侵权竞合实益之反思》,载《法学家》2015 年第 6 期。
② 王利明:《民商法研究》(第 5 辑),法律出版社 2014 年版,第 435 页。

相关法律法规索引

《中华人民共和国合同法》(1999 年修订，2021 年 1 月 1 日废止)第 107 条：如果合同方之一在履约的过程中没能依照合同之中的要求进行义务履行，依照法律法规其应当继续履行合同约定或对造成的损失实施补救或赔偿。

《关于审理建设工程施工合同纠纷案件适用法律问题的解释》(2014 年通过)第 14 条：如果合同双方就建设工程竣工时间这一问题产生纠纷，应当依照纠纷的实际状况采取相应的解决方案：

(1)如果工程已经全面完工并且通过验收环节，应当将验收通过的日期作为竣工时间。

(2)如果建设方已经对完工报告进行上交，但是发包方没能在预期时间内对工程进行验收，应当将报告出具的时间作为竣工时间。

(3)如果工程在没有全面完工或者尚未实施验收的情况下，发包方直接将建设成果投入使用，应当将占用工程的时期作为竣工时间。

第 17 条：在出现工程款项拖欠的情况下，如果双方已经在合同之中就这一情形的利息问题作出约定，应当依据合同之中的约定执行。如果合同之中没有约定类似的情形，则应当采取人民银行在相同时期发布的贷款利率对利息进行计算。

第 18 条：开始计算利息的时间为应付工程价款的日期。如果合同双方没有对付款时间作出约定或者约定较为模糊，应当依照下述方法决定付款日期：

(1) 建设工程已实际交付的，为交付之日；

(2) 如果工程尚未完成交付，应当将竣工结算报告上交的日期视为付款日期；

(3) 如果工程尚未完成交付，且尚未对工程款项完成计算，应当将当事人发起上诉的时间视为付款日期。

法律制度解读

一、利息

利息指的是在一段时间内由于使用货币而产生的费用。具体来说债权持有者由于面向债务人发放贷款而获取的收益就是利息。"长期以来，我国民间的利息水平普遍较高。"[①]

[①]　许德风：《论利息的法律管制——兼议私法中的社会化考量》，载《北大法律评论》2010 年第 1 期。

诉讼实践中,在借贷合同本身没有约定利率时,当事人提出的逾期利息请求并没有一个统一的模式。大致可以分为三大类:第一类是仅要求支付逾期利息,但没有提出计算逾期利息的具体起止期间。如有的仅要求判决利息。有的要求以本金为基数,按照中国人民银行同期贷款利率计算支付资金占用损失。第二类是提出了逾期利息计算的终止日期,但没有起算日期。比如一些规定中提出,应当依照人民银行在同时期制定的贷款利率为标准对利息进行计算。第三类是虽提出了逾期利息计算的起始日期和终止日期,但各自逾期利息的起算点和终止点并不相同。比如一些规定中提出从起诉日期开始,依照人民银行在同时期制定的贷款利率为标准对利息进行计算,以结清所有款项作为截止日期。一些规定中提出应当将违约行为出现的日期作为起始日期,将判决生效的日期作为终止日期。

基于当事人提出的逾期利息请求各不一样,法院作出的判决也是各不相同的。区别依然体现在逾期利息的起算点与终止点上。大致可分为四类:第一类是判决被告支付从违约之日起至判决确定的还款之日止,按中国人民银行同期贷款利率标准计算的利息。第二类是将立案日期作为起始日期、将判决生效日期作为终止日期,期间利息标准采取同时期人民银行所制定的流动资金贷款利率。第三类将判决生效日期作为起始日期,将实际完成支付的日期作为终止日期,期间利息标准采取同时期人民银行的贷款利率。第四类是判决被告支付自借款之日起至本判决书义务执行完毕止的利息。

二、建设工程质量缺陷损害赔偿

"产品责任是指产品在消费过程中造成人身伤害或财产损害所引起的民事责任,其性质为侵权责任。"[①]"建筑质量侵权责任的概念是因建筑在质量方面存在问题而引发相关主体权益受损而必须承担的赔偿责任。"[②]我国在《建筑法》《建设工程质量管理条例》中均针对这一项目作出了相关规定,要求出现上述情形的行为主体承担相应的民事与行政责任。《建筑法》中规定了九种需要承担此类责任的情形,而《建设工程质量管理条例》中则规定了八种情形。"一些研究人员提出建筑质量责任的概念就是由于工程在质量方面没有达到相关技术标准导致利益主体在生命财产安全方面受到损失而必须担负的民事赔偿责任。"[③]

如果权益受损的主体是发包人或所有人,那么承包人一方面要承担对发包人的违约责任,另一方面也要承担对权益主体的侵权责任,此时就会出现责任竞合的情况。在发包人与承包人之间所签署的合同中必须包含有关工程质量水平的约定,而在合同生效以后承包人必须确保自身建设完成的建筑能够满足约定的质量标准,否则承包人就没有依照约定履行自身的义务,即需要承担相应的违约责任。如果承包者的行为导致建设单位和所有者的人身财产安全等受到损失,那么权益主体可以对其责任进行追究。不过在追责的过程中,第三方与承包方之间没有签署任何合同,所以后者也不对前者构成违约,只能以侵权的名义进行上诉。

如果行政机关或内部人员在实施管理的过程中出现违规情况导致当事人权益受损,

---

① 王家福:《中国民法学:民法债权》,法律出版社1991年版,第548页。
② 赵康:《建筑质量侵权责任初探》,载《学术研究》2001年第8期。
③ 胡东杰、宗晔:《浅议建设工程质量损害赔偿》,载《山西广播电视大学学报》2004年第1期。

那么应当依照《国家赔偿法》中的相关条文要求行政机关对自身所导致的后果进行担责。

三、民事责任中的违约责任

民法能够得到实施必须有国家强制力的支持。民事责任集中体现了民法靠国家强制力保证实施的法律属性,在民法中具有不可欠缺的重要地位和意义,是民法的重要组成部分。

民法在发展的过程中经历了以义务为导向到以权益为导向再到以社会为导向的演变。义务本位的民法,立法的特点是以义务为切入点规定不履行或违反义务将受到什么样的法律制裁,即承担什么法律责任,甚至民刑责任不分。中国古代民附于刑,法律规定不履行义务或侵害他人财产与人身的承担严格法律责任。其他法系古代法律大多如此,罗马的十二表法甚至查士丁尼法典也不例外。近代资本主义民法已经实现了法律的平等性,行为主体必须对自身所导致的后果承担相应的责任。民法以权利本位的面貌呈现,立法以人们享有什么权利为切入点进行规定,但同样也要规定义务及违反民事义务的责任。责任也几乎被简单化为财产责任。垄断资本主义开始强调以社会利益限制个人权利,进入消费者社会、环境时代、信息化和互联网时代,民事主体权利增多,义务和责任也相应增加。我国民法将责任与债分离,建立民事责任体系的主要理论根据在于:权利、义务和责任是法律的基本概念,同理,民事权利、民事义务和民事责任是民法的基本概念。"民事责任与民事义务两个概念在属性、意义和约束力等多个方面都存在差异性。"[①]"在中国业已颁行的一系列重要的民事法律中,已经孕育出了有资格被称为'中国元素'的诸多民事法律制度。"[②]中国特色社会主义民法的人民性决定了人们的自觉遵守,这是民法实施的重要保障。但社会生产的发展与人民群众日益增长的物质文化需求的矛盾,决定了民法还必须靠国家强制力保证实施。

违约责任的概念是合同关系中一方没能依照合同约定进行义务履行而需要承担的责任,此类责任是民事责任的一种。只有在双方存在合同关系的前提下才能存在违约责任,所以其不同于无效合同后果这一概念。另外违约责任的前提是双方在合同之中预先设立了义务的内容、履行方式等,所以其也不同于侵权责任。

案例启示

一、工程领域企业应当熟知国家和产业制定的技术标准、设计文件以及合同质量规定

第一,国家所制定的基础标准和产业标准。2000 年,我国针对工程领域出台了相关标准。其中有条文提出,工程建设强制性标准对于在我国实施的一切建筑建设、扩建、改建等活动具有约束力。此时我国在法律文件中对工程领域制定了十五个章节的建设标

---

① 魏振瀛:《债与民事责任的起源及其相互关系》,载《法学家》2013 年第 1 期。
② 王轶:《论中国民事立法中的"中国元素"》,载《法学杂志》2011 年第 4 期。

准,包括安全标准、环保标准等多个层面。三年以后我国针对房屋建筑问题出台了相关标准,其中具体包含建筑设计、建筑设施等九个维度。另外建设部还提出,强制性标准包含三个基本组成部分,分别为国家标准、产业标准以及地区标准。如果工程建设者在施工的过程中不满足其中任何一条标准,就可以视其为质量缺陷。

其次,设计文件。施工单位在工程实施过程中的一切建设活动都必须以设计图纸为基础,图纸是设计部门依照国家、产业和地方强制性标准、结合工程现实需求而制定的指导文件,所以必须以设计图为基础实施建设活动,不应出现与设计图相冲突的情况,避免对工程质量造成消极影响。

近些年许多工程由于没有依照设计文件实施建设导致建筑存在质量问题。《建设工程质量管理条例》中提出,施工部门需要依照设计方案进行建设,不可中途随意修改设计方案。如果在建设的过程中发现方案与现实建设需求不符,那么施工单位应当与设计部门进行沟通,规范阐述施工的现实状况和需求,并且由设计部门根据施工单位的合理诉求依照相关规定重新给出设计方案。《建筑法》中提出,施工单位在施工过程中不可出现改动设计方案的情况,如果由于施工必要而必须对方案进行改动,则应当由初始设计部门承担改动工作。这些法律条文都对文件方案有误状况下的解决方法进行了明晰。

最后,合同对工程质量的约定。在施工工程中,承包方一方面必须遵循国家和产业所制定的标准、设计单位给出的方案实施建设工作,另一方面还必须确保工程建设结果能够满足与建设单位合同中就工程质量所制定的约定。如果最终工程质量水准达不到合同中约定的水平,那么也应当视其为质量缺陷。比如说承包者与发包者签署合同文件,其中指出后者将会委托一个综合办公楼工程给前者进行建设,并且要求第三层设置为书库和档案库(平面承受载荷应当至少为每平方米 500 千克),但是由于设计单位工作人员没有仔细阅读合同中的内容,导致其在设计的过程中依然采取了与普通办公楼相同的设计方法,平面承受载荷只有每平方米 150 千克。尽管这一设计方法并没有违背国家和产业所给出的规定,但是由于其与合同约定中的质量要求不符,所以也应将其视为质量缺陷。

《民法典》对建设工程约定缺陷这一问题给出了相对完善的规定。其中从第 788 条到第 808 条都是围绕建设工程合同所制定的条文,第 800 条和第 801 条中对勘察、设计和施工工作的实施主体在质量方面所要承担的责任进行了明晰。其中提出应当对设计的质量进行检验,如果不满足约定或者没有在期限内对勘察文件和设计方案进行上交导致工程竣工时间延后,导致发包者承受损失,此时勘察和设计工作的负责人应当依照合同约定完成所有工作并且承担相应的赔偿责任,对自身行为导致的后果加以赔偿。如果施工方在建设的过程中存在问题导致最终的工程质量无法满足相关标准,那么只要在合同有效期限内,发包者就拥有要求其返工和改建的权利。如果实施返工和改建以后,工程实际交付的时间超出了预期的时间并导致发包者承担了损失,那么施工单位需要承担相应的赔偿责任。不过合同对工程质量所作出的约定不能与国家和产业标准相冲突,换言之合同中的约定应当至少达到国家和产业所制定的水平,不能低于这一水平。在对施工者是否存在侵权行为进行判定的过程中,只需要考察其是否存在建筑质量缺陷,而无须注意"由于约定导致的缺陷"这一条件。假如合同中规定的工程质量仅需达到国家强制性标准,那么合同约定将会失去实际意义。

二、建筑相关企业应全面了解损害事实的认定，降低法律风险的发生

"工程质量是建筑企业生存和发展的保障。"[1]"由于质量不满足标准而导致的损失指的是，由于存在质量问题而导致当事人的人身财产安全受到侵犯。"[2]一些研究人员提出，建筑质量责任就是在建筑质量问题导致相关主体权益受损的情况下所应担负的赔偿责任。通过这些界定方式能够得出，造成了客观层面的损失是构成建筑质量责任的前提，如果没有客观结果，那么即便存在质量不足也不需承担责任。损害可以分为两部分：其一是对当事人身体造成的损害，如死亡、受伤、生病等。其二是对当事人财产造成的损害。不过工程自身的损害不被囊括在这一界定之中，此种损害属于合同责任的范畴。我国针对建设工程质量管理问题所出台的文件中提出，如果建设工程存在质量问题导致当事人财产安全造成损失，那么侵权主体应当依照相关法律法规对受害者的损失实施赔偿。通过这一规定也能得知，工程自身的损害是不包括在建筑质量责任范畴以内的。

概括起来，损害事实主要分为以下几类：

生命健康层面的损害。从广义的角度来说，此种损害的客体是人身权，包括人的肉体与人格两个层面的权益。当事人由于建筑质量问题而承受的人身损失包括肢体完整性受损、器官受损、死亡等。由此可知在建筑质量责任范畴以内谈论的人身损失是狭义的，指的是对当事人人体所造成的有形损害。在造成这些损害以后，一般侵权者需要通过财产实施主要赔偿，另外还应当提供一定的精神赔偿金。

财产层面的损失。这一层面的损失包含两部分：一是直接对当事人财产造成的损失；二是直接侵犯当事人人身权益而对其经济造成的损失。换言之，由于建筑质量问题所导致的一切经济损失都可以被认为是财产损害的一部分。

精神层面的损失。一般领域内也经常将这一类型的损失称为无形损失，具体来说其可以分为两部分：一是社会性无形损失，概念是和当事人荣誉、信誉等和经济损失相关的损失；二是情感性无形损失，常见的包括亲人离世所引发的痛苦等。上文所阐述的概念在分类标准上存在一定的差异，不过从根本上说不同的分类方法在出发点上是统一的。"同时我们应当注意分辨精神损失和心理疾病。"[3]

总的来说，损失既可以是对当事人身体和经济造成的有形损害，也可以是对当事人的人格、情感等造成的无形损害。

三、建筑相关企业应积极投保工程质量责任保险

"建设工程一般需要涉及多种不同类别的保险，常见的有如职业责任险、人身意外伤害险等等。"[4]针对住宅工程质量存在的主要问题和薄弱环节，政府相继出台了一系列政策法规和技术标准，形成了以住宅工程质量控制体系、住宅性能评价认定制度、住宅工程技术保障体系为基本框架的住宅质量管理制度，并多次要求引入保险机制来解决住宅工

[1]　谢世伟：《建筑工程项目质量管理研究》，载《财经问题研究》2015年第6期。
[2]　隋海波：《建设工程质量缺陷的损害赔偿责任主体及责任范围》，载《建筑经济》2001年第6期。
[3]　谢鸿飞：《精神损害赔偿中的三个"关键词"》，载《法商研究》2010年第6期。
[4]　孟宪海：《建设工程保险制度相关法律问题研究》，载《保险研究》2001年第3期。

程质量问题。2004年7月,原建设部制定《住宅工程质量保修保险试行办法》,要求包括商品住宅在内的三类工程应办理工程质量保险。2005年8月,我国有关部门围绕住宅工程质量保险的相关问题出台了文件,其中明确对工程质量保险这一概念的内涵进行了明晰,并且对工程部门必须投保的项目作出了规定。该文件提出,对商品房进行开发与建设的部门应当依照文件要求进行投保,投保范围应当覆盖与使用者权益相关的保险项目。2009年4月,我国有关部门在文件中集中对建筑功能工程质量监管问题作出了规定,其中进一步提出应当促进工程产业的规范化发展,对产业内的法律法规予以完善,在产业内建立完善的工程质量保险机制。

除此之外,我国许多保险领域的金融机构开始响应国家号召,推出了住宅工程质量责任保险。随着市场的发展,此类保险产品的种类越来越多,在功能上也越来越完善。2001年,人民保险公司和建设机关共同出台了"A级住宅质量保证保险",从这一产品推出开始,我国正式建立了住宅质量保证保险制度。同样地,作为我国第一家专业责任保险公司,长安责任保险公司自开业伊始就致力于把工程质量保险和风险管理有效地结合起来,建立了工程保险全面风险管理体系,先后推出了房屋建筑工程质量责任保险、经济适用房建筑工程质量责任保险、廉租房建筑工程质量责任保险、农房建筑工程质量责任保险等系列产品,得到了业界的逐步认可。

2020年9月,习总书记在教育文化卫生体育领域专家代表座谈会上发表重要讲话,强调"加快提高卫生健康供给质量和服务水平,是适应我国社会主要矛盾变化、满足人民美好生活需要的要求,也是实现经济社会更高质量、更有效率、更加公平、更可持续、更为安全发展的基础"。因此,标准与质量是市场经营的红线、底线,市场主体应加强质量管理与控制,为社会提供安全的建筑工程产品。

思考题

1.利息的分类有哪些?

2.逾期支付利息的法律后果有哪些?

3.企业如何能更好地落实建设工程质量保障制度?

4.损害事实的分类有哪些?

5.建筑工程企业投保工程质量责任保险有哪些重要的价值?

参考文献

1.赵康:《建筑质量侵权责任初探》,载《学术研究》2001年第8期。

2.胡东杰、宗晔:《浅议建设工程质量损害赔偿》,载《山西广播电视大学学报》2004年第1期。

3.孟宪海:《建设工程保险制度相关法律问题研究》,载《保险研究》2001年第3期。

4.隋海波:《建设工程质量缺陷的损害赔偿责任主体及责任范围》,载《建筑经济》2001年第6期。

5.谢鸿飞:《精神损害赔偿中的三个"关键词"》,载《法商研究》2010年第6期。

6.魏振瀛:《债与民事责任的起源及其相互关系》,载《法学家》2013年第1期。

7.彭国元:《建筑工程质量事故的法律对策》,湖南大学出版社2000年版。

8.张新宝:《侵权责任法》,中国人民大学出版社2020年版。

案例四　资质许可——强化市场管理,维护经济秩序

提　　要	资质是国家公开限定经营者或从业者的市场准入条件,决定经营者或从业者是否具有合法经营或从业资格的法律制度。构建资质管理制度的主要目的在于降低行业或执业危险,维护社会与公共利益,增进公共福利,保障公众安全;同时可提高资源利用率和生产效率,提升企业竞争力。企业应加强资质管理,改进自身市场形象,提高社会知名度,增强企业市场竞争力;勿投机取巧,规避法律,引发法律风险。当企业权益受到侵犯时,应寻求正确的法律途径,积极维权。
基本概念	资质　行政许可　行政复议　行政诉讼

案情简介

　　2015 年 7 月 2 日,原上海市住房保障和房屋管理局(以下简称"原市房管局")受理上海苏华物业管理有限公司(以下简称"苏华公司")向其提出的新设立物业服务企业资质核定申请。苏华公司提交了其聘用的王某某等人具备专业管理资质和技术资质的证书,及苏华公司为其缴纳城镇基本养老保险的证明。原市房管局经调查发现,苏华公司聘用的专职管理和技术人员于同年 5 月起作为苏华公司员工缴纳社会保险费用,但于次月即停止缴费。故原市房管局认定苏华公司的申请不符合有关规定,继而于同年 7 月 9 日作出不予批准的决定。

　　苏华公司不服,于同年 8 月 25 日向住房和城乡建设部(以下简称"住建部")申请行政复议。住建部于 11 月 18 日作出行政复议维持决定。苏华公司不服提起行政诉讼,请求撤销原市房管局 2015 年 7 月 9 日作出的"不予批准决定书"及住建部作出的"行政复议决定书";对原上海市房屋土地资源管理局制定的"新设立物业资质通知"进行附带审查。

　　上海市黄浦区人民法院审理后,依法驳回了苏华公司的诉讼请求。苏华公司不服,提

出上诉。二审法院驳回上诉，维持原判。[1]

案情分析与结论

一、苏华公司不符合物业管理企业资质管理要求

依据《物业管理条例》、《物业服务企业资质管理办法》，上海市《关于新设立物业管理企业资质审批有关事项的通知》等法律法规与文件精神，我国对物业管理企业和物业管理专业人员实行资质管理制度。对"工程、管理、经济等相关专业类的专职管理和技术人员"除要具备的一定职业资质以外，还提出"专职"与"稳定性"要求。"专职"是指非兼职，是在企业专门从事物业管理的专门人员，不得在多家单位兼职，要签订劳动合同，明确工作内容、工作时间、具体职责等；"稳定性"是指非临时性人员，要长期聘用，以保证企业物业服务的专业性，企业要为其缴纳社会保险费或综合保险费。本案中，苏华公司聘用王某某等人作为其新设立物业服务企业的专业人员，但企业为他们仅缴纳一个月的社会保险费，没有可持续性，不符合物业服务企业专业人员的"专职"与"稳定性"要求，故不符合物业管理企业资质管理要求。

需要说明的是，2015年8月上海市住房保障和房屋管理局制定了《上海市物业服务企业资质管理规定》，有效期为2016年1月1日至2020年12月31日。其中第6条规定"物业管理专业人员以及工程、管理、经济等相关专业类的专职管理和技术人员应当与所在物业服务企业签订劳动合同，且由该企业依法为其缴纳社会保险费。物业服务企业申请核定资质等级的，应当提供为上述人员连续缴纳最近三个月以上社会保险费的证明材料，但新设立的物业服务企业除外"。第22条规定"《关于新设立物业管理企业资质审批有关事项的通知》（沪房地资物〔2007〕69号）同时废止"。如果苏华公司在2016年依据新的《上海市物业服务企业资质管理规定》，向行政机关提出新设立物业服务企业资质核定申请，就满足了相关法律法规对物业管理企业资质管理要求，就可以获得许可了。

二、原上海市房管局制定的《新设立物业资质通知》与上位法不冲突，符合法律规定

根据《行政许可法》的规定，法律法规已经设定行政许可的，下级行政机关可以依法通过制定规范性文件的方式明确许可所具备的条件。《物业管理条例》与《物业服务企业资质管理办法》规定，物业管理企业应当具有独立的法人资格，物业服务企业资质等级分为一、二、三级，各资质等级物业服务企业均应具有工程、管理、经济等相关专业类的专职管理和技术人员。依据上述规定，原上海市房管局发布《关于新设立物业管理企业资质审批有关事项的通知》（以下简称《通知》）规定，"新设立物业管理企业中物业管理专业人员以

---

[1]　本案例引自中国法院网—典型案例："上海苏华物业管理有限公司诉上海市住房和城乡建设管理委员会物业服务资质行政许可案"，https://www.chinacourt.org/，2018-10-30。

及工程、管理、经济等相关专业类的专职管理和技术人员,应是该企业与其签订劳动合同并为其缴纳社会保险费或者综合保险费的专职人员"。明确了物业管理人员除具备职业资质以外,还应当具备服务的稳定性。此《通知》是根据《行政许可法》《物业管理条例》《物业服务企业资质管理办法》等上位法的立法精神,对《物业服务企业资质管理办法》中专职人员的认定标准进行解释和细化;是在上位法设定的行政许可事项范围内,对实施该行政许可作出的具体规定,既没有增设行政许可,也没有增设违反上位法的其他条件,故与上位法并不冲突,符合法律规定。

三、原市房管局作出的不予批准决定,住建部作出的维持行政复议决定,以及一审、二审法院作出的裁决是合法、适当的

原上海市房管局面对苏华公司提出的新设立物业服务企业资质的核定申请,严格遵守行政许可程序,依据相关法律法规和文件精神,作出不予批准的决定,是合法、适当的。住建部依据《行政复议法》,在复议中经集体讨论,认为原上海市房管局对苏华公司提出的新设立物业服务企业资质核定申请,作出的不予批准决定,认定事实清楚,证据确凿,适用依据正确,程序合法,内容适当的,作出的维持行政复议决定,符合法律规定,也是适当的。一审、二审法院对原上海市房管局发布的《关于新设立物业管理企业资质审批有关事项的通知》,围绕该规范性文件与法律法规的规定是否存在冲突,制定主体、制定目的、制定过程是否符合规范,是否明显违法等情形进行附带审查,认为规范性文件不存在违法情形的,在本案中适用是没有问题的。一审、二审法院在案件审理中,以事实为依据,以法律为准绳,适用法律、法规正确,符合法定程序,分别作出的驳回原告的诉讼请求;驳回上诉,维持原判决,都是合法、适当的。

相关法律法规索引

《中华人民共和国行政许可法》(2019 年修订)

第 38 条:申请人的申请符合法定条件、标准的,行政机关应当依法作出准予行政许可的书面决定。行政机关依法作出不予行政许可的书面决定的,应当说明理由,并告知申请人享有依法申请行政复议或者提起行政诉讼的权利。

《物业管理条例》(2016 年修订)

第 32 条:从事物业管理活动的企业应当具有独立的法人资格。国务院建设行政主管部门应当会同有关部门建立守信联合激励和失信联合惩戒机制,加强行业诚信管理。

《物业服务企业资质管理办法》(2004 年公布,2007 年、2015 年修正,2018 年废止)

第 3 条:物业服务企业资质等级分为一、二、三级。

第 5 条:各资质等级物业服务企业的条件如下:(一)一级资质:1.物业管理专业人员以及工程、管理、经济等相关专业类的专职管理和技术人员不少于 30 人。……(二)二级资质:1.物业管理专业人员以及工程、管理、经济等相关专业类的专职管理和技术人员不少于 20 人。……(三)三级资质:1.物业管理专业人员以及工程、管理、经济等相关专业类的专职管理和技术人员不少于 10 人……

上海市《关于新设立物业管理企业资质审批有关事项的通知》(沪房地资物〔2007〕69 号;2007 年发布,2016 年废止)

新设立物业管理企业中物业管理专业人员以及工程、管理、经济等相关专业类的专职管理和技术人员,应是该企业与其签订劳动合同并为其缴纳社会保险费或者综合保险费的专职人员。

法律制度解读

一、企业资质与职业资质

在市场经济活动中,国家为减少特定行业的经济活动风险,防止稀缺资源被滥用,或获得财政收入保障,从社会全局出发,运用法律强制手段对具体行业经营者或从业者进行资质许可管理,是十分必要的。现代汉语中,"资质"一般具有两种含义:"一是指人的素质、智力;二是泛指从事某种工作或活动所具备的条件、资格、能力等。"[1]市场经济法律体系中,资质是国家用法律手段公开限定经营者或从业者的市场准入条件,决定经营者或从业者是否具有合法经营或从业资格,具有法律上的强制效力。具备资质的经营者或从业者权益受法律保护;不具备资质的,则交易行为无效,甚至被依法取缔。

企业资质许可,是指"对从事某行业经营活动的经营者的人员素质、管理水平、资金数量、硬件设施、业务能力等方面进行审查,确定其可以承接业务的范围,并发给相应的资质证书"[2]。比如,建筑施工企业只有具备相应的资质条件,取得资质等级证书,才能承担与资质等级相适应的工程。国家对企业经营设置资质门槛可以有效地降低特种危险行业(如采矿、爆破、交通等)经营风险,减少对国家安全和公共利益的潜在威胁;可以将稀缺资源(如土地、石油、森林等)配置到最具生产条件经营者手中,提高利用效能,防止稀缺资源被滥用、浪费;可以垄断经营刚性需求的盈利产品(如烟草、电力、食盐等),从而保证政府财政收入。当然,国家通过对企业实行资质管理制度,一方面可以把市场资源配置给合格

---

① 沈孟璎编著:《新中国 60 年新词新语词典》,四川出版集团、四川辞书出版社 2009 年版,第 102 页。

② 李书荣:《从业资质许可制度的若干法律批判》,上海交通大学 2009 年硕士学位论文,第 10 页。

经营者,有助于保障经济的安全和效率;另一方面,企业也可能因其独有资质而获得经营优势,垄断市场。

"职业是指从业人员为获取主要生活来源所从事的社会工作类别。"[①]职业资质又称职业资格,是指"个人为持续性地获得社会分配资源,并得以借此维持相应生活基础,所意图参与特定社会分工活动的智力、体力等由社会分工所决定的人力资源分配条件"[②];简言之,"是指对劳动者在从事某一职业时所具备的一定知识、技术和能力要求"[③]。职业资质是对从事相应职业的从业者,提出的知识等级、技能达标等方面的最低限制要求,体现了对从业者劳动规范和标准的掌握要求。国家基于行业与职业分工需求,根据劳动者个人体能、智力、身体状况、学识技能等多种因素,建立职业资格管理制度;通过制定职业标准,以一定程序和方式进行评价,来规范劳动者达到其从事某种职业所需的基本要求。当劳动者达到某种职业的资质要求,即授予职业资质证书,准许其成为该职业的从业者;否则将被隔绝于该行业或职业之外。职业资质证书是记载个人智力、体力等,由社会分工决定的人力资源分配条件的法律凭证。该证书承载着"个人凭借相关证书记载的智力、体能等人力资源分配条件,在从事特定社会分工活动中所获得的社会分配资源,以及其对该资源利用所产生的直接收益"[①]等职业资质利益。职业资质的门槛越高,对职业的专门性、规范性要求也就越高,相应地其社会地位与美誉度就越高,也就会获得更大的职业利益。

二、行政许可

市场经济运行模式中,市场对资源配置起着基础和决定性作用,通过价格杠杆和竞争作用引导,使生产要素向能够产生最大效益的地方流动。但市场并不是万能的,经常会出现市场调节失灵情况,这就为政府通过行政许可介入市场,对企业活动进行管理提供了可能。现代行政法一般将行政许可理解为,"在法律规范一般禁止的情况下,行政主体根据行政相对人申请,经依法审查,通过颁发许可证或者执照等形式,依法作出准予或者不准予特定的行政相对人,从事特定活动的行政行为"[⑤]。依据我国《行政许可法》的规定,行政许可是指行政机关根据公民、法人或者其他组织的申请,经依法审查,准予其从事特定活动的行为。本案是一起典型的因行政许可而引发的行政复议、行政诉讼案件。

行政许可不仅是行政行为,还是一种法律制度,是有关行政许可的申请、审查、批准以及监督管理等一系列制度的总和。具体包括许可的机关及权限,许可范围,申请、审查和颁发许可证程序,以及监督检查、撤销、废止、中止、更换、修改许可证及其方式、条件、期限以及许可费用等内容。行政许可程序主要包括申请与处理、审查与决定、听证、变更与延

---

① 国家职业分类大典修订工作委员会编:《中华人民共和国职业分类大典》,中国劳动社会保障出版社、中国人事出版社 2015 年版,第 12 页。

② 任江:《职业资质权的实践发现与理论建构——兼谈新兴权利的发现与生成》,载《河南大学学报(社会科学版)》2016 年第 4 期。

③ 吕忠民:《职业资格制度的研究及对策》,中国人事出版社 2011 年版,第 16 页。

④ 任江:《职业资质权的实践发现与理论建构——兼谈新兴权利的发现与生成》,载《河南大学学报(社会科学版)》2016 年第 4 期。

⑤ 姜明安主编:《行政法与行政诉讼法》,北京大学出版社、高等教育出版社 2011 年版,第 224 页。

续等内容与环节。行政许可由具有行政许可权的行政机关、被委托的其他行政机关或法律、法规授权的具有管理公共事务职能的组织在其法定职权范围内实施。2015 年 5 月 12 日，国务院召开全国"推进简政放权放管结合职能转变"工作电视电话会议，提出了"放管服"改革。"放管服"，是简政放权、放管结合、优化服务的简称。其中的"放"就是中央政府下放行政权，减少没有法律依据和法律授权的行政权，厘清多个部门重复管理的行政权。经过近几年的改革，行政许可范围逐渐减少，许可程序也变得逐渐清晰、简便。

"控制危险是行政许可最常见、最基本的功能。从管理的有效性和成本看，一般来说，只有对通过事后控制将造成无法弥补的损失或者需要付出更大代价的事项，才宜采取事前监督管理，而对可能发生随机性、偶然性危险的事项，宜采取事后监督管理。因此，作为事前的监督管理方式，行政许可主要适用于涉及公共安全、人身健康、生命财产安全等事项，不从源头上预先防范将造成严重的社会不利后果。"[1]依据我国《行政许可法》的规定，直接涉及国家安全、公共安全、经济宏观调控、生态环境保护以及直接关系人身健康、生命财产安全等特定活动，需要按照法定条件予以批准的事项；有限自然资源开发利用、公共资源配置以及直接关系公共利益的特定行业的市场准入等，需要赋予特定权利的事项；提供公众服务并且直接关系公共利益的职业、行业，需要确定具备特殊信誉、特殊条件或者特殊技能等资格、资质的事项；直接关系公共安全、人身健康、生命财产安全的重要设备、设施、产品、物品，需要按照技术标准、技术规范，通过检验、检测、检疫等方式进行审定的事项；企业或者其他组织的设立等，需要确定主体资格的事项等，原则上都要应经过行政许可。公民、法人或者其他组织能够自主决定的，市场竞争机制能够有效调节的，行业组织或者中介机构能够自律管理的，行政机关采用事后监督等其他行政管理方式能够解决的，可以不设行政许可。

三、行政复议

行政复议，"是指公民、法人和其他组织认为行政主体的行政行为侵犯其合法权益，和行政主体之间发生争议，依法向行政复议机关提出申请，由行政复议机关依照法定程序，对引起争议的行政行为的合法性和适当性进行全面复查、审议并作出复议决定的行政行为"[2]。行政复议宗旨是纠正违法行政，保护公民合法权益，监督行政机关依法行政。行政复议作为行政机关内部的纠错制度，体现了成本与收益的正比例关系。该制度有利于及时、高效地解决行政相对人与行政机关之间的多种争议，密切行政机关与广大人民群众的干群关系，促进社会的和谐与稳定。行政复议以合法、公平、公正、及时、便民为基本原则。相较于行政诉讼，行政复议具有时间短、操作便捷、花费少等优势。

依据我国《行政复议法》的规定，对县级以上地方各级人民政府工作部门的具体行政行为不服的，由申请人选择，可以向该部门的本级人民政府申请行政复议，也可以向上一级主管部门申请行政复议。本案苏华公司对原上海房管局不予批准决定不服，向住建部申请行政复议，符合法律规定。行政复议范围十分广泛，依据我国《行政复议法》的规定，

---

① 张兴祥：《制度创新：〈行政许可法〉的立法要义》，载《法学》2003 年第 5 期。
② 杨建顺：《行政规制与权利保障》，中国人民大学出版社 2007 年版，第 552 页。

可以申请行政复议的事项包括对行政机关作出的警告、罚款、没收违法所得、没收非法财物、责令停产停业、暂扣或者吊销许可证、暂扣或者吊销执照、行政拘留等行政处罚决定不服的;对行政机关作出的限制人身自由或者查封、扣押、冻结财产等行政强制措施决定不服的;对行政机关作出的有关许可证、执照、资质证、资格证等证书变更、中止、撤销的决定不服的;等等。本案即对行政机关作出的企业资质证书申请决定不服,而引发的行政复议。

行政复议程序分为申请、受理和审查决定三个环节。对行政复议决定不服的,除根据国务院或者省、自治区、直辖市人民政府对行政区划的勘定、调整或者征收土地的决定,省、自治区、直辖市人民政府确认土地、矿藏、水流、森林、山岭、草原、荒地、滩涂、海域等自然资源的所有权或者使用权的行政复议决定外,均可以依照行政诉讼法的规定向人民法院提起行政诉讼。本案苏华公司因对原上海房管局不予批准决定不服,向住建部申请行政复议后,对复议决定不服,继而向法院提起行政诉讼,符合上述法律规定。

四、行政诉讼

诉讼,俗称"打官司",是指"国家专门机关在当事人及其他诉讼参与人的参加下,依照法定程序办理案件的全部活动,以及进行此种活动的循序渐进的程序"[1]。这里的"国家专门机关是指人民法院"。按照解决实体问题的不同,诉讼可以分为刑事诉讼、民事诉讼和行政诉讼三类。行政诉讼,是指"公民、法人或者其他组织认为行政机关和行政机关工作人员的行政行为侵犯其合法权益时,依法向人民法院提起诉讼,由人民法院进行审理并作出裁判的活动"[2]。行政诉讼,俗称"民告官",因此行政诉讼中的被告必须是有关国家行政机关,而作为当事人的原告是公民、法人或其他组织,如果被告不是行政机关,就不为行政诉讼。行政诉讼仅适用于解决不平等主体间的纠纷与争议,如对行政机关的行政处罚或行政强制措施不服,而进行诉讼等。

我国《行政诉讼法》规定,公民、法人或者其他组织认为行政机关和行政机关工作人员的行政行为侵犯其合法权益,有权依照本法向人民法院提起诉讼。人民法院受理公民、法人或者其他组织提起的行政诉讼范围包括对行政拘留、暂扣或者吊销许可证和执照、责令停产停业、没收违法所得、没收非法财物、罚款、警告等行政处罚不服的;对限制人身自由或者对财产的查封、扣押、冻结等行政强制措施和行政强制执行不服的;申请行政许可,行政机关拒绝或者在法定期限内不予答复,或者对行政机关作出的有关行政许可的其他决定不服的;等等。依据《行政复议法》的规定,对行政复议决定不服的,除特殊情形外,可以向人民法院提起行政诉讼。法院不受理对国防、外交等国家行为,行政法规、规章或者行政机关制定、发布的具有普遍约束力的决定、命令,行政机关对行政机关工作人员的奖惩、任免等决定,法律规定由行政机关最终裁决的行政行为等事项提起的诉讼。法院审理后,依据案件事实与法律法规,可以作出驳回诉讼请求;撤销或者部分撤销行政行为,责令重新作出行政行为;履行法定职责;确认行政行为违法,但不撤销;确认行政行为违法或无

---

① 刘玫、张建伟、熊秋红:《刑事诉讼法》,高等教育出版社 2014 年版,第 5 页。
② 王佑启主编:《行政法与行政诉讼法》,中国人民大学出版社 2008 年版,第 227 页。

效，同时责令被告采取补救措施或承担赔偿责任等裁决。本案苏华公司因对原上海房管局不予批准决定不服，向住建部申请行政复议后，对复议决定不服，继而向法院提起行政诉讼，符合上述法律规定。

案例启示

一、构建资质管理制度的主要目的在于维护社会与公共利益

历史上，"自由经济主义者"认为，经营者"所盘算的是他自己的利益，在这种场合，像在其他许多场合一样，他受到一只看不见的手的指导，去尽力达到一个并非他本意想要达到的目的。也并不因为事非出于本意，就对社会有害。他追求自己的利益，往往使他能比在真正出于本意的情况下更有效地促进社会的利益"①。然而，伴随着经济的快速发展，在"经济利益最大化"理念的驱使下，市场暴露了其固有的劣根性，产生了重大社会问题，如无规则经营，损害社会与公共利益；市场信息失灵，产生经济危机；优势竞争者形成垄断，操纵市场，损害消费者利益；等等。于是，呼吁政府对经济活动适度干预就迅速达成共识，并成为弥补市场缺陷的路径首选。国家构建市场资质管理制度，设置市场准入条件，提高市场主体经营门槛，通过对市场适度有效的干预，期望合格、高标准经营者能为社会与公众提供符合消费预期的产品和服务，以达到主动控制市场风险之目的。

资质作为企业市场的准入门槛，是表示企业基本能力的重要指标，包括技术水平、管理水平、服务水平、质量保证能力、技术装备、系统建设质量、人员构成与素质、经营业绩、资产状况等要素，是企业全方位综合实力的体现，是企业在市场上生存、发展的必备条件，是经济活动的重要评价标准。政府构建资质管理制度的主要目的在于维护社会与公共利益，增进公共福利。对经营者或从业者市场准入进行限制，可降低一定的行业或执业危险，保障公众安全；可提高资源利用效能，确保经济可持续发展；可通过税费进行社会再分配，增进社会整体福利。资质管理制度构建公开、公平、公正实施，公开统一的市场准入条件，让每一位条件合格者都获得进入市场的公平竞争机会，使各方利益得到保障，实现公平正义。资质管理制度还可以提高生产效率，提升企业竞争力。"完全竞争不仅是不可能的，而且是低劣的，它没有权利被树立为理想效率的模范。"②政府通过控制从业资质，筛选掉劣质经营者，可促进资源利用率；有助于培育具有竞争力的大企业，占据更多的市场份额，创造更多的利润。获得市场资质许可，尤其是获得更高级别的资质企业，其规模、资金实力、人才储备、硬件设施、管理模式等均得到了市场青睐并加以展示，通过行业内部筛选和信息传递，将促进企业更高、更快良性发展。

本案苏华公司因其聘用的专职管理和技术人员不符合相关规定的要求，不利于公民、

---

① ［美］斯蒂格利茨：《经济学》（上册），高鸿业等译，中国人民大学出版社1997年版，第142页。

② ［美］约瑟夫·熊彼特：《资本主义、社会主义和民主主义》，绛枫译，商务印书馆1979年版，第134页。

法人和其他组织合法权益的保护,不利于维护公共利益和社会秩序,因此被认定为不符合物业管理企业的资质许可要求,申请被驳回。在其通过各种法律途径寻求救济的过程中,也均因同样理由没有获得支持,因此对于苏华公司而言,看似不公但符合相关法律规定,也符合《行政许可法》的立法目的与精神。

二、企业应服从市场管理,勿投机取巧,规避法律

行政管理是国家通过政府机构,运用国家权力对社会事务进行管理的活动。如前所述,国家对市场活动进行监管,既是市场本身的召唤,也是历史发展之必然选择。2019年,党的十九届四中全会提出,"建设中国特色社会主义法治体系、建设社会主义法治国家是坚持和发展中国特色社会主义的内在要求。必须坚定不移走中国特色社会主义法治道路,全面推进依法治国,坚持依法治国、依法执政、依法行政共同推进,坚持法治国家、法治政府、法治社会一体建设"。我国《宪法》规定一切国家机关和武装力量、各政党和各社会团体、各企业事业组织都必须遵守宪法和法律;一切违反宪法和法律的行为,都必须予以追究。《行政许可法》规定,行政机关应当对公民、法人或者其他组织从事行政许可事项的活动实施有效监督;行政机关应当对申请人提交的申请材料进行审查,申请人的申请不符合法定条件、标准的,行政机关应依法作出不予行政许可。经营资质是政府对市场主体资格认定的一种标准,是市场监管的重要手段,经营者或从业者均应遵守资质管理制度,规范市场行为,否则将面临法律风险。

如前所述,资质管理制度不仅有利于维护社会与公共利益,增进公共福利,还可以提高生产效率,提升企业竞争力。"现代社会的一个病态是:大家在追求利润和财富的过程中,忘却了生命的意义。"[1]现实中,有些企业利字当头,为实现利益最大化,挖空心思,千方百计,蒙混过关,无良经营,严重扰乱市场秩序,破坏了社会诚信。因此,无论是经营者还是从业者均应服从市场监管,诚信经营,依法开展市场活动。"一种制度的功能如何,须取决于操作者的素质。"[2]企业应强化诚信意识,树立企业效益与社会效益相统一的经营思想,摒弃弄虚作假、见利忘义等不道德行为;应严格遵守法律法规,依法经营,自觉接受行政、司法部门及中介组织的审查和监督;不采取不正当手段欺骗检查和监督,自觉维护社会稳定,履行社会职责。本案苏华公司申请新设立物业服务企业资质核定,并按规定为其聘用的王某某等人办理了城镇基本养老保险,但仅缴纳投保当月社会保险费用后,次月即停止缴费。此种行为违反了专职管理和技术人员"专职"与"稳定性"的要求,故其许可申请未获批准。苏华公司的申请行为不仅不符合企业资质管理的规定,还存在投机取巧、规避法律之嫌,是典型的不诚信行为,是不可取的。如果原上海市房管局未严格把关,批准其新设立物业服务企业资质核定许可,不仅对物业管理服务市场埋下隐患,苏华公司也将面临一定经营与法律风险。

---

① 朱珊:《建设以诚信为本的企业文化》,载《学海》2002年第5期。

② [英]埃尔曼:《比较法律文化》,贺卫方、高鸿均译,生活·读书·新知三联书店1996年版,第154页。

三、企业应寻求正确法律救济途径，维护合法权益

行政管理作为一种国家职能活动，其目的在于实现公共利益，维护公共秩序，增进公共福利，其核心是行政权力。行政权力是基于国家履行公共职能、保障社会秩序而存在，属于国家政权的重要构成。行政权具有双重性：一方面，它是维护国家利益、公共利益和社会秩序最有效的工具；另一方面，行政权配置于各行政主体后即成为行政职权，并通过特定的有利益取向的自然人即公务员来行使，客观上就存在侵害社会个体权利的可能性，就有可能构成行政侵权。行政侵权是行政主体不法侵害相对人合法权益的行政行为，它是一种行政违法行为，是公权力对私权力侵犯的一种表现。本案苏华公司申请新设立物业服务企业资质核定，未获原上海市房管局许可批准，其认为行政机关违法，侵犯了其合法权益，故而寻求法律救济，是符合法律规定的。当然新行政机关作出的不予行政许可决定是否违法，是否真正侵害了苏华公司的合法权益，还需相关机构确认。

"无论是道德权利，还是法律权利，只要被侵害，当事人都可以借助一定手段加以救济。"[1]"救济是一种纠正或减轻性质的权利，这种权利在可能的范围内会矫正由法律关系中他方当事人违反义务行为造成的范围内的法律后果。"[2]当然"只有依靠程序公正，权力才可能变得让人能容忍"[3]。现代社会中，权利救济方法主要是指法律救济，即依据法律方式或者类法律方式对当事人受到损害的权利进行救济。法律救济方法包括诉讼外救济和诉讼内救济两种，就行政侵权而言，诉讼外救济包括行政复议、信访、行政投诉等；诉讼内救济就是指行政诉讼。这些法律救济途径中，行政复议和行政诉讼是我国行政救济机制的基本制度，实践中的应用率也最高。本案苏华公司在认为其合法权益被侵犯后，先后选择"行政复议—行政诉讼（一审）—行政诉讼（二审）"等法律救济途径，以寻求权利救济，其权利主张之行为虽未达到预期之效果，但法律救济途径选择是正确的，也为其他企业正确维权树立了榜样。

四、企业应注重资质管理，创造竞争优势

如前所述，政府与相关机构对市场准入进行管理，对企业进行资质认证，对市场良性运行发挥着过滤器作用。企业加强资质管理，有助于企业改进自身市场形象，提高社会知名度，增加顾客信任感；有助于增强企业的市场竞争力，拓宽企业的经营发展空间，使企业做强做大。"企业最为重要的是思想和企业精神，思想灵魂决定着行为方式和行为的实际动作。"[4]企业应提高认识，充分认识资质对企业的重要性，重视资质管理工作；要把资质管理工作同抓企业经营、安全生产放在同等重要的位置。在资质申报过程中，企业要积极与受理部门充分沟通，认真咨询了解资质申报要求，对申报资料严格把关，随时掌握动向，防范申请不利风险。为满足资质管理要求与发展需要，企业要积极创造人才成长环境，高

---

① 陈焱光：《公民权利救济论》，武汉大学 2005 年博士学位论文，第 10 页。
② 《牛津法律大辞典》，光明日报出版社 1988 年版，第 764 页。
③ [英]韦德：《行政法》，徐炳译，中国大百科全书出版社 1997 年版，第 93 页。
④ 但玉娟：《新时期建筑施工企业政工管理方式的创新策略探讨》，载《企业改革与管理》2018 年第 12 期。

度重视人才培养和使用,促进形成稳定的企业管理与技术骨干队伍,增强员工的获得感与自豪感,找到归属感。在日常管理工作中,企业要加大管理力度,重视对资质相关基础性资料及时收集整理,为企业资质申请、复检等工作打下坚实基础。

本案苏华公司申请新设立物业服务企业资质核定,为达到企业资质管理要求,临时聘用王某某等人并办理城镇基本养老保险,但仅缴纳投保当月社会保险费用后,次月即停止缴费。苏华公司的上述行为反映了企业没有充分认识到资质对企业的重要性,对资质申请不重视,投入不够,应付了事;不重视日常管理,缺少相关技术人员与基础性资料支撑,结果使资质申请风险转化为现实危害,导致企业无法达到市场准入条件,被阻隔于市场之外。这个教训值得每一个企业重视。

总之,资质不仅是政府对市场进行监管的重要手段,更是企业对外交流、联系业务的重要凭借,因此企业应加强资质管理工作,防范法律风险。2018年11月1日,习总书记在民营企业座谈会上发表重要讲话,强调"要打破各种各样的'卷帘门'、'玻璃门'、'旋转门',在市场准入、审批许可、经营运行、招投标、军民融合等方面,为民营企业打造公平竞争环境,给民营企业发展创造充足市场空间"。企业应当顺势而为,诚信守法,重视资质管理工作,推动创新发展,为企业争取更大的发展空间与竞争优势。

思考题

　　1.对企业进行资质管理的重要意义是什么?

　　2.结合具体行业或职业,谈一下资质管理条件。

　　3.企业维权有哪些法律救济途径?

　　4.企业应如何加强内部资质管理?

参考文献

　　1.吕忠民:《职业资格制度的研究及对策》,中国人事出版社2011年版。

　　2.杨建顺:《行政规制与权利保障》,中国人民大学出版社2007年版。

　　3.王佑启主编:《行政法与行政诉讼法》,中国人民大学出版社2008年版。

　　4.陈焱光:《公民权利救济论》,武汉大学2005年博士学位论文。

　　5.国家职业分类大典修订工作委员会编:《中华人民共和国职业分类大典》,中国劳动社会保障出版社、中国人事出版社2015年版。

　　6.《中华人民共和国行政许可法》(2019年修订版)。

案例五	# 工程招投标——设置公开程序,维护公平正义

提　　要　根据我国法律的相关要求,与国家安全、机密以及抢险救灾相关的项目,或者需要农民工参与的特殊情况,可以不通过公开招标方式,开展项目分包活动。对于该案例而言,由于当地政府管理单位已经针对工程项目发放了许可证,但是其依然不能够证明该项目允许不实施招标流程。必须招标的项目,除非符合法定不招标的情形,发包人因涉及企业商业秘密等原因直接签订施工合同的,合同无效。

基本概念　招标　建设工程施工合同　无效合同

案情简介

2003年5月初,青海西部化工有限责任公司(以下简称"西部化工")针对建设工程项目,与中天建设集团有限公司(以下简称"中天公司")签订施工合同,约定:工程名称为西部化工团结湖示范工程,工程内容为基础建设工程、土建工程、安装工程及本工程图纸范围所含全部工程;合同价款暂估550万元;因西部化工没有设计图,所以双方对工期等其他内容没有约定。组成合同的文件包括:该合同协议书、专用条款、通用条款、标准、规范等。其中,《专用条款》第26条第2款约定,主体工程完工后一周内付至总价款的80%,竣工验收合格后,除扣除按规范需保修项目5%的保修金外,余款在工程竣工后1个月内结清。该条款明确表示,发包人在施工方提供竣工结算报告后,需要在28日内进行对应款项的支付(特殊情况除外)。如果该期限内未支付工程款,自29天后,承包人需要为延后支付的工程款向银行支付利息,并承担违约费用。此外如果发包人存在违约行为,则需要按照比例支付违约金,而且双方针对工程任务量签订相应的质量保证书,并由其提供后续维护服务。

中天公司于2003年5月20日开工,工程于2004年5月25日竣工。当日,施工方、设计院、监理机构以及建设单位共同参与验收活动,签订验收报告后,则证明工程达到合格标准。2004年5月18日,双方当事人在中介方中国建设银行青海省分行工程造价咨询中心(以下简称"咨询中心")造价工程师姜有生的参加下,形成了"青海西部化工有限责任公司示范工程决算工作会议纪要",共同确认了工程取费标准。该纪要有中天公司团结湖项目部赵某、张某、孔某,西部化工杨某、刘某,审计方咨询中心姜某签字。

2004年5月20日,双方当事人在咨询中心工程师姜某、韩某、郭某的参加下,形成了第二份"青海西部化工有限责任公司示范工程决算工作会议纪要",共同确认了工程量,并附有工程量清单50页。该纪要有中天公司团结湖项目部张某、孔某,西部化工杨某、刘某,中介方咨询中心姜某、韩某、郭某签字。

一审开庭时,西部化工表示不再对工程款提出鉴定申请。双方当事人对所签订合同的真实性没有异议,双方认可西部化工已付款12243000元,并确认对屋面防水工程,扣除保修金5万元。

中天公司于2008年5月27日向一审法院提起诉讼称双方当事人于2003年5月6日签订建设施工合同,约定中天公司承建西部化工团结湖示范工程。2004年5月12日,西部化工收到中天公司所提交的工程造价书。同年5月18日,双方当事人及中介方咨询中心三方形成会议纪要,确认工程取费标准;5月20日,双方当事人及中介方对工程量审核确认无误;5月25日,中天公司所建工程通过了西部化工组织的工程竣工验收;7月7日,经西部化工指定的咨询中心审核,确认该工程的结算造价为20108092.09元。但至今,西部化工仅支付工程款12243000.00元,拖欠应付工程款6859687.49元(不含保修款1005404.6元)。另,依据双方合同约定,该工程通过竣工验收已经过了两年,因此,西部化工应支付到期保修金1005404.60元(总造价的5%)。同时,依据建设施工合同专用条款第26条、第35条的约定,西部化工应于工程竣工验收后1月内付清余款,延期付款,须赔偿每日0.5‰的逾期付款违约金,即5121595.31元。故请求判令西部化工:(1)立即给付工程款6859687.49元;(2)支付逾期付款违约金5121595.31元(自2004年8月7日至2008年3月27日,其中,已经扣除2008年2月4日所付100万元工程款及违约金,按照合同约定的日0.5‰计算);(3)支付到期保修金1005404.60元。以上共计12986687.40元,本案诉讼费等相关费用全部由西部化工承担。

一审法院判决西部化工在判决生效之日起15日内,支付中天公司工程款6859687.49元、逾期付款违约金5121595.31元、到期保修金955404.60元,共计12936687.40元。西部化工如果不能按照合同约定履行支付义务,则参照《民事诉讼法》的要求,延期支付的所有时间都要承担对应利息。该案件受理费用为99720.00元,责任主体为西部化工。西部化工不服一审判决,提起上诉。

最高人民法院在经过审理后,强调一审判决结果并不准确,所以需要对其进行重新判决。根据《民事诉讼法》第153条第1款第2项之规定,最高人民法院作出(2009)民一终字第7号判决:(1)西部化工与中天公司签订的建设工程施工合同无效;(2)对一审判决结果进行调整,将其更改为:西部化工在判决书生效后的15天之内,需要向中天公司支付本金与利息,共计6859687.49元(利率参照人民银行当期标准利率进行计算。计算时间为:自2004年8月7日至2008年2月4日,按照工程欠款7859687.49元计算;自2008年2月5日至西部化工实际履行之日,按照工程欠款6859687.49元计算)和到期保修金955404.60元;(3)驳回中天公司的其他诉讼请求。一审案件受理费继续按照一审判决结果执行，累积 99720 元费用，其中，9972.00 元由西部化工承担。[①]

案情分析与结论

一、本案涉及的建设工程施工合同具有效力

"建设工程合同在中国民法中一直有独立的地位。"[②]由于该案件涉及的项目属于典型的建设工程项目，因此双方签订的即是施工单项合同。根据《招标投标法》等法律要求，合同金额共计 5500000 元，其已经进入招标管理范畴。虽然西部化工向青海省格尔木昆仑经济开发区管委会递交了《申请报告》，提出"由于本项目的一些工艺布局、工艺流程、施工图纸、技术参数尚属世界顶尖技术，属于我公司的高度商业机密，为防止技术泄密，因此特请示对此项工程不采取公开招标的方式，而采用议标的方式进行施工招标"，但其所称该公司的"高度商业机密"并不符合《招标投标法》第 66 条规定所称的可以不进行招标的"涉及国家安全、国家秘密"的特殊情况。此外，青海省发展计划委员会向西部化工下发青计工业〔2003〕314 号《柴达木天然气—盐湖资源利用基地规划项目示范工程的批复》，以及青海省格尔木昆仑经济开发区开发建设局分别为本案团结湖示范工程项目核发建设用地规划许可证、建设工程规划许可证和建筑工程施工许可证的事实，也不能确定该项目可以达到不实施公开招标流程的标准。

综上所述，最终认定该案件对应的建设工程项目属于必须招标项目管理范畴。根据我国的相关司法解释，建设工程施工合同存在以下情况，则需要参照第 52 条的规定，"……（三）建设工程需要进行招标，但并未开展招标工作，则之前中标结果不能被接受"，判定其不受法律保护。施工合同无效问题的产生，主要责任人即是西部化工，因此，其需要履行相关赔偿义务。

二、本案涉及的工程是否已经竣工验收并完成竣工结算

本案工程于 2003 年 5 月 20 日开工，于 2004 年 5 月 25 日竣工。当日，施工方、设计院、监理机构以及建设单位共同参与验收活动，签订验收报告后，则证明工程达到合格标准。西部化工业已实际接收了该工程。西部化工一方面认为本案尚未竣工验收，另一方面又认为应当以其单方委托的中鑫公司的审核报告为结算依据，其理由和主张也是相互矛盾的。据此，尽管案涉工程施工合同为无效，但应当认定涉案工程已经实际竣工验收。

"建设工程竣工结算是项目建设的最后一个环节，也是控制工程成本的最后一道关。"[③]"它对整个工程项目建设质量有着直接影响。"[④]涉案工程是否已经完成竣工结算是

---

① 案例来源：最高人民法院（2009）民一终字第 7 号。

② 孟勤国、余卫：《"一带一路"与建设工程合同国际化》，载《江西社会科学》2016 年第 2 期。

③ 张珍兰：《建设工程竣工结算的常见问题探析与建议》，载《建筑经济》2020 年第 12 期。

④ 罗晓松：《建筑工程竣工结算的造价管理》，载《安徽建筑》2020 年第 11 期。

本案最为重要的争议焦点。其核心是应否以中天公司提交的"工程造价汇总表"来确认涉案工程的总造价。法院认为应当以该工程造价汇总表来确认本案工程造价。主要理由是：(1)该汇总表的形成过程表明,咨询中心的介入是双方当事人达成的共同委托意思,并由西部化工申请。在案涉工程已经实际完工的情况下,由咨询中心相关人员介入,双方当事人及中介方先后形成两份会议纪要,确认了取费标准和工程量。2004年5月21日,双方当事人与咨询中心又共同签字确认了一份"未计算工程量清单"。(2)双方当事人之间就"市场价格"问题进行了协商,并于2004年6月28日形成关于价格的最后方案由西部化工示范工程部报送了咨询中心姜有生工程师(传真件),该函件第5条内容为前述的未计算工程量。(3)咨询中心姜有生编审的造价汇总表对中天公司的报审价进行了审定,审定价为20108092.09元,核减了7008787.89元。双方当事人的代表人在重新制作的造价汇总表上签了字。(4)从本案所附一系列有关案涉工程的施工、验收等资料来看(包括图纸会审记录、子分部工程质量验收记录、工程质量竣工验收记录、工程开工报告、工程变更单、地基验槽记录、设计变更洽商记录等),刘春华一直是作为建设单位代表签字的。西部化工对刘春华签字的真实性从未提出异议,只是对其在造价汇总表上的签字有异议,认为其无授权。但根据以上事实,应当认定刘春华系西部化工团结湖示范工程的全权代表,其应有权代表西部化工确认工程价款结算事宜。(5)从中鑫公司所作审核报告内容来看,该数额与造价汇总表的结论差距较大,但主要原因在于对取费标准的大幅调减。而这个问题在2003年5月18日会议纪要中已经得到解决。(6)尽管造价汇总表所确定的工程价款数额与合同暂定价的差距过大,但在二审庭审过程中,西部化工已经当庭确认案涉工程在签订合同时的基础资料都不是很完整。综合以上事实和理由,以中天公司提交的"工程造价汇总表"所载数额来确定西部化工应当支付的案涉工程价款,符合事实。西部化工在本院二审庭审后提交了一份重新鉴定申请,因西部化工并未提供足以推翻造价汇总表的充分证据,该行为系对其已确认事实的反悔,故其重新鉴定申请没有法律依据。

三、西部化工应支付中天公司拖欠的工程款以及到期保修金

本案应当以造价汇总表的结论作为认定案涉工程价款的依据,即20108092.09元。在此基础上,再扣减西部化工已付款12243000.00元以及扣除保修金5万元。故西部化工应当支付中天公司未付工程款6859687.49元,到期保修金955404.6元。关于逾期付款违约金,因案涉建设工程施工合同为无效合同,中天公司所提该项主张没有法律依据。

尽管中天公司在一审起诉时没有针对西部化工工程欠款的利息提出明确主张,但其基于合同有效并根据合同约定主张了逾期付款违约金。这就表明中天公司的本意是通过追究对方违约金责任的方式来主张权利。虽然中天公司没有上诉,但原因在于一审判决支持了其有关违约金的主张和请求。因西部化工对案涉工程施工合同的无效应当承担主要责任,为减少当事人的诉累,彻底解决当事人争议,平衡当事人利益,西部化工理应承担其未付工程款相应利息的支付义务。

相关法律法规索引

《中华人民共和国招投标法》（2017年修正）

第3条：在我国领域范围内开展工程建设项目，如设计、监督、施工等，与其相关的设备以及材料采购等，都要通过公开召开流程，确定最终承包对象：

（1）规模较大的基础设施建设项目，其与社会公共利益相关，或者直接对公众安全产生一定影响；

（2）国家作为完全或者部分资金提供主体，以及通过国家融资方式满足资金需求的项目类型；

（3）使用国际组织以及外国政府拨款等方式，开展建设的项目。上述所列举的项目类型以及管理标准等，国务院相关管理单位已经制定明确规定，而且提交国务院进行批复。管理机构也要参照招标管理要求，确保项目范围的控制不违背各项条例。

第66条：与国家安全、机密以及抢险救灾相关的项目，或者需要农民工参与的特殊情况，可以不通过公开招标方式，开展项目分包活动。

《工程建设项目招标范围和规模标准规定》（2013年修正）

第7条：不同类型的工程建设项目，如设计项目、施工项目、监理项目等，包括与项目建设相关的材料以及设备采购，达到以下标准，则必须进行公开招标：

（1）施工合同款项规模超过2000000元人民币；

（2）采购的设备以及材料对项目而言十分关键，而且单项合同金额也超过100000元；

（3）勘察、设计、监理等相关采购项目，合同价格超过500000元；

（4）单一项目满足合并要求，而且属于进行关键设备以及材料的采购，合同金额达到上述标准，也需要通过公开招标方式，选择承包主体。

第8条：一般情况下，采用专业技术进行施工项目的勘察、设计等，以艺术造型需求为核心，经过项目主管单位审批后，则可以不开展招标活动。

法律制度解读

一、建设工程施工合同

建设工程施工合同是指在发包人委托的前提下，开展项目建设施工活动，对应合同款项由发包人支付。"有学者认为建设工程合同并非一类独立的合同类型，其与完成一般工作成果的合同一样,都在承揽合同中加以规定。"①"在一般情况下,采取直接发包形式订立建设工程施工合同时,有效和生效这两个阶段是重合一致的。但在附法定或约定条件的建设工程施工合同中,这两个阶段是前后相继的。"②

《建筑法》《民法典》以及《招标投标法》等共同打造了完善的建设工程项目管理机制。该机制表明,只有达到资质要求的施工方才能够成为承包主体,具体采用书面方式,签订承包合同,而且不允许实施非法转包等行为,竣工验收制度,承包人优先受偿权制度等,明晰合同主体的权利义务。

签订建设工程施工合同的施工企业必须具备相应的资格条件和资质等级。法律要求,建筑工程施工合同的承包人,在遵循法律要求的条件下,由行政管理单位负责开展资质审查活动,成功获取资质证书后,其可以在许可范围内,组织开展建设施工活动。"相反,未获取建筑施工企业资质证书情况下,承揽工程项目是违法的,而且不能将项目施工承包给不满足资质要求的施工单位。"③我国民法将建设工程施工合同与承揽合同分离处理,最终目的即是对合同自治以及契约自由进行有效限定,加重了合同主体的社会责任,加强了行政立法对建设工程领域的干预,避免社会公共利益以及公共安全受到严重损害。社会高速发展过程中,必然伴随现代建筑的大量建造与重塑,使得法律在保护合同当事人权益之外,要对建设工程的安全性作出必要的控制,防止低劣的建筑对社会公众的安全造成侵害。但是,与此同时,过多的行政管理、繁杂的行政规范中诸多的强制性和禁止性规定,使得无效建设工程施工合同层出不穷,降低了社会效率,增加了社会成本。

二、违约金

我国目前实施的《民法典》针对违约金的规定非常明确,其中将违约金看作是签订合同的双方当事人在合同中约定了一方违约的情况下需要按照违约内容对另方作出规定的赔偿额。实际上违约金是建立在契约之上的,约定的双方当事人能够对违约数额事先商量,并且在合同中体现,而在实际执行过程中往往会存在问题,其中最为重要的问题是在出现违约的情况下赔偿的额度超过太多的情况下如何进行处理。学术界对此问题的处理措施是采取定性约束的措施,将违约金赋予赔偿性质。在合同法立法过程中,之所以确定违约金属于赔偿属性,目的是防止部分不当得利现象的发生,如果存在违约金额远高于损失金额的现象,最终债权人所获得的收益,可能会比债务人履约的金额高,主要原因是因为利益本身导致了债权人采取相应的行动使得债务人出现违约情况,进而使得债务人付出额外的违约金。对于这类现象,学术界多数学者提出要将违约金赋予赔偿属性,并且以"民法不以惩罚为目的"的原则约束违约金的不合理现象。"我国民法明文规定了由当事人请求违约金赔偿,这一规定是合理的,我国在立法之初存在很多不利因素,起初在设立民事诉讼法时,很多人产生了超职权主义思想,所以需要基于德国目前采取的措施,只要

---

① 李志国:《建设工程合同并入承揽合同是契约精神的理性回归》,载《学术交流》2020 年第 11 期。
② 宋宗宇:《建设工程合同效力研究》,载《重庆建筑大学学报》2005 年第 2 期。
③ 戴南、许海峰:《浅析建设工程施工合同的效力》,载《建筑管理现代化》2008 年第 4 期。

是当事者提出的合法请求,法院即可以作出相应的调整。"①

三、招标投标行为

在招标定义的界定过程中,学术界存在很多不同的看法,从广义层面来看,其实际上指的是招标方对外发出邀请,以及招标公告,对社会中的投标方进行邀约,投标方在参与招标的过程中,提供的一系列关于标的的资料,由招标方对资料进行审核后,对各投标方进行横向比较,最终选出最合适的投标方作为中标者,主办方与中标者之间签订相应的协议等。而狭义层面的招标实际上指的是招标方按照本身的需求,对外制定了一系列标准,面向所有可能的投标方发出邀请。在招投标共同进行的过程中,采取的招标定义往往指的是狭义层面的概念。而在实践过程中,采用的投标定义主要指的是基于招标文件的相关规定,参与投标的各方基于招标文件中的相关规定,向招标方提供各自资料,然后由招标方发出邀约。"我国在实施招投标活动方面有相应的规定,国家相关部门针对这方面制定了相应的法律法规,通过一系列法律法规的约束,有效遏制了工程建设领域的腐败行为,对规范工程建设项目招投标工作起到了非常重要的作用。"②

"招投标是防止腐败的重要措施。"③招标投标意在通过竞争的方式选择中标人,双方之间还需签订协议,而招标的内涵某种程度上还是一种竞争性措施,可以助力市场中的资源实现科学合理的配置,国际以及国内社会各界,通常情况下都是采用招标方式建立来制造良性竞争,以此来获得更优质的资源,招标本身具备的特征如下:

1.公开性。在招标的过程中,比较重要的往往就是活动是否公平、公正,在招标文件公布、投标评审以及开标整个过程中,都必须对外进行公示,确保信息透明。

2.竞争性。招标方往往都是采用网络、报刊等各种媒介对外邀约,以及发布招标通知,目的是能够吸引更多的投标方参与,招标方通过举办活动选择更加优质且合适的投标方,实现利益均衡。举办这些活动的本质是尽全力发挥出市场的作用,以市场竞争方式选择出更加优秀的投标方,以此来保障经济的可持续发展。

3.平等性。招投标活动中展现的平等性主要表现在以下方面:第一,举办招投标活动实际是典型的民事行为,参与者活动的各方都是民事当事人,每个人员的地位都是平等的。参与者的意愿必须得到保障,尤其是招标方不能作出歧视投标方的行为。第二,参与活动的投标各方的法律地位处于平等地位,相互之间属于竞争者,享受的权利是平等的。

---

① 韩世远:《违约金的理论问题》,载《法学研究》2003 年第 4 期。
② 高玉兰:《建设工程招标投标中不规范行为原因分析》,载《建筑经济》2010 年第 2 期。
③ 陈柏新:《预防建设领域招投标腐败的对策》,载《上海政法学院学报》2012 年第 1 期。

案例启示

一、工程从业者要树立法律意识，明确建设工程施工合同无效的法律后果

(一)建设工程施工合同无效后的返还原则

一旦合同被确定为无效，自从确定之时起，合同关系就不复存在，其约束力也相应解除，不具备法律效力，当事人也没有必要因此而承担法律后果。但是，即使双方的合同责任关系不复存在，双方依然可能存在民事责任关系。依照《民法典》当中的相关条例，明确指出合同在无效的情况下，需要基于合同的内容将已经获得的财产全部归还；针对无法返还的情况，需要以折价的方式来实现补偿。合同法中之所以有着这样的规定，充分展现了对于不当得利责任和缔约过失责任的遵循。简单来讲，如果返还的财产和赔偿损失分别是处于不当得利或者缔约过失的状态，应该依照上述的要求来执行。将这样的基本法律原则运用到建筑行业，也是同样的道理。同时，建设工程施工合同有其特殊性，而具体操作时，承包方需要把劳务、建材等使用制作成目标工程。宣告合同无效之后，对于发包人来讲，其获得财产形式上就是承包人的建筑工程项目。也就是说，在此过程中承包人投入了大量的人力物力在建筑项目上，是难以进行恢复操作的，因此可以以折价的方式来达成赔偿协议。

(二)签订合同后尚未履行前被确认无效的处理

"所谓的合同效力实际上指的是合同具备的法律效力，主要展示的是合同本身的履行力，其能够表现出合同本身具备的效力，而本质上反映的是合同的法律约束力。"[①]如果在建筑工程施工之前，其施工合同被界定为无效，在这样的情况下，合同的双方都不必去执行合同。此时，应该依照缔约过失的基本原则来进行处理。在此过程中，有过错的一方应该赔偿对方相应的损失；如果裁定双方都有过错，应该依照其程度轻重来界定彼此应该担负的责任。

(三)签订合同后已经开工未完工时被确认无效的处理

在合同的效力失去之后，需要及时停止履约。若合同处于无效状态，合同双方均不能在这样的情况下去执行合同。一般情况下，对于无效合同的处理措施为：

针对已经施工的需要进行拆除作业，此时业主方需要将工程款返还。而实际操作中，这种做法并不可行。通常情况下，业主为了赶进度、追效益，会聘请另外的承包方进场施工，造成前后施工界面混同，难以区分的局面发生，一味采用拆除建筑、返还财产的方式，则会造成人力物力的极度浪费。"一般而言，未完工程中，承包人也投入了相当的劳力、物力，其有权主张工程款。"[②]因此，对于这类情况还是适宜采用折价补偿的方式，将已经完成的部分建设工程归业主所有，承包方所付出的劳动，业主方需要以折价形式进行补偿，

---

① 宋宗宇：《建设工程合同效力研究》，载《重庆建筑大学学报》2005年第2期。

② 潘军锋：《建设工程价款结算审判疑难问题研究》，载《法律适用》2019年第5期。

依据合同条款中规定的数额按照比例折价。另外，对于损失部分仅限于建筑材料、人工费用、维修费用等内容的时候，应该在裁定双方过错大小的基础上，去界定双方应该如何去担负责任。

(四)建设工程施工合同无效，且该合同损害了国家或者第三人利益的处理

对于部分建筑工程施工无效合同来讲，其不仅仅造成了当事人双方的利益损失，还给国家或者第三人利益造成了负面影响，此时可以以收缴财产的方式来采取措施。对于财产对应的范畴主要是按照当事人双方约定好的内容确定，主要包括无效建设工程对应的利润。结合对无效合同的相关处理措施，如果在合同中有国家利益相关财产，需要将所得利益全部上缴至国家，收缴财产的范围应限制在所获得利益或者利润，不能扩大到其他财产。但在审判实践中，收缴财产归国家所有的具体操作方式、途径均不明确，故收缴财产基本不适用。

二、建筑相关企业应全面了解无效建设工程施工合同利息的处理

学术界针对工程款的欠付利息的理论主要包括两种：第一种将欠付工程款利息当作承担违约责任的重要方式。也就是说，如果出现违约的情况，欠付的工程款利息可以作为制约其的重要手段。得出这样结论的原因在于：根据《民法典》第807条的规定，发包人欠付工程款的行为，是支付工程款利息的前提和基础。从这个角度来讲，工程欠款的利息不能将其归纳到工程款范畴中去，应作为承担违约赔偿的一种方式，或者称为因违约应赔偿的损失。因此，承担的欠付工程款利息应定性为违约责任。

第二种是将欠付工程款利息当作法定孳息。原因是：(1)我国的相关法律当中，明确规定了孳息的分类：法定孳息、天然孳息。其中，前者主要是基于法律法规产生的收益。工程的发包人因为拖欠工程款而导致出现的利息应该被界定到法定利息范畴中去。(2)建设工程签订的施工合同本质上属于承揽合同。工程的发包人所欠付的工程款，其利息与本金之间的关系具有附随性。工程结算完成之后，发包人如果出现依然不结算工程款的情况，此时工程款的性质发生了改变，成为借款合同类似，双方之间存在明显的债权债务的关系。如果从这个角度来讲，发包人应当向承包人支付欠付工程款的利息。(3)工程欠款利息与垫资利息的区别。垫资款与工程款在本质上并无区别，区别在于垫资是承包人的自愿行为，在承建工程时，承包人主动垫资施工，为了达到承建工程项目的目的。如法院支持承包人返还垫资利息的情况，则与诚信原则相违背。

笔者认为第二类理论更加符合实际情况，在我国出台的相关法律法规中解释了工程欠款利息的性质应当是法定孳息。如果按照第一种观点，则在界定建筑工程施工合同处于无效状态的话，此时的承包人是没有权限给予发包人支付欠款利息的。如果这样的话，显然会对承包人的合法权益造成极大影响。

根据司法解释的规定，利息始于应付工程款的当天，如果双方在没有达成共识的情况下，付款时间应该依照以下的标准来确定：(1)建筑工程交付日；(2)工程完成之后的结算日；(3)工程款项在没有结算完的情况下形成的起诉日。

工程在施工前签订的合同具备的相关属性，已经理下了付款时间的不确定性，而工程类合同基本都是以工程进度为基准支付相应的款项。一般情况下，因为工程材料缺乏，工

期延误等因素导致的不能按照合同规定周期付款的时间难以确定,实际上在现实项目运行过程中,很多合同都不能按照约定的时间来付款的。从这个角度出发,司法解释对建筑工程施工合同履行的特点进行了总结和归纳,有针对性地界定为三个时间点。(1)建设工程实际交付的以交付时间为应付款时间。这种情况下,工程的发包方实际上能够控制其相关流程,仍然具备占有权、使用权以及收益权。此时的工程发包方就是受益者,如果依然没有支付工程款,此时合同双方的利益会被打破。(2)对于还没有交付的建筑工程,此时的控制权还在承包人手上,建筑工程验收合格之后依照合同规定时间,将相应的竣工结算材料上交,而发包人没有在约定期限内给予明确的答复,此时可以将这样的时间界定为应付款时间。(3)建设工程价款未结算的,工程也没有交付。大多涉及未完工程或者未经竣工验收的工程。在此情况下,合同约定的付款条件尚未成就,无法确定应付款日,故应当拟制一个付款时间。

三、建筑相关企业应落实律师参与制度

"国内经济经过多年发展,取得了较大的进步,对建筑工程行业也是一种利好,各地区的建筑工程整体发展水平持续向好,而在发展阶段招投标管理发挥了非常重要的作用,已经成为当前项目建设的必要环节。"[1]建设工程招投标的工作流程与相关文件具有很强的专业性与法律性。"全球化时代下,我国建设施工企业目前对面临的法律风险普遍知之不多,更少有应对的经验。"[2]律师具有专门的法律知识,能够对招投标工作起指导作用,为工程建设参与方提供法律咨询与援助。积极引入律师参与制度,能够保障工程建设各参与方的合法权益,减少纠纷的产生。

律师一般有两种方法参与招投标活动:一是作为招标人或者投标人的法律顾问,参与编制与审查相关的招标文件、投标文件;二是直接成为评标专家,以招标人代表身份进入评标委员会,保障招标人的合法权益。

招投标工作中,律师需要重视以下工作:

(1)注重资格审查,协助招标方审查投标方的资质以及各种证明文件以选择满足条件的企业参与投标,如投标方的营业执照的经营范围是否满足项目要求,是否具有安全生产许可证且是否在有效期内等。

(2)完善合同条款。律师应该协助招标人在招标文件中完善合同条款,提高招标人的投资利益。

(3)在开标评标过程中起到良好的监督作用。招投标活动的违法违规行为主要体现在开标评标中,律师积极参与并监督开标评标过程,预防违法违规行为的产生。

(4)对招投标层面出现的争议问题进行协调,对相关投诉进行科学处理。

社会中企业对于市场经济而言起着重要作用,但是对企业的监管是一项难题。2017年7月26日,习总书记在省部级主要领导干部专题研讨班开班式上发表重要讲话,强调"分析国际国内形势,既要看到成绩和机遇,更要看到短板和不足、困难和挑战"。对于广

---

① 张镇宁:《建筑工程招投标管理现状及改善策略研究》,载《住宅与房地产》2020年第12期。
② 汤敏:《"一带一路"战略呼唤"大国心态"》,载《中国发展观察》2015年第1期。

大企业而言，其在市场中的行为与市场结构调整息息相关，两者互相作用、互相促进。因此，企业应善用合同业务，助推企业发展，促进交易融通，共同营造稳定、公平、透明的市场营商环境。

思考题

1.招投标的分类有哪些？

2.企业如何更好地遵守招投标相关法律？

3.企业如何能更好地落实招投标律师参与制度？

4.建筑工程施工合同的分类有哪些？

5.建筑工程施工合同无效的法律后果有哪些？

参考文献

1.高玉兰：《建设工程招标投标中不规范行为原因分析》，载于《建筑经济》2010 年第 23 期。

2.陈柏新：《预防建设领域招投标腐败的对策》，载《上海政法学院学报》2012 年第 27 期。

3.宋宗宇：《建设工程合同效力研究》，载《重庆建筑大学学报》2005 年第 2 期。

4.戴南、许海峰：《浅析建设工程施工合同的效力》，载《建筑管理现代化》2008 年第 4 期。

5.韩世远：《违约金的理论问题》，载《法学研究》2003 年第 4 期。

6.刘志军：《建筑工程招投标问题及应对策略分析》，载《环球市场》2016 年第 33 期。

7.田元福：《建设工程项目管理》，北京交通大学出版社 2005 年版。

8.叶东文、马占福：《招标投标法律实务》，中国建筑工业出版社 2003 年版。

案例六　商标——彰显商品企业识别,实现有序竞争

提　要	在建设队伍进行施工时,如果承包人使用他人专用的注册商标的商品进行工程建设,那么其行为就是十分典型的侵犯商标专用权的行为。承包人在这个过程中无论是否存在主观过错,其行为都已经侵犯了商标所有者的权益。承包人作为销售者,只有同时满足主观上不知道其所使用的产品是侵犯他人注册商标专用权的商品、该商品系合法取得且能够说明商品提供者三个要件,才能免于承担赔偿责任。
基本概念	承包人　建设工程　商标权

案情简介

　　2003 年 5 月 27 日,浙江良友木业公司成立,经营范围包括:胶合板、复合地板、实木地板、木制品、家具的制造、加工、室内外装饰。良友木业公司在 2003 年的时候就经过国家工商管理部门的批准开始使用 10340364 号商标,其商品包括:木板建筑塑料管、非金属楼梯、木材、石膏板、胶合板、非金属建筑材料等众多商品。其注册有效期最晚到 2023 年 5 月。除此之外,该企业还在国家工商管理部门注册了 10340351 号商标,其有效期到 2023 年 7 月,该商标下包含 19 类商品。

　　1993 年 8 月 30 日,上海建筑装饰集团成立,经营范围包括:建筑装修装饰工程、建筑幕墙工程、钢结构工程、建筑工程设计施工(凭资质证书)、门窗设计、加工、销售,机电设备安装及相关业务咨询服务,机电设备及零配件、建筑装饰材料的销售,多媒体设计,展品设计,展览展示服务,门窗的生产、加工(限分公司经营),附设分支机构。

　　案外人渤海银行股份有限公司(甲方)与上海建筑装饰集团(乙方)签订了建筑装饰工程施工合同,约定:“工程名称:渤海银行业务综合楼项目内檐装修工程第四标段。工程地点:河东区六经路与六纬路交口。承包范围:四标段渤海银行业务综合楼私人银行装修。工程包含:47 层及以上全部室内空间装修,47－51 核心筒电梯间装修包含在本标段内。装修面积约 11985 平方米,投资额约 4500 万元,具体详见建设单位所发图纸及工程量清单和招标范围(附件三)详细描述。承包方式:包工包料固定单位合同。开工日期:2014

年 2 月 28 日。竣工日期：2014 年 9 月 30 日。该工程预计天数 215 天，工程总价为 46577683 元。"

2016 年 5 月末，天津市政府接到良友木业公司的举报电话，称其在渤海银行业务工程中发现，第 49 层出现了 61 箱"大艺树"牌木地板，除此之外还有 47 个空箱子。2016 年 7 月 8 日，天津市河东区市场和质量监督管理局作出津市场监管东王工处字〔2016〕46 号行政处罚决定书，根据《商标法》第 60 条的规定，责令上海建筑装饰集团停止违法行为，并作出行政处罚如下："1.没收侵权'大艺树'牌木地板 180 平方米；2.罚款 16 万元。"2016 年 7 月 19 日，上海建筑装饰集团向天津市河东区市场和质量监督管理局缴纳罚款 16 万元。

此外，双方对涉案地板为假冒商品不存在争议。在此之后，良友木业公司直接提起诉讼，请求法院：首先让上海建筑装饰公司不再侵犯自己的商标专用权；其次，上海建筑装饰集团应该为自己的行为赔偿良友木业公司人民币 27 万元；再次，上海建筑装饰集团应该支付良友木业公司这次为防止自身权益被损害而支出的专家鉴定费用、律师支持费用，共 2 万元人民币；最后，诉讼费用应该由上海建筑装饰集团支付。天津市中级人民法院经过仔细审理之后，作出了如下判决：首先，在判决生效 10 天之内，上海建筑装饰集团应该赔付 8 万元人民币作为良友木业公司的经济损失赔偿款以及合理维权费用；其次，驳回原告的其他诉讼请求。在宣判之后双方当事人都没有选择上诉，判决生效。[①]

案情分析与结论

一、承包人将商标侵权商品用于工程建设行为的性质认定

"如果对商标的功能进行追溯那么可以认为其最原始的功能就是保护服务的来源方或者商品的来源方，能够对各种各样的商品以及服务的自身质量进行区别与区分，并以此为基础整合相应的广告宣传，从而增加商标所有企业的市场竞争能力，并在最短的时间内在市场上传递自己的文化。"[②]国家以及政府应该对商标进行保护，并通过法律法规的形式维护商标所有者的合法权益，这样不仅能够鼓励市场进行正当性竞争，也能够对现有秩序进行净化，防止有居心叵测之人，利用他人的声誉来谋取私人利益。在这个过程中，当地政府不仅能够让商业环境更加绿色，还能够对所有消费者的合法权益加以保护。在市场经济环境下，除生产者自行销售其生产的商品外，众多商品往往还直接通过销售者到达消费者手中。尤其是在市场专业化分工不断深化的大背景下，商品流通对商标基本功能的实现愈发起到了决定性的作用。"如果对侵犯知识产权责任进行细致分析那么可以认为其是一种极其具有救济色彩的法律体系，其常常会通过赔偿的形式让被损害利益的主

[①]　案例来源：(2017)津 02 民初第 147 号；(2017)津民申第 2266 号。

[②]　王莲峰：《商标法学》，北京大学出版社 2007 年版，第 17 页。

体获得一定的经济赔偿,当然也包括其他形式的赔偿。"①从某种意义上来讲,销售侵犯注册商标专用权商品的行为作为一项延伸的侵犯商标权行为,其自身也起到了混淆商品来源的效果,同样损害着消费者和商标权利人的合法权益,该行为主体也必须承担侵犯知识产权的责任。

本案的焦点是上海建筑装饰集团是否承认其在进行装修的过程中侵犯了原告的权利。对于该问题,存在两种不同的认识。一种意见认为,施工过程中使用被控侵权产品的承包人只是商业性使用该商品,不构成商标侵权行为的违法主体,其行为不属于侵犯注册商标专用权的行为,不应当承担侵权责任。与此同时有一种观点认为,承包人的行为是十分典型的侵犯了他人的注册商标专用权的行为,因此也应该为自己的行为付出代价,并承担相应的责任。笔者同意第二种意见,认为该问题的关键即在于如何理解和界定销售行为及承包人的行为特征。

(一)法律解读

我们可以认为商标是一个信息载体,其中包含着某一个商品或服务的信誉信息、质量信息、社会影响力信息。"商标的存在能够展现出某一个服务或者某一个商品的专有技术市场知名度、市场竞争中的占有能力以及商品所属企业的综合竞争能力,这也正是人们保卫自己商标声誉的重要原因。"②在商标法中,已明确指出什么样的行为是侵犯了商标专用权的行为,以及这种行为将会受到什么样的惩处。由此可见,中国的法律体系将销售侵权行为当作具有独立性特征的侵权行为。此种立法模式迎合了市场经济专业化分工的客观需求,体现了国家对销售环节商标保护的高度重视,同时也为打击销售违法行为,保护商标权利提供了有效、及时的保障。但是《商标法》及相关司法解释却未对"销售"一词的具体含义给出明确的界定。如果从一般性法理意义上对其进行理解,那么可以认为销售活动是指通过出售或其他方式向第三方提供相关服务或相关产品的动作,销售动作的核心目的就是转让商品,并在这个过程中获取一定的价值。承包人在建设工程施工中使用商标侵权商品的行为并不属于严格意义上的销售行为,在司法实践中,是否将其解释为广义的销售行为,有待进一步明确销售行为的内涵,明晰销售型商标侵权行为的边界是此类案件处理的关键。

(二)行为的特征分析

有一种说法认为销售是产品到货币的惊险转换。从老百姓的理念上可以将其理解为卖东西,卖东西的过程就是货币转换为商品再转换为货币的过程。赚取差价是销售实现目的的重要方式,也是判断是否构成销售行为的重要考量因素。在建筑工程施工过程中,建筑材料的价格是总工程成本的一部分。对于所有的承包人来说,如果能以更低的价格买入建筑材料,那么其将会获得更高的利润,盈利也越多。承包人通过工程结算款的形式收回了购买侵权产品的成本及利润,完成了从货币到商品再到货币的转化。承包人在经营活动中购买并使用侵权产品的营利性,决定了其行为本身具备了销售的特征。

---

① 吴汉东:《试论知识产权的物上请求权与侵权赔偿请求权——兼论〈知识产权协议〉第45条规定之实质精神》,载《法商研究》2001年第8期。

② 张德芬:《商标使用界定标准的重构》,载《知识产权》2012年第3期。

在进行施工时，很多承包人都会采取人工与物料共同承包的方式接收相关的工程，并非在这个过程中赚取材料销售商与客户材料款之间的差价。而是在进行施工时将与其劳务相结合的最终成果交付给客户。承包人所承担的工程可以视为一项货物或者商品，其在建筑过程中通过劳务将侵权产品用于施工过程，再将附着于侵权产品的成果交付给发包人，其工程交付之时就可视为消费成就之时。在其提供包工包料承建的工程中，既涉及提供建筑施工的劳务，又包括涉案侵权产品在内的相关货物，同时包含商品销售和应税劳务两种因素，两者结合，属于典型的混合销售行为，应当纳入商标法销售侵权的规制范畴。

综上所述，工程承包人在使用商品的过程中存在商标侵权行为，但是并不能够将其等同为消费者的纯粹消费活动。具有明显的经营性和营利性，具有销售行为的性质，理应受到《商标法》第57条第3项规定的规制。

二、销售侵犯注册商标专用权商品的构成要件

在商业活动中，销售活动与商标权力往往相互交织，将生产者与消费者加以连接。"在社会流通活动之中产品的生产者是对应商品的制造者，而消费者则是商品生产者商业名誉的传递者。"[①]如果对中国的商标法进行详细分析，会发现如果某一个行为主体侵犯了其他人的注册商标专用权，那么其行为便属于侵权行为，而判定某一个行为人的侵权活动是否构成侵权罪，并不需要当事人明知自己的行为为侵权行为，只要其客观行动上存在侵权行为，那么便可认为其违反了商标法。此种商标侵权行为的构成认定是以法律拟制性的推定为法律基础的。所谓法律拟制性推定，乃是不允许以反证推翻的推定，其实际效果与无过错责任并无二致。也正因如此，无论行为人主观上是否存在故意行为，只要他有侵权行为，本身就可以认为其违反了商标法，法律法规以及当事人就可以根据商标法中的具体内容对其进行惩罚。"销售行为属于间接侵犯商标权的行为，其在侵犯商标权意义上就并非是和生产行为彼此独立的。"[②]

本案中，根据渤海银行股份有限公司与上海建筑装饰集团签订的建筑装饰工程施工合同，上海建筑装饰集团通过包工包料固定单价的承包方式，获得了渤海银行股份有限公司业务综合楼内檐装修第四标段工程。据此，作为承包人的上海建筑装饰集团，应将工程所用原材料与劳务结合作为劳动成果，一并交付给渤海银行股份有限公司。被控假冒商品上使用的是与涉案商标完全相同的标识，对此上海建筑装饰集团予以认可。上海建筑装饰集团作为承包人，在建设施工过程中使用被控侵权商品的行为，因属于销售的性质，无论其主观上是否存在过错，均构成对原告注册商标专用权的侵害。

---

① 何莹：《我国商标法上的"销售侵犯注册商标专用权的商品"：历史、逻辑与制度》，载《西南政法大学学报》2015年第6期。

② 何渊、陆萍、凌宗亮：《商标侵权案中生产商和销售商的责任承担》，载《中华商标》2013年第3期。

相关法律法规索引

《中华人民共和国商标法》（2019 年修正）

第 57 条：如果存在下列行为，那么就可以认为其行为存在违反商标法的行为：

（1）在商标注册人未允许的前提下，在相同的商品上使用商标所有者注册过的商标。

（2）在商标注册人未允许的前提下，在某种商品上使用与商标所有者注册商标极为相似的，或十分容易导致混淆的商标。

（3）行为人销售的商品存在侵犯他人注册商标专用权特性的。

（4）私自伪造或制造商标所有者的注册商标的。

（5）在商标注册人未允许的前提下，将注册商标更改或更换并再一次投入市场之中的。

（6）行为人存在为侵犯他人商标专用权行为提供方便条件的，并主观上有意帮助他人实施侵犯商标所属者商标权力行为的。

（7）给他人的注册商标专用权造成其他损害的。

第 64 条：如果某个拥有商标专用权的人向法院提出赔偿请求，而对其诉讼的被告人将其并没有使用专用权商标当作抗辩理由的，那么当地的人民法院可以依照相应的法律法规要求商标专用权所有者提供在三年时间内使用过该商标的证据，如果该商标专用权所属者不能够像当地的人民法院展现出自己在最近的三年时间内使用过该注册商标的证据，也不能够证明他人的侵权行为让自己受到了实际损失，那么被告人将不承担相应的赔偿责任。

如果销售者并不知道自己所销售的产品是已经注册了商标专用权的产品，并能够向当地人民法院出示自己所销售的商品是合理合法取得的，并能够向人民法院提供上游信息的提供者，依照相应的法律法规并不承担侵权责任。

法律制度解读

一、商标使用

在商标法中，"使用"这个词具有极为广阔的囊括范围，且其不确定性十分明显。商标的使用活动在现有的法律领域与法律体系之中都具有不同的含义及界定标准。"美国关于商标使用的规定，强调的是要把商标实际用于商业中，中国大陆、台湾地区和加拿大的规定则指出了商标使用的核心目的，即能使相关消费者区分不同商品或服务的提供者。"①这一概念在商标法中是一个无法逾越且核心的问题，国内外学者对此问题的研究也非常的精细和深入。同时，对于商标意义上的使用又区分了商标注册、维持、扩展的使用、商标侵权中的使用等方面。商品要实现其价值就要流通和交换，只有通过交换、流通，商品的生产者才能获得利益，商品使用者才能获得商品的使用价值。商品要实现流通必须包含生产和销售环节。

中国在2013年4月就对商标法进行了修改，在这次修改活动中首次对商标法自身的意义进行了阐述。《商标法》明确表示，在商标法体系之中所说的商标使用行为是指将某一个商标用在商业活动、商业包装以及商业交易文书等行为或物体之上的行为，不仅如此，商业展览活动、商品包装之上等商业活动之中存在的商标都可以认为是《商标法》所指的"商标"。可以将其认为是商标法对商标使用概念进行的总括性的规定，从该定义中可以看出该规定并未区分不同领域、体系中不同类型的商标使用行为，也未对使用行为的具体表现形式进行列举式规定，仅仅是对商标使用行为进行了概括笼统的规定。而且该规定仅仅类似于《兰汉姆法》"如何在商业活动之中正确的使用自身商标"法条中的1a部分，但是并不涉及b部分中有关销售的规定，似乎是美国商标法关于商标使用概念的缩小版。因此人们普遍会产生第48条商标的直接客体是商标获取行为以及商标权益维持行为，但是并没有包括商标侵权行为的错觉。修改后的商标法对于商标使用放弃了过去的"消费者识别"要件而确立了"识别来源"要件，同时将商标使用限定于"商业活动"中的使用，无疑又限制了商标使用的范围。但从立法的技术和重视程度而言，首次在商标法中对商标使用活动进行明确的定义已经是一次十分巨大的进步了，中国现有商标法中针对使用这个行为的定义可以从以下三个角度进行阐述：首先，商标必须是在商业活动中使用的商标的存在，能够展现出企业的营利目的；其次，企业应该在自身的商品之上、服务过程之中以及与之有关的对象上使用自己的商标，应该直接展现商标的使用对象。最后，消费者及相关公众发挥识别来源的使用，表明了商标符号使用的功能。缺乏这三个要素，很难说一个行为属于商标意义上的使用行为。

二、混合销售行为

"所谓的混合销售行为就是指某项销售活动既涉及货物内容又涉及劳务内容。"②如包工包料的工程建设中，承建方既提供非增值应税劳务，又提供建设材料的销售，将两者结合起来就是混合销售。从混合销售的定义中可以看出，此概念出自《税法》，我国《增值税条例实施细则》有关于"混合销售"的规定，《商标法》及其配套法规没有关于"混合销售"的规定，参照税法的有关规定，可以将商标法上的混合销售行为理解为行为人运用应税劳务混合侵犯注册商标专用权的商品进行加工后出售这种新的商品或服务的行为。"混合销售行为与兼营行为不同，后者主要是指纳税人的经营范围中有两种业务，分别是销售货物和提供非应税劳务。"③

---

①　李春芳、李淇：《商标性使用的判定》，载《知识产权》2014年第1期。

②　罗龙：《"营改增"后混合销售行为和兼营行为的探讨》，载《中国总会计师》2020年第11期。

③　唐玉琴：《混合销售与兼营行为的异同及税务处理探析》，载《中国总会计师》2015年第12期。

构成混合销售必须具备以下几点:第一,存在销售的前提。必须存在销售的事实是构成混合销售的前提条件,仅有一个销售的客体而不存在销售的行为,不构成销售。第二,只能是单独的一项行为和同一的主体。混合销售针对的是一个行为,如若不然就不构成混合销售而构成兼营。另外,混合销售的对象必须是同一主体,否则也不属于混合销售。第三,混合销售必须具备两个要件,即商品和应税劳务。只有将商品与劳务合二为一形成一项新的成果,才符合混合销售的特征。在建设工程施工中,承包人通过建设承包合同承担一项工程,该工程可以视作一项商品,承包人在工作的过程中侵犯了他人的商标专用权,再将附着侵犯商标权的工程转让给发包方(业主),工程交付之时即为销售成就之时。此种情形符合混合销售的构成要件。从混合销售的概念特征及构成要件分析,"混合销售"行为符合商标法关于"销售"的法律特征,应当将其纳入《商标法》有关"销售"侵权的范畴之中。

三、《商标法》上"销售"概念的外延问题

在中国修订商标法的过程中,并没有明确表示我国商标侵权的概念囊括销售商品行为。"在中国商品法慢慢的发展历程之中才将其纳入商标侵权这个范围之内,这也能够展现出中国的商标法正在逐步完善、逐步优化。"[①]对于《商标法》上的"销售"一词应当作限缩性的解释还是作扩张性的解释实务界并没有统一的认识,司法裁判中甚至出现了同案不同判的情形。因此,需要明确商标"销售"的内涵及外延。我国关于商标法上的销售行为的定义及范围没有明确的法律规定。有学者指出"转移商品所有权"是商标法上的销售行为的本质特征,商标法上的销售行为应当是在商品流通过程中转移商品所有权的行为。比如"搭赠行为"就是一种典型的"转移商品所有权"的行为,其认定为侵犯商标权的销售行为显然符合立法的本意。然而这种将"转移商品所有权"作为界定销售行为的标准显然又限制了销售的解释空间。例如,许诺销售行为是否构成商标法意义上的销售行为,因为许诺销售行为只是一种意思表示,是否应该将其纳入中国的《商标法》中的确有待商议。有学者观点认为,广义上的商标销售行为不仅包括流通过程可能产生所有权转移的行为,与此同时还包括存在商品意思表示的行为。在该案件之中,工商局所判定的"混合销售"行为是否应当以"销售侵权注册商品专用权商品"行为予以规制还有待进一步研究;另外关于出租,出租在传统意义上与销售虽属于两个不同的范畴,但在《商标法》中,存在出租侵权是否适用"销售"侵权行为予以规制同样值得进一步研究。

以上涉及商标法意义上的销售行为的边际问题,也即"销售侵犯注册商标专用权的商品"条款的适用范围问题,其核心在于商标权对于商品流通控制到了何种程度,因为"销售"当属于"商标使用",故而这种控制程度的标准应当符合"商标使用标准"。因此,非传统意义上的销售行为如搭赠行为、许诺销售、出租行为以及本文所涉混合销售行为等是不是商标法意义上的销售行为应当结合具体的情形予以区分。

---

① 李冬:《商标侵权中销售商品行为的定性》,载《西北政法大学学报》2013 年第 4 期。

案例启示

一、建筑相关企业应积极了解相关的法律知识，注意销售行为的法律影响

"物权是一种支配权，而知识产权的一大特性就是排他性。"[①]《商标法》第 57 条规定如果存在下列行为，那么就可以认为其行为存在违反商标法的行为：(1)在商标注册人未允许的前提下，在相同的商品上使用商标所有者注册过的商标。(2)在商标注册人未允许的前提下，在某种商品上使用与商标所有者注册商标极为相似的，或十分容易导致混淆的商标。(3)行为人销售的商品存在侵犯他人注册商标专用权特性的。(4)私自伪造或制造商标所有者的注册商标的。(5)在商标注册人未允许的前提下，将注册商标更改或更换并再一次投入市场之中的。(6)行为人存在为侵犯他人商标专用权行为提供方便条件的，并主观上有意帮助他人实施侵犯商标所属者商标权力行为的。(7)给他人的注册商标专用权造成其他损害的。

在这个案件中，被告与其合作者渤海银行股份有限公司签订的装修合同中约定的被告承建的渤海银行业务综合楼项目内檐装修第四标段工程的承包方式为包工包料固定单价合同，该合同中既涉及了被告向案外人提供劳务，又涉及了原材料的价格。

在这个案件中，被告并非将复合木地板直接销售给渤海银行股份有限公司，而是将其与相应的劳务活动一起提供给渤海银行股份有限公司。在这个过程中，上海建筑装饰集团只有销售他人的专用商标产品是违法行为。另，鉴于天津市河东区市场和质量监督管理局已认定被告在涉案工程使用的"大艺树"牌木地板系假冒商品，原告与被告对此都没有争议，所以应该认定上海建筑装饰集团在为渤海银行股份有限公司进行装修的过程中所使用的产品为假冒伪劣产品，并侵犯了良友木业公司依照《商标法》所规定的销售侵犯注册商标专用权商品的行为。

二、建筑相关企业应全面了解其销售的各类商品，避免承担民事责任

"我国民法采用'民事责任'的称谓而不采用'民事权利的保护'的称谓。"[②]民事责任是一种因违反民事法律规范所承担的法律责任。违反民事法律规范，是承担民事法律责任的前提条件。如果当事人的行为(包括作为和不作为)不违反民事法律规范的规定，就不存在承担民事法律责任的问题。在现有的法律体系中，以下行为往往会承担民事违法行为责任：首先是违约行为；其次是侵权行为；最后是不履行其他民事义务的行为。在人们的日常生活中，不履行对老人的赡养义务、对孩子的抚养义务都属于民事违法行为。

除此之外，无正当理由不支付管理者费用的行为、不返还自己所获得的不当利益的行为、接受他人赠送却不履行赠送所附带的义务的行为。

---

① 曲三强：《现代知识产权法》，北京大学出版社 2009 年版，第 8 页。

② 杨立新：《民法总则规定民事责任的必要性及内容调整》，载《法学论坛》2017 年第 1 期。

"在中国的法律体系之中将销售商品行为单独列出并将其与基本侵权行为挂钩。"[①]本案中,根据《材料设备采购安装合同》约定,案外人需要在 2015 年 5 月 23 日前将 47—49 层的所有木地板送达甲方施工现场,5 月 28 日将所有货物安装完成并达到验收标准。而案外人天津市普鲁特思装饰工程有限公司在第 49 层施工现场铺装被控侵权商品的时间恰恰是 2015 年 5 月 24 日。该送货地点与安装时间均符合被告与案外人的约定。且该标段工程现场属被告管理,如果对其与天津市普鲁特思装饰工程有限公司之间的约定进行详细的分析,会发现被告人应该根据相应的法律法规以及内部规章制度对其所买到的地板进行合格的检验以及相关的检测报告检验。但是,由于被告的经营行为最终存在漏洞,导致其并不能够保证其所使用产品的健康性与正规性,最终导致侵权事件的产生,被告在这个过程中存在极其明显的过错。不仅如此,被告也不能够证明其所销售的木材产品有合法的来源,也不能够指认上游卖家。所以不能够根据商标法中的规定免除其民事赔偿责任。

综上所述,被告上海建筑装饰集团认为自己在对渤海银行股份有限公司进行装修过程中所使用的产品因为有合法来源,但并不构成违反商标法的行为的抗辩无法成立。原告在进行诉讼的过程中,希望能够依照自身的实际损失以及上海建筑装饰集团所获得的利益为依据来确定其具体赔偿数额。原告请求按照工程地板总面积计算损失,由于被告并未实际销售完成即被罚没,故原告该计算方式本院不予采纳。正因如此,法院考虑到该案中商标自身的知名度程度,上海建筑装饰集团的具体侵权市场范围以及侵权性质等众多因素,酌情确定了具体赔偿数额。原告浙江良友木业公司对其请求赔偿的律师费虽未提交证据证明,但本案诉讼中原告有委托律师参加诉讼的事实,故本院根据相关性、合理性、必要性的原则,酌情予以支持。另,原告浙江良友木业公司还主张鉴定费,但本案中原告对于被控侵权商品的检查系由原告自行检验,没有相关票据佐证,故对于原告请求赔偿鉴定费的主张本院不予支持。综上,本院酌情判令被告上海市建筑装饰集团赔偿原告浙江良友木业公司经济损失和合理支出共计 85500.00 元。

三、建筑相关企业应了解销售商合法来源抗辩的成立条件

"企业为了销售其商品,需要投注大量的劳力、资金、时间于商品的开发与创新,并建立良好之企业形象,进而使其商标对消费者而言具有一定质量保证。"[②]《商标法》中明确指出如果某个拥有商标专用权的人向法院提出赔偿请求,而对其诉讼的被告人将其并没有使用专用权商标当作抗辩理由的,那么当地的人民法院可以依照相应的法律法规要求商标专用权所有者提供在三年时间内使用过该商标的证据,如果该商标专用权所属者不能够为当地的人民法院展现出自己在最近三年时间内使用过该注册商标的证据,也不能够证明他人的侵权行为让自己受到了实际损失,那么被告人将不承担相应的赔偿责任。该规定实际上是引用了过错推定的一种原则,赋予了行为人举证的权利,避免了对商标权利人过于严苛的举证要求。如此规定,主要是基于公平正义的角度考量,法律需要对恶意

---

① 李冬:《商标侵权中销售商品行为的定性》,载《西北政法大学学报》2013 年第 4 期。

② 叶晟:《商标装饰性使用案件中的侵权判定》,华东政法大学 2014 年硕士学位论文,第 33 页。

侵权和无恶意侵权的行为人进行区分，使具有不同主观态度的行为人承担不同的民事责任。吴汉东教授在对其进行详细的分析之后认为该过错推定具有特殊性以及独特性，也就是说法律要求侵权人不仅仅应该证明自己履行了注意义务，还要求其必须拥有法定抗辩事由才能够彰显出自己主观上的无错误特性，进而在进行法院判决时能够不承担相应的赔偿责任。如果对现有的法律法规进行分析，会发现只有在满足以下三点时，才能够满足上述条件。首先，销售者在主观上并不知道自己所卖的产品，侵犯了别人的商标专用权。其次，销售者必须向法院证明自己的产品是通过合法渠道获得的。最后，消费者能够向法院提供自己商品的上家信息。只有同时满足上述条件，销售者才能免于承担赔偿责任，即"销售者不知道是侵权商品＋合法取得＋说明提供者＝免除赔偿责任"。

(一)销售者不知道其销售的商品为侵犯注册商标专用权的商品

根据司法实践中对"知道"的一般解释，"知道"包含明知和应知两种含义，对应的过错的表现形式分别为故意与过失。判断销售商对其销售的产品是侵权产品是否明知、应知，通过判断销售商在经营过程中的注意义务的高度，进而认定销售商主观上是否知悉销售的商品侵犯商标专用权人的注册商标。注册商标的知名度，决定了受保护商标的范围与强度，是销售商主观状态认定的重要因素。而销售商本身经营规模的大小，决定了销售商本身识别能力的高低，销售商所负担的注意义务因其经营状态、从业经验、专业程度的不同而有所区别。对于注册商标知名度较高、销售商经营规模较大的情形，销售商对其经销的商品应当负有较高的审查义务。在进行常规性分析的过程中通常会认为，如果侵权者能够明显地发现正规商品与侵权商品之间存在的价格差异以及品质差异，则认为销售者了解这个产品是侵权产品。因为在此种情况下销售商稍加注意即可以作出是否为侵权产品的判断。除上述因素外，实践中，如果商标权利人有证据证明向销售者发送过警告信函，但销售者仍然坚持销售被控侵权产品；即使商标权利人未向销售者发送过警告信函，如果销售者曾因销售被控侵权商品被司法、行政机关作出过处理，此种情形一般可以认定销售者具有故意的主观状态，主观恶意明显，理应承担赔偿责任。传统大陆法系十分看重回复绝对权完满的权利状态，"因此，在不考虑行为过错的情况下，只要绝对权（如商标权）遭到他人的侵害，一律加以排除"[①]。

(二)销售者销售的商品是其合法取得

销售者需要提交证据证明其销售的商品系经合法的途径获得。实践中，合法途径取得的相关证据包括购货合同、付款凭证、发货单据等，且以上证据的商品名称、型号、价格时间等与销售被控侵权产品时所开具发票的内容与品名应当具有对应性。如果销售者提供的相应证据能够完整反映商品的流通过程，同时侵权商品是以合理的对价取得的，可以认定销售者完成举证责任，能够认定其系合法取得。

(三)销售者能够提供所销售商品提供者

一般而言，销售者在提供产品从合法途径获得环节中，即能同时说明所销售商品的提供者。但如果在第二环节中，在仅提供了销售凭证等证据，证明效力较弱的情况下，为了补强相关证据，通过追根溯源，查清涉案商品背后的提供者，可以更加清楚地作出销售者

---

① 朱冬：《知识产权间接侵权中停止侵害适用的障碍及克服》，载《法学家》2012年第5期。

是否应当承担责任的判断。在审判的过程中,法院还应该要求销售者所提供的上游商家的具体名称、联系方式以及出货地址是能够查询到的真实信息。提供者是合法存续的经营主体,对资质有相关要求的情况下,如果销售者从不具有合法资质的主体处购进产品,可能难以达到合法来源的证据证明标准,成为认定其主观不合法或者主观具有过错的重要依据。

只有销售者满足上述三个条件才能被免除赔偿责任。本案中,上海建筑装饰集团主张涉案侵权地板具有合法来源,需证明其不知道销售的商品是侵权商品且该商品是其合法取得并说明提供者。上海建筑装饰集团作为涉案工程的承包人,其在建设施工过程中对工程现场负有管理责任,亦应对涉案工程中使用的原材料负责。与此同时,上海建筑集团在投标的过程中就拟定将会使用"大艺树"这个品牌。正因如此,法院认为其对工程活动中所使用地板品牌及相关授权等负有进行审查的注意义务。作为多年从事建筑装修工程的企业,其理应对此具有较高的辨识能力,结合原告注册商标的知名度等因素,上海建筑装饰集团在合法来源抗辩的第一环节即不知道自己销售的商品为侵权产品的判断条件就难以成立。在其未能提供涉案侵权产品是其合法取得的相关证据的同时,法院对上海建筑装饰集团合法来源抗辩的主张未予支持。

在进行社会治理的过程中,应该将法律的底线加以明确。2018年3月8日,习总书记在参加十三届全国人大一次会议广东代表团审议时强调"要形成有效的社会治理、良好的社会秩序,促进社会公平正义,让人民群众安居乐业,获得感、幸福感、安全感更加充实、更有保障、更可持续"。商标法律制度是商标管理的红线、底线,市场主体应加强商标的管理与控制,为社会提供符合知识产权标准的产品。

思考题

1.企业销售行为的分类有哪些?

2.企业如何更好地保护商标权?

3.企业如何能更好地降低侵犯他人商标权的风险?

4.在建筑销售市场中如何更准确地理解混合销售行为?

5.企业在建筑装饰工程施工合同中应注意避免哪些法律风险?

参考文献

1.吴汉东:《试论知识产权的物上请求权与侵权赔偿请求权——兼论〈知识产权协议〉第45条规定之实质精神》,载《法商研究》2001年第8期。

2.张德芬:《商标使用界定标准的重构》,载《知识产权》2012年第3期。

3.何莹:《我国商标法上的"销售侵犯注册商标专用权的商品":历史、逻辑与制度》,载《西南政法大学学报》2015年第6期。

4.李春芳、李淇:《商标性使用的判定》,载《知识产权》2014年第1期。

5.李冬:《商标侵权中销售商品行为的定性》,载《西北政法大学学报》2013

年第 4 期。

6.朱冬:《知识产权间接侵权中停止侵害适用的障碍及克服——以大陆法系为考察对象》,载《法学家》2012 年第 5 期。

7.叶晟:《商标装饰性使用案件中的侵权判定》,华东政法大学 2014 年硕士学位论文。

8.李亮:《商标侵权认定》,中国检察出版社 2009 年版。

9.王迁:《知识产权法教程》,高等教育出版社 2021 年版。

案例七　商业秘密——守护核心利益，保持市场竞争优势

提　要	当今社会大众在日常生活中经常会了解到关于商业秘密的话题，其本质含义指的是可以帮助权利人实现经济收益，能够产生实用价值且只有权利人掌握的技术或者价值的信息。不为公众所知悉是商业秘密必须具备的特征之一。被告人身为同类风电企业的专业技术人员，对窃取行为将给对方造成的严重损害应当有清晰的认识，其事先经过精心准备和谋划，犯罪意图明显、犯罪动机卑劣、社会危害性大。虽然其未给明阳公司商业秘密的价值造成损失，不计入本案犯罪数额，但应当作为衡量其社会危害性的重要考量因素，应该对其予以严惩。
基本概念	商业秘密　侵犯商业秘密罪　经济利益

案情简介

2019 年 2 月 23 日，刘某冒充供应商工作人员，混入明阳智慧能源集团股份公司（以下简称"明阳公司"）MySE7.25MW 风电机组项目安装现场，对机组内部结构、相关设备进行测量和拍照，被发现后即逃离现场，在逃跑途中被工作人员控制。公安机关在刘某携带的相机内提取到拍摄的风电机组安装现场照片 617 张、视频 15 个。

广东省相关部门经过一系列鉴定之后制作了相关报告，报告中显示：涉案人员刘某使用相关设备私下拍摄的关于 MySE7.25MW 风电机组中的五项技术信息，其本质上是商业秘密，具备了不为公众所知的特征。而公安机关在刘某携带的相机内提取到拍摄的风电机组安装现场照片 617 张、视频 15 个，均与 MySE7.25MW 风电机组技术信息相同。该技术信息创新程度和商业价值均较高，自主研发及许可费数额合计 6170 万元。明阳公司因被非法侵入造成直接损失 71 万余元。案发后，明阳公司对风电机组部件进行维修检测的费用达 31 万余元，刘某的非法侵入还致使项目施工工期延长 41 天，造成生产误工损失 40 多万元。

2019 年 6 月 29 日，揭阳市惠来县人民法院对该案作出一审判决，以侵犯商业秘密罪判处被告人刘某有期徒刑 3 年。同时，对其行为造成明阳公司损失的民事侵权责任判决被告赔偿人民币 100 万元。宣判后，刘某提出上诉。

广东省揭阳市中级人民法院对案件进行审理后表示，一审判决符合法定程序，证据充分、事实清楚，因此作出维持原判的决定，最终量刑以一审判决为准。[①]

案情分析与结论

一、刘某拍摄的信息属于商业秘密

我国《刑法》明确定义了关于商业秘密的违法标准，对商业秘密进行了界定：可以帮助权利人实现经济收益，能够产生实用价值且只有权利人掌握的技术或者模式信息，其他人并不知晓。结合刑法中的定义，可以看出商业秘密的本质条件是不为公众所知晓。

此次审理的案件中，广东省知识产权研究与发展中心也对涉案信息进行了鉴定，且制作成了报告，其中明确指出涉案人员刘忠炎使用相关设备私下拍摄的关于MySE7.25MW风电机组中的五项技术信息，其本质上是商业秘密，具备了不为公众所知的特征。而公安机关在刘某携带的相机内提取到拍摄的风电机组安装现场照片617张、视频15个，均与MySE7.25MW风电机组技术信息相同。虽然明阳公司在案发后对部分技术信息进行商业公开，但这并不影响其在案发前是不为社会所公知的。而且部分技术信息的公开也不能必然推导出整体技术的公知。因此，法官判定刘某所拍摄的技术信息为商业机密。

二、刘某的行为对明阳公司造成了实际损失

据相关部门调查鉴定，刘某偷拍的风力发电机组案发时系亚洲最大海上单机容量的抗台风风电机组，创新程度和商业价值均较高，自主研发及许可费数额合计6170.50万元。案发后，明阳公司对风电机组部件进行维修检测的费用达31万余元，刘某的非法侵入还致使项目施工工期延长41天，造成生产误工损失40多万元。法院经过充分研究后认定，刘某偷拍的资料虽未泄露出去，但其行为给明阳公司造成维修检测和延误工期等直接损失71万余元，已构成犯罪既遂。在司法实践中，给商业秘密权利人造成直接经济损失数额在50万元以上的，行为人涉嫌侵犯商业秘密罪，可对嫌疑人采取强制措施。因此确定被告实施了窃取商业秘密的行为。

此外，合议庭还认为，被告人刘某身为同类风电企业的专业技术人员，对窃取行为将给对方造成的严重损害应当有清晰的认识，其事先经过精心准备和谋划，犯罪意图明显、犯罪动机卑劣、社会危害性大。虽然刘某未给明阳公司商业秘密的价值造成损失，不计入本案犯罪数额，但应当作为衡量其社会危害性的重要考量因素，应该对其予以严惩。

三、对刘某的定罪量刑具有合理性

我国《刑法》明确指出，通过以下不当手段：威逼利诱、盗窃等，从他人处获得商业秘密

---

① "6人侵犯华为商业秘密被判刑，广东公布2020年度商业秘密保护大事件"，案例引自网易：http://www.163.com，2021-10-29。

的行为,同时导致了商业秘密的权利人经济利益受到重大损失,此行为触犯了刑法,需要对此行为进行刑事惩罚,量刑标准为三年以下有期徒刑或者拘役,另外还要对其进行罚款;对于一些比较严重的行为,需要判处三年以上七年以下有期徒刑,另外还要对其进行罚款。由此可以看出,在这次案件当中,法院的判决非常合理。

本案中,刘某偷拍的资料虽未泄露出去,但其行为给明阳公司造成维修检测和延误工期等直接损失71万余元,已构成犯罪既遂。因此本案中法院的定罪量刑是合理的。

相关法律法规索引

《中华人民共和国刑法》(2020年修正)

第219条:有下列侵犯商业秘密行为之一,给商业秘密的权利人造成重大损失的,处三年以下有期徒刑或者拘役,并处或者单处罚金;造成特别严重后果的,处三年以上七年以下有期徒刑,并处罚金:

(1)以盗窃、利诱、胁迫或者其他不正当手段获取权利人的商业秘密的;

(2)披露、使用或者允许他人使用以前项手段获取的权利人的商业秘密的;

(3)违反约定或者违反权利人有关保守商业秘密的要求,披露、使用或者允许他人使用其所掌握的商业秘密的。

明知或者应知前款所列行为,获取、使用或者披露他人的商业秘密的,以侵犯商业秘密论。

《中华人民共和国反不正当竞争法》(2019年修正)

第9条:经营者不得实施下列侵犯商业秘密的行为:

(1)以盗窃、贿赂、欺诈、胁迫、电子侵入或者其他不正当手段获取权利人的商业秘密;

(2)披露、使用或者允许他人使用以前项手段获取的权利人的商业秘密;

(3)违反保密义务或者违反权利人有关保守商业秘密的要求,披露、使用或者允许他人使用其所掌握的商业秘密;

(4)教唆、引诱、帮助他人违反保密义务或者违反权利人有关保守商业秘密的要求,获取、披露、使用或者允许他人使用权利人的商业秘密。

经营者以外的其他自然人、法人和非法人组织实施前款所列违法行为的,视为侵犯商业秘密。

法律制度解读

一、商业秘密

我国针对不正当竞争进行了规范,并且出台了相关法律法规,包括《中华人民共和国反不正当竞争法》,这是在 2019 年正式修改颁布的,其中的法律条例针对商业秘密同样作了界定,明确指出商业秘密就是有一定商业价值,且没有对观众公开,权利人对外保密的相关技术信息、经营信息等。实际上商业秘密就是一种信息,而且该信息进行了登记注册,同时获得法律保护的相关权益。对于商业秘密而言,其具体化程度不高,概念不及商标、专利等清晰。一般情况下,商业秘密具备了个体和公共两种利益内涵,其认定标准一直处于不高的水平,因此对于市场竞争以及技术发展非常不利;假设提高认定标准,此时会侵害其他相关人员的权益。"目前相对于被窃取或泄密的风险,商业秘密的保护仅依赖于权利主体的自我保密措施,处于易攻难守的境地。"[①]

所谓商业秘密,从字面意思上理解其本身属于秘密范畴,但是从司法层面上来说其认可度长期处于模糊状态,也是司法认定的难点。目前全球商业系统都比较看重商业秘密,但是学术界对商业秘密的认识相对多元化。"目前全球对商业秘密的保护逐渐向统一方向进化,涉及的法律法规越来越规范。"[②]而在具体的司法执行过程中,司法层面是将秘密性、保密性、价值性作为商业秘密的主要界定标准。

(一)秘密性

对于商业秘密的秘密属性而言,其认定过程对于商业秘密侵犯案件非常重要。在商业秘密的内容中,其发挥出的经济价值是最为关键的因素,而且需要有相关人员对其进行利用后,才能体现出价值,此过程中相关人员会对商业秘密的重要信息进行掌握。商业秘密所发挥出的价值是裁定秘密性的核心标准。而公众的含义是指商业秘密涉及范畴内的相关人员,这些人员主要包括同一行业或者领域内的人员等,对于不公开而言其是指商业秘密的内容信息没有向公众开放。

(二)保密性

秘密性属于商业秘密的基本属性,其判定依据是从主观性、客观性、适应性以及区别性四方面进行判定的。第一主观性,实际上就是指相关人员具备的主观保护措施;第二客观性,实际上就是指商业秘密权利人自发地对秘密采取的保护措施,完全能够对秘密进行保护;第三适应性,实际上就是商业秘密的权利人实施的保护措施的合理性,通俗讲就是权利人实施的保密措施必须与保密信息对应的商业价值相互之间都能够适应;第四区别性,实际上就是指商业秘密的权利人对信息的保护措施要比其他普通信息的保护措施更加严格。

(三)价值性

《反不正当竞争法》司法解释中明确指出商业秘密中信息对应的价值,可以为权力人给予一定的商业效益或者竞争优势。商业秘密是依附于商业环境的,没有商业环境就无法体现出商业秘密的价值,商业秘密的价值主要是基于未来的使用价值而创造出的经济价值,核心内涵就是指凡是拥有商业秘密,就能够在竞争中获得一定的优势。通俗讲,可以为权利人发挥出经济价值,真正实现经济收益,就能够将其看作具备价值性。此处的价

①　唐稷尧:《扩张与限缩:论我国商业秘密刑法保护的基本立场与实现路径》,载《政治与法律》2020 年第 7 期。

②　杨成良:《商业秘密法律保护的国内外视野思考》,载《人民论坛》2016 年第 6 期。

值性,并非量化后的,同时也无对应的周期性,其本身的经济价值以及使用周期或者频次,都对判定其是否有商业价值不产生任何影响。由此可以看出,商业秘密对应的价值属性通常情况下容易被判定。

二、侵犯商业秘密罪

基于法律层面来看,我国在20世纪90年代初中后期就针对侵犯商业秘密罪正式立法,并将其纳入了《刑法》中,而在我国《刑法》设立之初,针对这种罪行都是以泄露国家机密罪、盗窃罪等实施惩处。1997年《刑法》从制定至今,共经历了十次修正,颁布了十个修正案,但均未涉及侵犯商业秘密罪。目前在使用的《刑法》当中,针对侵犯商业秘密罪有具体界定,其中的内容参考了我国《反不正当竞争法》中的相关内容。"将侵犯商业秘密罪对应的犯罪行为总结为以盗窃、利诱、胁迫等行为,获得商业秘密中的相关信息,或者违反约定的方式对外界披露商业秘密中的相关内容,以及自行或者允许他人使用商业秘密相关信息。"[①]对比《刑法》和1993年《反不正当竞争法》两部立法,主要区别在于《刑法》规定"给商业秘密的权利人造成重大损失"(以下简称"重大损失"),根据司法解释,"重大损失"的数额为50万元以上。由此可见,在现行立法体系下,对于侵犯商业秘密行为,区分民事责任、行政责任与刑事责任的关键在于是否达到给权利人造成50万元以上的"重大损失"。"对商业秘密被侵犯以后所造成的经济损失,应依法予以追缴、责令退赔。"[②]

目前,我国的法律法规体系中,对于商业秘密侵犯的刑事法律条例解释以及相关规定都是依据《最高人民法院、最高人民检察院公安部关于办理侵犯知识产权刑事案件具体应用法律若干问题的解释》中的相关内容,同时也结合了《最高人民法院、最高人民检察院关于办理侵犯知识产权刑事案件具体应用法律若干问题的解释(二)》和《最高人民检察院、公安部关于公安机关管辖的刑事案件立案追诉标准的规定(二)》中的相关内容。上述三个文件主要规定了"重大损失"50万元、"特别严重后果"250万元的数额标准及应予立案进行刑事追诉的具体情形。其中,2010年《追诉标准(二)》规定了侵犯商业秘密行为应予立案进行刑事追诉的四种情形。值得注意的是,第二种情形,即侵权人违法所得数额在50万元以上,该追诉标准突破了"重大损失"的文义解释。有学者按照其统计口径,得出第二种情形是司法实践中采纳最多的追诉标准。第三种情形,即致使权利人破产,该追诉标准扩大了"重大损失"的外延,将破产这一不可估算的损失纳入追诉范畴,但该司法解释性质文件没有进一步明确如何判断侵权行为与破产间的因果关系。实践中,造成企业破产的原因众多、情形复杂,往往难以全部归咎于商业秘密被侵犯,或难以判断商业秘密被侵犯所占的原因力,因此,司法实践中未发现以该追诉标准入罪的判例。

在定罪的判例中,仍有相当一部分没有采纳或完全采纳公诉机关的指控。"该类案件呈现了总体成案率不高、犯罪人员多涉及内部人员、案发集中于高新技术和新兴产业领域、犯罪对象以技术秘密居多等特征。"[③]

① 胡良荣:《侵犯商业秘密刑民交叉案件处理的困惑与出路》,载《知识产权》2011年6期。
② 张华:《自诉程序中侵犯商业秘密罪认定的若干问题》,载《法律适用》2006年第1—2期合订本。
③ 谭滨:《侵犯商业秘密罪检察实务研究》,载《中国检察官》2020年第11期。

三、不正当竞争

对于竞争行为的正当判定依据，主要基于原告方的利益保护价值，以及与被告之间的竞争关系成立情况，被告的竞争行为得当程度进行判定。前述三点的证立，可初步证明原告竞争利益受损，被告竞争行为具有不正当性。考虑到反不正当竞争法具有市场调控法的"底色"，还需结合比例原则，考虑消费者、其他市场参与主体等利益，对竞争行为作进一步评估：第一，考虑竞争行为对相关消费者福利的影响，主要在于保护相关消费者的知情权、选择权，但不应持"家长式"监管风格，假想消费者利益的受损严重性，提出不合理的监管要求；第二，惯例、道德尽管可能会是社会利益的反映，但证成路径不清晰明了，很难作为单独原因去分析行为不正当，应谨慎适用；第三，考虑竞争行为的禁止是否会使原告获得超额利润，人为造成不必要的垄断和市场封锁，造成寒蝉效应，减损竞争自由，即减损被告、其他市场参与主体展开营业的自由。

案例启示

一、工程从业者要树立法律意识，明确侵犯商业秘密的法律责任

所谓侵权责任，实际上指的是参与民事主体的相关人员，采取侵权措施，最终得到民法的惩处。在民法中规定了侵权责任的属性，将其看作是社会中的个体对他人所承担的义务，也就是指在自身犯错的情况下，发生了侵害他人利益的行为，此时需要对受害者尽到相应的义务。一般情况下，将侵权行为都视为违法行为。

（一）停止侵害

针对一些侵犯商业秘密的犯罪行为，判断其侵权行为是否存在的标准非常复杂。对于法院来说，其在判断原告主张停止侵害自身权益的行为成立与否时，首先需要判断原告的商业秘密是否已经涉及公有领域，如果已经涉及公有领域，那么停止侵害的诉讼就没有任何意义。由于行为人采取侵权措施使得商业秘密被广大民众知晓，此时需要按照商业价值损失额对受害者进行赔偿。"往往商业秘密都是基于贸易而形成的，这也是企业获得竞争力的核心。"[①]对于商业秘密中信息对应的商业价值而言，基本都是按照商业行为的研发成本、收益以及未来收益等进行衡量的。所以，商业秘密的权利人对侵权者采取诉讼措施时，商业秘密实际已被公众知悉，此时法院作出停止侵害的意义不大，法院需要衡量商业秘密的价值，判决被告赔偿损失。"损失既包括犯罪行为直接造成被害人的物质损失，也包括间接造成被害人经济上的损失。"[②]

（二）赔偿损失

司法对于侵权损害赔偿额进行衡量的标准是依据商业秘密的价值，而这也是最为关键以及难度最大的。在司法具体操作过程中，很多情况下权利人提供的证据基本不符合

①　杨成良：《商业秘密法律保护的国内外视野思考》，载《人民论坛》2016 年第 6 期。

②　胡康生、李福成：《中华人民共和国刑法释义》，法律出版社 1997 年版，第 45 页。

要求,还有部分权利人提供的证据不能精准地衡量商业秘密的价值。"由于刑事法律上缺乏统一的对重大损失的认定方法,且每一起案件中通过权利人损失、侵权人获利、许可使用费的损失以及商业价值的研发成本这四种方式所认定的损失是否能够提供充分证据情况不尽相同,故实践中对重大损失的计算和认定差异巨大。"①

针对侵权赔偿案件的赔偿额认定依据存在很大的差异,很多时候法院基于实际状况裁定赔偿额,但是具体的情况无法进行考量。因此,对于法院确定的赔偿额依据的标准必须进一步具体化,可以将其分为以下几方面:涉及侵权的商业秘密类型,商业的创新度;侵害商业秘密者采取的行为对应的属性、侵害的周期以及最终产生的后果等;商业秘密权利人因为侵权受到的损失程度以及侵权者获得的经济利益;商业秘密的转让收益;侵权者采取行为的恶劣程度,以及他的侵权史;商业秘密权利人的商誉损失情况等。在最终确定的数额高于法定数额的情况下,法院可以酌情进行裁定,适当提高赔偿额。

(三)消除影响

对于消除影响的责任判定的主要依据是看侵权者是否对商业秘密的权利人商誉产生了不利影响,如果存在对商业秘密的权利人的不利影响,此时就需要对侵权者给予一定的惩罚,要求其必须在限定时间内采取相应的措施,以此来消除对商业秘密权利人商誉造成的影响。

(四)其他法律责任的承担方式

"对于知识产权而言,其经济价值的体现离不开市场竞争机制,有竞争存在相关法律法规才有意义。"②在司法实践过程中,对于知识产权案件的审理往往需要对侵权者作出处罚,勒令将知识产权权利人的商业秘密相关资料返还,同时要求侵权者销毁侵权产品等。而在实际执行过程中,法院判定侵权者销毁侵权产品时采取的态度往往相对谨慎,通常情况下会结合资源浪费等实际情况,不会作出相应的裁决。

二、建筑相关企业应全面了解侵犯商业秘密案件中的程序问题

很多关于侵犯商业秘密的案件,由于商业秘密本身具备的特殊属性,权利人往往在为法院提供证据的过程中出现不利情况,这时就需要权利人在请求诉讼时对证据申请保全措施。

通常情况下,商业秘密没有相应的外显性与排他性,对于商业秘密的权利人而言需要证明本身拥有该信息的权利,在证明过程中需要通过的证据较复杂,此时的权利人很难出具相应的证据,对于商业秘密受到侵权的证据也很难提供,此时需要向法院申请对证据进行保全,如果对证据不提出保全申请,对应的证据会被认为损坏或者消除。而法院提出的保全措施,是为商业秘密权利人申诉提供的一定的保障,如果没有保全申请措施,往往会影响案件证据的连贯性,法院极有可能会因为证据不全而判定侵权者的行为没有对权利人的商业秘密产生侵害,进而造成权利人的经济损失。

---

① 夏朝美、贾文超:《民刑交叉视域下的商业秘密刑法保护》,载《广西警察学院学报》2021年第1期。

② 田宏杰:《立足维护正当竞争秩序有效打击侵犯商业秘密犯罪》,载《人民检察》2011年第11期。

　　法院受理的关于商业秘密的各类案件中，权利人申请的保全证据主要包括：侵权者使用的仪器设备、加工产品的工艺流程、产品的设计图、财务信息、办公电脑等一系列软硬件证据。如果法院收到的原告申请保全的证据涉及的范围广，很多时候会使保全的执行力降低。另外，如果法院收到的申请保全证据在使用过程中，此时不会对这些证据进行扣押等措施，其为了是防止损失扩大与资源浪费。在多数情况下都是采取拍照等措施固定原告申请保全的证据，针对部分有争议的证据需要对其实施查封措施。假设商业秘密中的信息属于高科技类型，需要借助外部专家的力量对其进行认定，然后再进行保全措施。

三、建筑相关企业应全面了解侵犯商业秘密罪的民刑交叉问题

　　"即使某些行为之性质为民事责任，特殊情况下，不定其为刑事责任，法律之目的便无法贯彻。"[①]我国的《刑法》中明确表述了关于商业秘密犯罪行为的规定，确定了侵犯商业秘密罪的内容。而实际操作过程中，侵犯商业秘密罪的当事人是否存在侵犯行为，商业秘密权利人既有权提起民事诉讼，同时也有权向公安部门报案，直接进入刑事程序。这两类诉讼程序各有所长，对于商业秘密的权利人而言，采取刑事程序处理就是将公权力引进案件当中，类诉讼的优势在于取证更为简单；采取民事诉讼的程序，要求显然比刑事程序低，此类诉讼程序的优势在于可以申请保全，能够及时止损，并且获得相应的赔偿。"同时生效的民事判决具有既判力，不能随意撤销。若需要撤销，只能通过审判监督程序进行，才有理有据。"[②]假设案件当中存在刑事犯罪行为，此时需要按照"先刑后民"原则实施处理。而采取"先刑后民"本身也存在一些问题：第一，在刑事诉讼期间，被告人已经被认定为存在侵犯商业秘密罪行为，而进入民事程序后，原告和被告通过互相举证后，法院最终认定原告的证据不能证明侵权内容属于商业秘密；第二，刑事诉讼和民事诉讼之间的差异很大，不论是证据形式还是不会对象层面，都存在一定差异；第三，采取刑事诉讼措施，看重的是对社会造成的影响以及对犯罪行为的惩罚，但是采取民事诉讼措施，看重的是对商业秘密权利人的利益的保护。由此可以看出，司法程序中实施"先刑后民"的原因，不能有效保障商业秘密权利人的合法权益。

　　针对以上论述，可以看出刑民程序在实践层面的观点不同，主要表现在：第一，这种程序既可以保护私人权益，同时也可以维护公共权力；第二，此程序在具体实施过程中需要先考虑受害者权益的维护。在麦格昆磁（天津）有限公司告夏凌远、苏州瑞泰新金属有限公司侵犯商业秘密的案件中，最终二审裁定中区分了民事与刑事：首先，此案件中的民事诉讼程序不符合要求，需要基于刑事案件的裁定结果作为证据审理该案件。我国民法中规定了审理侵犯商业秘密民事案件的流程，通过原告提供的证据完全能够证明被告侵害商业秘密的行为，此时不需要使用刑事案件裁定作为最终证据，此时法院不能作出中止本案审理的措施。其次，目前国内的刑事案件审理过程，举证的程序和原则与民事案件完全不同。刑事案件对于被告来说，其没有权利采取自证其罪的方式，必须做到事实和证据相

[①]　[日]穗积陈重：《法窗夜话》，曾玉婷、魏磊杰译，法律出版社2015年版，第257页。
[②]　江伟、范跃如：《刑民交叉案件处理机制研究》，载《法商研究》2005年第4期。

符才可以认定罪行。所以这类案件在法院审理过程中,所依据的是"接触加相似排除合法来源"规则来判断侵犯商业秘密行为,这种证明程序是基于事实推定,而在刑事案件中不能以推定证据判定被告有罪,也就是说在这类案件中,民事诉讼的证据只能作为民事裁决的依据,不能作为刑事案件的裁决依据。"同时,民事诉讼中必须对商业秘密的构成及其权利范围进行分析认定,不能机械地移植刑事判决中已有的结果来推论出相关民事权利的必然存在和侵权事实的必然成立。"①

"在法院审理的商业秘密侵权案件当中,涉及刑事和民事时,并非只是简单的依据先刑后民的原则办理。"②假设商业秘密的权利人申请民事诉讼时,率先已经提供了刑事判决相关材料,已经从刑事层面证明了侵权行为的事实,法院可以将此事实作为权利人的证据;如果涉及侵权的被告者提供了可以反驳刑事认定的证据,此时法院也要予以采纳。假设被告者向法院提供了已经生效的民事判决证明,可以用来证明刑事判罚的错误之处,此时需要法院对刑事案件办理程序进行合理的监督。另外,被告在进行民事诉讼时,所有关于被告在刑事诉讼中的证据均需加入民事诉讼中当作证据,并且需要法院对证据进行鉴定,是否存在错误。

四、建筑相关企业应全面了解秘密性、价值性和实用性的刑事司法认定问题

(一)秘密性的刑事司法认定

"对于社会中的各类企业而言,商业秘密属于其参与竞争的核心力量,近些年来科技水平不断提高,企业的创新能力也在不断增长,因此企业的商业秘密越来越重要。"③"秘密性"的认定主要借助司法鉴定,包括"非公知性"的鉴定和"同一性"的鉴定,前者旨在证明涉案信息不为所属领域的相关人员普遍知悉或容易获得,后者旨在证明侵权人所掌握的信息与权利人的信息具有一致性。

对于"非公知性"的理解,不能将其视为绝对,本质上包含时空以及程度层面的相对。时空上的相对性是指商业秘密所属领域知悉范围的"相对性",权利人所有的商业信息,对于权利人的研发人员、销售人员、生产工人以及权利人的合作伙伴等来说,他们在工作或合作过程中会接触到这些信息,故对他们而言全部或部分信息不具有秘密性,但知悉人员范围有限,侵权人不能依此否定信息的秘密性,继而否定商业秘密的存在。秘密性的相对性还包括知悉程度的相对性,"知悉"应理解为对相关技术原理及使用方法的完全知晓及掌握,如果行为人从公知信息中通过推理、计算和简单改进的技术,不能认定为知悉,不能据此认定涉案商业信息具有"非公知性"。

司法实践中,辩方对"秘密性"多有异议,并作为无罪辩护的重要理由,在鉴定程序不存在重大瑕疵的情况下,法官一般会采纳鉴定意见的结论,驳回辩方的无罪辩护意见。如上海市第二中级人民法院审理的(2009)沪二中刑终字第253号潘甲等涉嫌侵

---

① 广东高院民三庭:《知识产权民事诉讼证据若干问题》,载《人民司法》2006年第1期。

② 胡良荣:《侵犯商业秘密刑民交叉案件处理的困惑与出路》,载《知识产权》2011年第6期。

③ 童云峰:《侵犯商业秘密犯罪刑法规制研究》,载《江西警察学院学报》2018年第2期。

犯商业秘密罪上诉案，上诉人认为涉案信息是公知信息，不具有秘密性；二审法院认为，涉案技术图纸作为完整设计，包含众多技术要素复杂的信息组合，对于不相干的公众来说，其在观察过程中收集的简单信息，系被害单位投入大量人力物力财力，经长期研究、实践积累而成的，而对于领域内的人员更容易获得的信息，将其看作是"非公知性"。又如深圳市罗湖区人民法院审理的(2013)深罗法知刑初字第 6 号程某涉嫌侵犯商业秘密罪一案，辩方辩称因为涉案服装款式信息在订货会上被公开展示，不再具有秘密性，不是商业秘密；最终法院通过审理后，裁定服装设计过程中的要素相关组合，并不能在领域内被设计人员普遍掌握，而在公开销售后可以直观容易地获得，但在产品公开销售之前，涉案服装款式的面料、配料和辅料的确切组合具有秘密性，进而认定是商业秘密。

值得注意的是，对于"秘密性"的辩护意见，还集中体现在反向工程、合理获得、使用公开等辩点上，其中有关使用公开的辩护意见曾被法院采纳，作出无罪判决。无锡市中级人民法院在(2017)苏 02 刑终 38 号判决中明确了蒋某涉嫌侵犯商业秘密罪，参照 2007 年《最高人民法院关于审理不正当竞争民事案件应用法律若干问题的解释》第 9 条第 2 款第 2 项，认为涉案信息不能排除已被使用公开的合理怀疑，不认定具有秘密性，在案证据不足以证实涉案信息为商业秘密，改判蒋光辉无罪。

对于秘密性的相对性，不仅我国立法及司法判例予以认定，国外立法及判例也持类似观点。法国、德国立法规定，几个人分享的秘密仍然是秘密。说明商业秘密的非公知性不要求绝对性，不要求除权利人之外的任何人均不知情，只要在客观上对多数人未失密，则仍具有秘密性。

(二)价值性、实用性的刑事司法认定

司法实践通常参照 2007 年《最高人民法院关于审理不正当竞争民事案件应用法律若干问题的解释》第 10 条的规定，对价值性、实用性进行组合论证，而非个别论证，回避了个别论证存在的逻辑困难。该说理逻辑似有牵强，因为不管是现实的或者潜在的商业价值，还是能带来竞争优势，都侧重说明该商业秘密具有价值性，而未能充分论证实用性，竞争优势显然不能等同于实用性。实用性对应的是实然结果，一般是指商业秘密已经或确定能使用于商业用途，确定能为权利人创造了实实在在的经济价值，但竞争优势是应然的，仅是一种趋势，且不一定能够付诸实现，与实用性的含义有所差异。

商业秘密的价值性与实用性之间是相互关联的，但是两者相互之间又可以区分开来。通常情况下，商业秘密的价值性可以帮助权利人获得经济效益，在一定程度上反映商业秘密的实用性；而对于商业秘密长远经济效益而言，其可以为权利人带来一定的经济收益，具有潜在价值。但尚处于研发期间或者研发应用前景尚不明确的情况下，其价值性尚未转化为实用性。如吴广涉嫌侵犯商业秘密罪一案中所体现的，开发者研发失败会产生消极影响，这些消极影响可能永远无法取得现实的经济利益，等等。

"在市场经济快速发展的同时，人们也越来越重视对商业秘密的保护。建立知识产权类刑民案件审判机关与行政执法机关便捷的沟通与交流机制势在必行。"[①]所以，完善相

---

① 林广海:《"三审合一"——知识产权案件保护新机制述评》，载《河北法学》2007 年第 2 期。

应的法律体系,加强对商业机密的保护,也是今后解决的重要问题之一,这对保障市场主体权益具有重要意义。

思考题

　　1.商业秘密的分类有哪些?

　　2.企业如何更好地保护商业秘密?

　　3.企业如何更好地降低被他人窃取商业秘密的风险?

　　4.侵犯商业秘密罪的主客观要件有哪些?

　　5.侵犯他人商业秘密的法律责任有哪些?

参考文献

　　1.陈兴良:《犯商业秘密罪的重大损失及数额认定》,载《法律适用》2011 年第 7 期。

　　2.刘秀:《侵犯商业秘密罪中"重大损失"的认定》,载《中国刑事法杂志》2010 年第 2 期。

　　3.胡良荣:《侵犯商业秘密刑民交叉案件处理的困惑与出路》,载《知识产权》2011 年第 6 期。

　　4.田宏杰:《立足维护正当竞争秩序有效打击侵犯商业秘密犯罪》,载《人民检察》2011 年第 11 期。

　　5.杨成良:《商业秘密法律保护的国内外视野思考》,载《人民论坛》2016 年第 6 期。

　　6.苏雄华:《侵犯商业秘密罪之罪过厘正》,载《政治与法律》2012 年第 1 期。

　　7.孔祥俊:《商业秘密司法保护实务》,武汉大学出版社 2008 年版。

　　8.周光权:《刑法各论》,中国人民大学出版社 2021 年版。

案例八 噪声污染——损害身心健康,破坏美丽家园

提　　要　在噪声污染责任纠纷中,施工单位排放噪声超过国家规定标准,建设单位未依法进行环境影响评价或采取有效保护措施,属于以不作为的方式侵权;造成他人身体健康受损的,与施工单位构成共同侵权,应承担连带责任。

基本概念　噪声污染　建设单位　共同侵权

案情简介

重庆正轩房地产开发有限公司(以下简称"正轩公司")在 2013 年年末启动位于石柱县城的"渝东·中央大街"项目,而吴某的住所就处于这一项目的周边地区。2013 年 11 月 1 日,正轩公司将项目的平基土石方及边坡支护工程发包给重庆佳宇建设(集团)公司施工。2014 年年初,佳宇公司进场施工,至同年 9 月结束,施工期间有夜间施工产生工程噪声的情况。2013 年 12 月 28 日,正轩公司将项目主体工程发包给朝晖城建集团有限公司,佳宇公司基建工程结束后,朝晖公司一直施工至今。正轩公司在与佳宇公司、朝晖公司的合同中,有笼统的"依法""文明"施工的约定,但对施工过程中环境保护的措施没有明确约定。2014 年 11 月 12 日,该地区环境监测部门对项目所处区间实施噪声监控。结果为 57.4dB,超过 55dB 的排放标准,2015 年 4 月 19 日,该地区环境监测部门对项目所处区间实施噪声监控,检测结果显示项目噪声水平为 72dB,而一般噪声排放标准是 60dB。另外只有在 2014 年 10 月 22 日到 24 日期间朝晖公司才拥有夜间施工的许可证,其余时间没有文件可以证明其拥有夜间施工资格。

在佳宇公司、朝晖公司施工过程中,吴某出现抑郁情绪发作的情况,并引起血管神经性头痛、心境障碍(抑郁发作)、慢性胃炎等疾病入院治疗,共花医疗费 7963.86 元。对吴某支出的医疗费用,正轩公司、佳宇公司、朝晖公司均未申请鉴定。其间,2014 年 8 月 14 日,经石柱土家族自治县环境保护局主持调解,正轩公司与吴某达成《信访事项调解协议书》,由正轩公司每月支付吴某 1000.00 元租房费供其自行租房,自 2014 年 8 月 15 日起至正轩公司负责开发的"渝东·中央大街"项目的土石方工程开挖结束。正轩公司付租金至 2014 年 10 月 14 日止。2015 年 6 月 18 日后,吴某自己在外租房居住。2015 年 6 月 28

日,吴某与赵某签订《租房合同书》,明确租房费一年一付,每月 1100.00 元,一年 13200 元。同日,吴某向赵某交纳租金 13200 元。

2015 年 3 月 12 日,吴某遂以正轩公司开发的"渝东·中央大街"项目工地产生噪声致使其身体健康遭受严重伤害为由提起诉讼,请求正轩公司支付医药费 4 万元,并停止侵害,排除妨碍。审理中,重庆市黔江区人民法院依法追加佳宇公司、朝晖公司为被告参加诉讼。后吴某变更诉讼请求,要求正轩公司、佳宇公司、朝晖公司赔偿医药费 47102.16 元、房租费 13200.00 元,并停止侵害,排除妨碍。本案审理中,正轩公司申请对吴某心境障碍与工地噪声是否存在因果联系进行司法鉴定。后经黔江区人民法院委托重庆市精神卫生中心对此进行了鉴定,该医疗机构出具了精神医学鉴定书,其中提出吴某的心理问题并非由住所周边噪声过大导致,同时指出由于吴某曾经患有心脏病,所以在心境上有抑郁倾向,与一般人相比吴某对噪声的敏感度更高。所以如果周边环境噪声较大,吴某可能会出现抑郁发作或加剧的情况。

黔江区人民法院经审理于 2015 年 12 月 29 日判决:(1)正轩公司赔偿吴某损失 7347.64 元。(2)佳宇公司赔偿吴某损失 2578.69 元。(3)朝晖公司赔偿吴某损失 8442.77 元。(4)正轩公司、朝晖公司对噪声过大问题实施了解决方案,促使项目噪声降到了国家标准水平。朝晖公司在没有获取资格的情况下不能够在夜间实施工程建设。正轩公司对一审法院的判决结果持有否定意见并发起上诉。2016 年 7 月 28 日重庆市第四中级人民法院对一审法院判决结果予以支持,驳回了该公司发起的诉讼请求。[①]

案情分析与结论

一、建设单位及其防护噪声污染法定之责

"噪声污染是其声源所带来的能量超过人可接受的标准,形成的一种能量型污染和感觉性公害。"[②]建设单位是对工程进行投资的主体,需要对工程实施过程中的所有结果负责。依照我国相关法律法规,项目建设过程中可能会产生噪声,在这种情况下建设部门应当出具环境影响报告文件并依照相关标准对噪声予以防治。

由此可以得出,建设单位需要对工程实施过程中的噪声情况承担责任。如果建设项目可能产生噪声,建设单位必须严格按照前述规定落实各项义务,提出环境影响报告书,采取噪声防护措施,保护居民的生活环境。无论建设单位是否将建设项目的施工对外发包,均不能免除其项目实施中环境保护的义务,如建设单位在项目实施中未尽其责,则构成对法定义务的违反,应承担相应的法律责任。

---

① 案例来源:(2015)黔法环民初字第 00002 号,(2016)渝 04 民终第 587 号。
② 吕忠梅:《环境法》,法律出版社 1997 年版,第 186 页。

二、建设单位的不作为导致噪声污染侵害发生与施工单位构成共同侵权

建设单位明知施工单位不采取保护措施即进行施工可能会发生噪声污染损害的后果而轻信能够避免而致损害发生，构成噪声污染共同侵权，应当承担连带责任。《民法典》规定，如果侵权行为主体数量在两人以上并且其行为导致权益主体利益遭受损害，那么行为人应当共同承担连带责任。"如果主要责任人无力承担责任，由处于第二顺位的补充责任人承担补充的赔偿责任。"[①]

综上所述，施工单位排放噪声超标，建设单位以不作为的方式，共同导致噪声污染侵害发生，可认定为构成共同侵权，建设单位应与施工单位一起承担连带责任。

相关法律法规索引

《中华人民共和国噪声污染防治法》(2018 年修正)

第 2 条：本法律文件之中提及的环境噪声指的是由于工业生产、施工、运输以及日常生活所引发的可能会对正常生活造成干扰的声音。

本法律文件之中提及的环境污染指的是环境噪声水平超出国家制定的水准，并对正常生产生活造成干扰的情形。

第 63 条：本法中下列用语的含义是：

(1)"噪声排放"指的是产生噪声的主体面向周边进行噪声辐射。

(2)"噪声敏感建筑物"指的是对安静环境需求高的场所，常见的包含医疗机构、教育机构、研究机构、政府机关等。

(3)"噪声敏感建筑物集中区域"指的是居民居住集中的场所以及对安静环境需求高的建筑物集中的场所。常见的包括医疗区域、大学城、住宅区等等。

(4)"夜间"是指晚二十二点至晨六点之间的期间。

(5)"机动车辆"是指汽车和摩托车。

《中华人民共和国侵权责任法》(2009 年 12 月通过,2021 年 1 月 1 日废止)

第 8 条：如果侵权行为主体数量在两人以上并且其行为导致权益主体利益遭受损害，那么行为人应当共同承担连带责任。

---

① 张新宝、唐青林：《经营者对服务场所的安全保障义务》，载《法学研究》2003 年第 3 期。

法律制度解读

一、噪声污染

"大自然自身也具有内在的价值,在人类征服和利用大自然的过程中不能缺少必要的伦理准则的制约,所以对噪声污染的防治制度就显得十分重要。"[①]"所谓环境噪声是指干扰人们生活环境的声音。它包括的声音范围很广,与物理学意义上的噪声显然不同。"[②]工程建设噪声是从法律的维度出发对噪声的概念给出了定义。立法机关在《噪声污染防治法》中指出,本法律文件之中提及的环境噪声指的是由于工业生产、施工、运输以及日常生活所引发的可能会对正常生活造成干扰的声音。另外还提出这一法律文件的适用面,在实施职能范围内的生产运营活动的过程中遭受的噪声影响不属于本法讨论的范畴。综合这两个条文能够得出,噪声所指的就是由于工业生产、施工、运输以及日常生活所引发的可能会对正常生活造成干扰的声音,同时不包括在实施职务内工作过程中对自身造成影响的声音。

这一法律文件的第2条明确提出,本法律文件之中所提及的"环境污染"实际上是指现有的环境噪声水平所超出国家制定的最高污染水准,并已经或有可能对他人正常生产生活造成干扰的情形。将这一基础界定方法当作判定依据进行分析,工程建设噪声的构成应当以下述两个因素为前提:

第一,只有超出国家按照相应法律法规对建筑施工噪声排放活动所设立的标准的噪声才能被认定为工程建设噪声。现行的工程建设噪声排放标准一般为《建筑施工场界环境噪声排放标准》文件。该文件之中面向城镇、乡村等不同地区所实施的建筑施工工作所需遵循的噪声排放标准作出了极为详细且具体的规定。所以只有超出该文件规定范畴并且对正常生活造成了干扰的声音才能够被认定为工程建设噪声污染。如果噪声水准没有达到国家规定的最高标准,那么不应将其认定为工程建设噪声污染。

第二,工程建设噪声需要产生客观不利结果,即对周边人群的正常生产生活造成干扰。换言之如果工程在实施的过程中出现了超出国家标准的噪声,但是由于周边没有居民等原因导致噪声并没有造成实质性的消极结果,那么也不应当将其视为工程建设噪声污染。

工程建设噪声的社会危害性主要体现在以下三个方面:

第一,对财物的危害。工程建设噪声具有反复发生振动的冲击性,在这样强烈的噪声污染下,会使建筑物墙体断裂、瓦片震落。此外,工程建设噪声还可使仪器设备受到干扰,导致其失效和损坏。

---

① 朱谦:《环境权问题——一种新的探讨路径》,载《林业、森林与野生动植物资源保护法制建设——2004年中国环境资源法学研讨会(年会)论文集》,第1342页。

② 倪德富:《环境噪声污染防治立法问题研究》,吉林大学2010年硕士学位论文,第3页。

第二，对农畜业的危害。如果周边环境中的噪声过大，就会导致动物正常的听力功能受损、内脏破裂甚至是死亡。另外处于噪声环境之中的植物成长速度也会降低，进而导致区域内作物产量降低。因此对于从事畜牧业、养殖业、种植业等相关行业的人们来说会给其造成大量的财产损失，不利于其发展。

第三，导致民间矛盾。如果工程在施工的过程中排放了过大的噪声并且导致周边群众的正常生产生活遭到干扰，那么就会导致建设单位、群众之间出现纠纷。如果无法在短时间内找到化解纠纷的有效路径，必然会进一步导致财产损失。在一些极端情况下甚至可能会导致暴力行为。"目前，由于缺乏一个统一的部门协调的机制和监督保障机制，事实上我国已经出现了多个由于工程噪声导致的社会矛盾事件。"[1]"公民环境权能够实现有赖于完善的公众参与制度。然而，我国的环境噪声污染防治法中规定的公众参与制度是有欠缺的。"[2]

二、噪声污染法律责任规范的构成要件

我国《民法典》中提出，由于对环境的污染行为导致了客观的不利结果，则污染行为的实施者需要担负侵权责任。而作为环境污染的组成部分，环境污染的构件有三：首先，造成排放规模已经超出了国家所制定的最高上限。其次，排放噪声过多的行为导致了不利的客观结果。最后，污染行为导致了最终的不利结果。

在本案中，首先作为施工单位的佳宇公司、朝晖公司在其各自施工期间均存在排放噪声超标的行为，朝晖公司还存在未经许可夜间施工的行为；其次，在二者施工期间，吴某抑郁情绪发作，多次住院治疗，存在身体健康受损的事实，且为了避免身体继续遭受噪声的损害外出租房，存在费用损失；最后，依据医疗结果给出的鉴定文件，尽管在患病原因上噪声与当事人心理疾病之间并没有因果关系，但是该机构提出，存在心脏病史的吴某对于环境噪声的敏感度更高，如果噪声过大可能会诱发抑郁症或导致症状加剧。基于此，噪声污染的侵权行为与吴某因抑郁情绪加重接受住院治疗及为避免损害加重而搬离住所在外居住产生的损失之间存在因果关系。至此，佳宇公司、朝晖公司对此应承担噪声污染责任。

三、环境共同致害行为

环境共同致害行为的概念是超过两个行为人共同导致了不利的结果，在没有其他主体加害行为的情况下，行为人自身的行为已经足够导致相同的损失结果。这一行为的构件有四个。首先，行为主体数量在两个及以上。其次，行为主体共同实施对环境的加害行为。具体来说一般包括两种情形：一是行为主体在主观上存在意思联络并共同实施了加害行为。二是行为主体没有主观联系但是客观上存在关联性。再次，相同损害结果。换言之所有行为主体所导致的结果具有统一性。最后，由于共同行为导致最终的危害结果。即行为和结果之间存在确实因果关系。尽管对行为后果的判定存在一定的难度，不过若无总体因果关系则失去承担责任的基础。

---

① 吕忠梅：《建设法制政府》，载《中国纪检监察报》2007年2月14日第4版。
② 吕忠梅：《监管环境监管者：立法缺失及制度构建》，载《法商研究》2009年第5期。

依照行为主体主观意思的差异可以将其分为两种类型。第一种是共同侵权行为。第二种是无共同过错的共同侵权行为。具体来说前者可以进一步被划分为三个状况。其一,多个行为主体自身的行为本身已经构成对环境的损害,而不同主体行为共同造成的损害更为严重。其二,单独行为主体不会导致损害,但是共同的行为导致了损害的结果。其三,有一部分行为具有损害性,而在所有行为的共同作用下损害结果更为严重。后者指的是单个或一部分行为主体的行为不会导致损害结果加剧或者完全不存在损害能力,并且行为自身不会导致损害结果,但是行为的总和能够造成损害结果。针对上述多种类型的侵权情形应当怎样进行处理,领域内的研究人员给出了不同的结论。一部分学者持主观说,认为无共同过错侵权行为应当以单独侵权的方式对其进行处理。而还有一部分学者认为应当依据客观结果加以判断,即考量侵权行为总体导致的结果,排除主观因素对共同侵权构成的影响。本文更倾向于后者的客观说立场。

四、环境共同侵权责任承担制度

"环境共同侵权行为是一种只有在现代社会之中才会产生的现象,这一侵权行为的判定要件不同于一般的侵权行为。"[①]在对行为主体责任进行判定的过程中,应当首先对行为属性、行为主体主观错误、行为联通路径与深度等多方面要素加以综合考量。一般情况下最为常见的责任判定方法是要求行为人承担连带责任,另一情况下也可能判定承担不真正连带责任等。

1.连带责任。之所以要判定所有行为人共同承担连带责任,是为了提升对此类行为的处罚力度,让多个行为人共同承担自身行为导致的后果,此时不同行为人提供的赔偿总额也会相对更多,因此能够更好地对权益主体的损失加以弥补,起到法律救济的作用。如果不同行为主体之间存在共同过错,尤其是在多主体已经建立意思联络的情况下实施的损害行为,那么必须要求行为主体共同承担连带责任。另外即便是在不存在共同过错但是行为在客观上共同导致了损害结果的情况下,也应当要求行为人共同承担责任。假如受害者必须要提供充足的证据来验证不同行为人的过错情况和相应要承担的责任,那么将会大大提高受害者寻求救济的难度,影响司法的公正性。假如可以将损害结果进行分离,那么不同主体的行为只会导致相对应的一部分损害结果,此时应当判定其构成一般环境侵权。"如果在这种情况下,行为人只需要承担自身范畴以内的部分责任,不需要担负连带责任。"[②]

2.按份责任。按份责任的概念是侵权行为主体依照指定的标准对其行为责任份额进行划分,一般常见的分类标准包括损害水准、过错情况等等。如果一部分行为主体不存在过错,或者最终造成的结果可以被明确对应到不同主体的行为之上,那么一般会采取这种方法进行责任划分。特别是在污染程度低、原因力较小的情形下,一般会实施按份责任分配制度。

3.不真正连带责任。如果不同行为主体由于差异化的原因而在偶然状况下造成了相

---

① 曾祥生、赵虎:《试论环境共同侵权责任制度》,载《江西社会科学》2012年第6期。

② 王燕:《环境共同侵权民事责任若干问题分析》,载《徐州师范大学学报》2004年第5期。

同的损害结果，那么应当各自承担所有的赔偿责任。在这种情形下，不同行为主体之间不存在主观意思联络，不过客观上来看其行为共同导致了损害结果，并且结果很难被分离对应到不同行为主体之上，此时受害者就会出现举证困难的情况。为能够对证明风险进行转移，一般会采取这种责任配置方法。如果行为人在承担责任以后认为自己的行为并不是造成损害结果的原因，那么其需要承担相应的举证责任，通过充分的证据证明自身的行为不存在实际上的原因力或者原因力的水准较低，那么其可以面向最终责任人实施追偿。

4.补充责任。如果直接行为主体没有能力独立承担责任，那么位于第二顺位的行为人将会担负补充赔偿责任。一般情况下，如果承担安全保障义务的主体没能在行为人实施侵权行为的情况下充分履行自身的义务，那么需要依照具体情形决定应当采取怎样的责任分配方法。如果能够确认加害者的身份，那么应当由加害者承担其行为的全部责任。如果能够确认其身份，但是由于行为主体经济条件等多方面原因导致其不足以承担全部责任，那么首先应当要求行为人优先承担赔偿责任，其余无法负担的责任则由安全保障义务主体进行偿付。不过如果存在下述两种情况，则不适用于这一责任分配方法。其一，损害行为主体和安全保障义务主体之间明显存在密切的联系，此时不应当采取补充责任配置方法。其二，安全保障义务主体的义务不履行行为所造成的后果显著大于损害行为主体所引发的后果，此时也不应当采取补充责任配置方法。

案例启示

一、建筑相关企业应树立社会责任意识

《公司法》提出公司所实施的一切运营活动都必须与法律法规的要求相统一，与行业道德准则和社会信用相统一，政府和社会拥有对公司行为加以监督的权利，同时公司需要依法担负社会责任。而环保责任就是企业社会责任的构成部分。在环保责任之下，在工程建设的过程中一方面按照有关法律的规定尽可能地减少噪声排放，另一方面要承担治理噪声污染的费用。

尽管中国已经就公司社会责任问题进行了立法，但是就现状来看我国所制定的法律法规并不完善，难以跟进世界发达国家在企业社会责任方面的发展水准。这对于工程建设噪声污染防治来讲，不利于追究建设单位违法排放噪声的法律责任。

在市场化的大经济背景下，各建设单位都理所当然地认为追求利益最大化才是发展的终极目标，其他的都是次要的、附带的甚至是为利益最大化服务的。正是在这种思想的误导下，法律难免沦为追捧利益的工具。法律在制定和执行的过程中，让步利润最大化，不惜牺牲社会利益、环境利益来满足经济利益。对于建设单位的违法噪声排放行为只是作出形式性的惩罚规定，致使广大建筑企业认为环保法律法规都是"软法"，也使得部分企业可以为所欲为。

二、建筑相关企业应了解环境共同侵权责任分担制度，避免承担法律责任

"只要数个环境侵权原因行为之间具有结合性或具有社会公认共同行为的整体性，即可被认为是共同违法行为。"[①]如果环境共同侵权人在赔偿了相应的费用之后，对于自己所承担的份额并不认同，那么便可以向当地人民法院提出追偿请求。这种制度的存在是法律为了防止出现共同侵权活动中的连带责任过于严格而导致矫枉过正的矫正办法。如果对相关连带责任体系以及非真正连带责任进行细致分析，那么可以将环境共同侵权责任分成以下两大部分。首先，能够确定具体的责任份额以及责任人的，可以按照相应的法律法规进行详细的责任划分，并明确每一个责任人的准确责任以及最终义务。这些责任人将会在划分好的责任与义务中进行责任承担，并进行相应数额的赔偿。其次，没有办法确认具体份额或责任人的，可以由各个侵权人进行自主协商，如果没有办法在协商的过程中达成统一意见，那么就应该按照平均分配的原则进行第二步处理。

"若一现象的出现是由另一现象的存在引起的，则两现象之间存在前因后果的关联性。"[②]由于环境共同侵权过程中的侵权主体通常存在不确定性以及不平等性的特点，所以要对其持续性以及因果关系进行全方位的综合考量，并将结果的滞后性以及潜伏性等特点融入其中，意识到环境共同侵权责任的分担活动应该秉承开放体系原则，并在这个过程中注入主观过错考察因素，将其与行为以及原因加以结合，创建具有典型性的责任划分体系以及责任考量体系。随着时代的发展，共同侵权行为的惩罚办法以及责任归属方式也应该随时改变，并不能够将其绝对的固定下来，法官可在这个过程中展现出自由裁量权，通过实际情况对案件中的具体内容进行细致分析，并以此为基础确定每个人应该承担的责任。

三、建筑相关企业应全面了解环境标准制度，明确环境保护的界限

通常情况下，当地政府以及法律部门在确认某一个具体环境是否被污染了的时候常常会采用环境质量标准体系。所谓的污染就是指某一个地区中的污染物已经超过了国家法律法规中的标准数值，所以在判断某个地区是否被污染时只能采用环境质量标准作为对比依据。

"越来越多的国家都认为，在确立环境保护法的过程中应该保证大众的参与率以及参与质量，并将其当作环境保护法逐渐完善中的基础原则。"[③]我国的《噪声污染管理办法》中明确指出，受到噪声污染的个人有权利要求产生噪声的人停止其危害行为，如果其造成对自己的利益造成的损失，那么就可以按照相应的法律法规向噪声制造主体提出赔偿要求。如果排放污染物的行为主体在现有的环境中排放出了超过质量标准要求的污染物，那么相关人员就可以依照法律法规让其承担相应的民事责任。

所以如果污染排放者排放出去的污染物，在国家允许的范围之内，那么其排放行为就是合法的。如果持续排放的污染物中的有毒有害物质含量已经超过了国家最高标准，那么其就是违法的。

---

① 张浩强：《论环境共同侵权》，载《当代法学》2002 年第 2 期。
② 郭明瑞、房绍坤、於向平：《民事责任论》，中国社会科学出版社 1991 年版，第 62 页。
③ 邵道萍：《论我国环境影响评价制度中公众参与机制的完善》，载《兰州学刊》2006 年第 54 期。

每个国家都会根据自己的实际情况以及管理要求提出相应的环境保护标准,这也成了国家司法部门以及行政部门对环境行为进行评判的主要标准。同时也是工程建设噪声污染防治法律法规制定与实施的重要基础与依据。环境标准制度是工程建设噪声污染防治法律制度的有机组成部分。

四、建筑相关企业应了解环境影响评价制度,明确环境影响评价的标准

"环境影响评价制度充分体现了项目各方和规划编制各方同公众之间联系和交流的重要性。"①现有的环境影响评价制度是能够对环境影响行为进行评判与识别的制度,能够在环境治理以及环境保护的过程之中分辨出哪些行为会对环境有负面影响,并制定与之相对应的解决办法以及审查方案。中国在20世纪70年代末期便出台了环境保护法,并将环境影响评价制度引入其中。根据该制度对相关行为进行评判,在2002年中国又出台了环境影响评价办法,这也标志着中国的环境评价制度基本成型。《噪声污染防治法》第13条、《建设项目环境保护管理条例》第6条都对工程建设环境影响评价制度作了具体规定,这使工程建设噪声影响评价有了具体的法律依据。

国家将会根据各个建设项目对环境的不同影响进行分类管理,首先对于所有很有可能会对环境产生极大影响的项目,便要求其编制环境影响报告书,对其项目所产生的任何可能污染以及对环境的任何可能性影响进行全方面的、具体的评价。其次,如果某些行为对环境很有可能造成轻度影响,那么就要求其编制环境报告表对项目的污染能力以及污染性进行全方位的分析与评价。最后,对环境影响很小的项目。这种项目并不需要进行环境影响评价,应当填报环境影响登记表。

五、建筑相关企业应了解"三同时"制度

在进行项目建造的过程中,必须将三同时制度贯彻落实。该制度就是指环境保护设施以及防范任何形式的公害的设施必须与主体工程同时设计、施工与投产。该制度是中国创造的,也是中国在吸收各个国家先进实践经验的基础上,将其与中国实际需求相结合的具体展现。这也是中国现有环境保护体系中极为重要的防范污染源的法律制度。《噪声污染防治法》第14条、《建设项目环境保护管理条例》第16条具体规定了工程建设"三同时"制度,为工程建设噪声污染防治提供了具体的法律依据。

《建设项目环境保护管理条例》对该制度进行了详细的规定,其中就包括在进行项目设计的初期阶段必须需要根据环境保护的具体方案以及相关措施设计防范污染的具体流程,并对相应的效果进行预期、对资源开发过程中所采取的生态改变制定防范办法、在进行开发的过程之中将其加以落实。

相应的建设项目在真正的投产并使用之前该单位就应该向当地的政府环保部门提交检验竣工报告书,并对其自身实际运行情况以及治理效果和治理结果进行详细的论述。如果当地政府在对其进行验收之后认为其行为符合相应的法律法规,便给予其验收合格证。在此之后该项目才能够真正地被使用。不仅如此,该条例与"三同时"法律责任体系

①　郑铭:《环境影响评价导论》,化学工业出版社2003年版,第297页。

有所违背,在试生产建设过程中,其应该履行的环境保护项目落实义务并没有按时履行,主管部门便以此为根据要求其进行改正,并且命令其停止试生产活动。不仅如此,主管部门还可以对其适用 5 万元以内的罚款。如果试生产活动已经超过 90 天还没有申请竣工验收报告,那么相关部门将责令其在一定时间限度内办理相应的手续。如果超过该期限还没有办理,那么则要求其停止所有的生产活动,并处以 5 万元以内的罚金。如果环保设施还没有正式投入使用或者在验收的过程中明确表示其不合格,但是主体工程依然继续开展并投入使用的,那么当地政府可以直接要求其停止生产活动,并处以 10 万元以内的罚金。

"三同时"制度的实行应该与环境影响评价体系加以结合,进而让其真正成为能够落实成为贯彻"预防为主"方针的完整的工程建设噪声污染防治管理制度。因为只有"三同时"而没有环境评价办法将直接导致地址选择出现问题,只能降低轻污染活动对于环境的危害,却不能够防范噪声污染,且投资总量将十分巨大。只有将"三同时"体系与环境影响评价办法进行结合,才能真正做到防患于未然。

六、建筑相关企业应了解执行申报和征收排污费制度

所谓的"执行申报制度"就是指相关单位应该在半个月内向当地政府的环保部门上交其工程的名称、期限以及场所等具体信息,并在此基础之上对其所能够产生的造成污染以及污染物污染进行防范办法的制定。对因特殊要求必须连续施工作业的中午、夜间施工工地,依照法律规定,在申报时提供工地附近居民公告和有关部门的证明材料,听取居民对其的意见。此项制度在《噪声污染防治法》第 29 条、第 30 条中有明确规定。执行申报制度的存在能够将各种各样的排污活动、开发活动以及建设活动纳入国家统一管辖范围之内,在这个过程中,还能够对排污活动以及建设活动进行严格的限制与约束,让国家全面提升自己的环境管控能力。在这个过程中,相关的主管部门将会对实际情况进行全方位的分析与探究,并制定妥善可行的管理办法,政府部门将会阻止一切违反相应法律法规的损害环境的行为。"近期国家环保总局的调查显示,我国公众总体上缺乏环境知识和环境监督意识。"[①]通过执行申报制度各个施工单位将会对自己的生产工艺以及生产技术进行优化与改造,让群众积极参与到环境管理活动之中并展现出对环境损害活动的监督能力。

污染费用征收管理办法中也明确规定,如果某个生产单位所产生的噪声已经超过了国家噪声排放标准,还打扰了他人的正常生活,那么就应该根据其超出标准分贝的污染分贝进行收费。这种社会活动是一种经济杠杆调节活动,能够给施工单位经济压力,让其减少污染物的排放总量。施工单位为了不交或少交排污费,就必须健全单位管理制度,明确建设过程各个环节的环境责任,促使其使用更环保的工艺设备,加大减噪、降噪的治理力度,并取得很好的环境效益、经济效益和社会效益。

七、建筑相关企业应了解工程建设噪声污染责任制度

"从某种程度来说,建筑有关公司的利润是以损害他人与环境权益为基础的,那么立

---

① 国际环境与发展学院中国项目办公室:《中国·可持续发展·实践》,经济科学出版社 2002 年版,第 251 页。

足于公正原则，这些公司必须要对自身获利行为对公众造成的损失承担责任。"[①]如果企业在实施工程建设的过程中存在不采取噪声控制举措、在没有通过验收的情况下直接将工程投入使用、对噪声排放文件内容进行造假、拒绝上交噪声排放文件、没有在规定期限内对排污费用进行缴纳、在不具备资格的情况下在夜间实施建设活动等情况，那么承担环保职能的公共机关应当酌情对企业的行为进行惩处。如果机关人员在执法的过程中存在滥用职权、不作为等情况，且其积极或消极行为所导致的结果并不严重，那么应当对有关人员予以行政处罚。

权益受损的主体拥有要求损害行为主体解决污染以及寻求赔偿的权利，如果在寻求赔偿的过程中双方发生矛盾，可以通过行政部门进行调停，如果无法有效解决双方的纠纷，则可以通过司法路径寻求救济。

根据我国当前的法律法规，如果人员在执法的过程中存在不当行为且导致严重结果，那么应当将其视为刑事犯罪并且追究其刑事责任。这只是针对执法人员的执法行为所作的严厉处罚，对于污染者的污染行为没有给予最大限度的惩处。

超强度的噪声污染会损害人的生命健康及财产权益，甚至剥夺人的生命，这明显超出了民法、行政法的调节范围，应有刑法予以控制。我国《环境保护法》第 43 条规定：违背法律法规并对环境造成严重损害、引发人身财产安全受损的，应当对行为主体进行追责并要求其担负刑事责任。这一条款明确了噪声污染应当追究刑事责任。根据《刑法典》第 338 条重大环境污染事故罪的规定，违反国家规定，在环境之中倾倒或不当处理具有放射性、病毒传染性、毒性、危险性的废物，导致环境安全卫生受到严重损害并且对政府或群众人身财产安全造成损害的，应当判处行为主体承担最高三年有期徒刑或拘役，另外还要勒令其上交罚金。如果造成了严重的不利后果，则有期徒刑上限可以提升到七年，并勒令其上交罚金。这一规定的客体是危险废物，但是噪声属于无形污染物，所以不能用这一条文来对噪声污染进行约束。

环保是人类经济与社会发展的必要前提。噪声污染管理制度是环境保护的红线、底线，市场主体应加强噪声管理与控制，为社会环境保护作出应有的贡献。

思考题

1.工程建设噪声的分类有哪些？

2.企业如何更好地保护环境？

3.企业如何更好地降低侵犯他人环境权的风险？

4.环境影响评价制度的具体内容有哪些？

5.企业在工程建设施工中应注意避免哪些法律风险？

① 王燕：《环境共同侵权民事责任若干问题分析》，载《徐州师范大学学报》2004 年第 5 期。

参考文献

1.张建设、林伟民：《建筑工程施工噪声污染防治对策研究》，载《建筑施工》2004年第26期。

2.靳伟、吴国磊、付世军：《建筑施工噪声污染投诉案件成因及防治对策》，载《中国环境管理干部学院学报》2009年第19期。

3.黄桂琴、高崇升：《论我国环境法律制度及其完善》，载《河北大学学报》2003年第32期。

4.邵道萍：《论我国环境影响评价制度中公众参与机制的完善》，载《兰州学刊》2006年第54期。

5.张浩强：《论共同环境侵权》，载《当代法学》2002年第2期。

6.王燕：《环境共同侵权民事责任若干问题分析》，载《徐州师范大学学报》2004年第5期。

7.宋宗宇：《环境侵权民事责任研究》，重庆大学出版社2005年版。

8.曹明德：《环境与资源保护法》，中国人民大学出版社2020年版。

案例九　责任事故——刑责高悬，违法必究

| 提　　要 | 安全生产责任制是企业最基本的制度，企业从决策层、管理层，到执行层与操作层，每个部门、每个岗位都应对安全生产负责。如果企业违法违规施工，具体责任人不履行岗位安全职责，就有可能发生生产责任事故，产生法律风险，甚至要承担刑事责任。为降低法律风险，杜绝生产责任事故，企业应文明、科学、依法施工，为社会提供优质的工程产品；应认真贯彻执行安全生产管理制度，维护工程安全。工程师应恪守职业伦理，遵守职业规范，确保执业行为正确。 |

| 基本概念 | 安全生产　　重大责任事故　　刑事责任 |

案情简介

2009 年 6 月 27 日，上海市闵行区"莲花河畔景苑"小区一在建楼体发生整体倒覆，致 1 名工人死亡。此即是当年在房地产界影响极大的上海"楼脆脆"或"楼倒倒"事件。事件发生后，上海市政府迅速成立了以中国工程院院士领衔，由勘察、设计、地质、水利、结构等相关专业 14 位专家组成的事故调查专家组，并形成最终调查报告。调查结果显示，此次事故发生的直接原因是"大楼两侧压力差使土体产生水平移位"；间接原因包括土方堆放不当、开挖基坑违规、监理不到位、管理不到位、安全措施不到位，以及基坑围护桩施工不规范等方面。上海市政府依据调查报告，将此次事故定性为"社会影响恶劣，性质非常严重"的重大责任事故。

上海市政府依据相关法律法规和事故调查报告，最终认定倒塌楼房的建设单位、总包单位应对事故负主要责任，土方开挖单位负直接责任，基坑围护及桩基工程施工单位负一定责任；对上述单位分别给予总计 150 万元的罚款，其中对建设单位和总包单位，均是以法定最高罚款限额进行处罚；吊销施工单位建筑施工企业资质证书及安全生产许可证，吊销建设单位的房地产开发企业资质证书，吊销其工程监理资质证书；对事故发生负有一定责任的工程监测单位，予以通报批评。

本次事故中，有 6 人作为直接责任人，被移交司法机关，并追究刑事责任。法院审理

认为,作为工程建设方、施工单位和监理方的工作人员以及土方施工的具体实施者,6 名被告人在工程项目的不同岗位和环节中,本应上下衔接、互相制约,却违反安全管理规定,不履行、不能正确履行或者消极履行各自职责、义务,最终导致楼体整体倾倒、1 人死亡和经济损失 1900 余万元的重大事故发生。法院最终认定,6 名被告人均已构成重大责任事故罪,且属情节特别恶劣。鉴于 6 名被告人均具有自首情节,分别判处被告人秦某、张某、陆某、夏某、张某和乔某有期徒刑 5 年、5 年、4 年、3 年、4 年和 3 年。[①]

案情分析与结论

一、工程参与各方及具体工作人员均违法了安全生产管理规定,违规施工

依照《安全生产法》等法律法规,企业不具备安全生产条件的,不得从事生产经营活动。企业负责人和具体工作人员应保证本单位安全生产有效实施,保证安全生产责任制的落实;要督促、检查本单位的安全生产工作,及时消除生产安全事故隐患。依据调查报告,本案重大责任事故发生的具体原因包括土方堆放不当、开挖基坑违规、监理不到位、管理不到位、安全措施不到位、以及基坑围护桩施工不规范等,这些问题均是工程参与各方忽视安全生产管理,违规操作、野蛮施工导致的。本事故中,工程建设方秦某将地下车库开挖工程交予无单位、不具备资质的人组织施工,并违规指令开挖堆土。施工单位主要负责人张某违规使用他人专业资质证书投标承接工程;放任建设单位违规分包土方工程给其没有专业资质的亲属。施工单位现场负责人夏某任由工程施工在没有项目经理实施专业管理的状态下进行;放任建设方违规分包土方工程、违规堆土。具体施工没有专业施工单位违规承接工程项目;盲从建设方指令,违反工程安全管理规范进行土方开挖和堆土施工。监理方总监理乔某对工程项目经理名实不符的违规情况审查不严;对建设方违规发包土方工程疏于审查;在对违规开挖、堆土提出异议未果后,未能有效制止。监理方挂名工程项目经理陆某未从事相应管理工作,默许甚至配合施工方以此应付监管部门的监督管理和检查,致使工程施工脱离专业管理。以上可以看出,本案施工参与各方对安全生产极度漠视,对工程安全与质量管理制度的执行流于形式,层层把关形同虚设,是导致本次重大事故发生的最重要原因。

二、本案造成了非常严重的损害后果,产生了多种法律责任重合与叠加

本事故施工参与各方漠视安全生产法律法规,侵害了多种法律客体,造成楼体整体倒塌、1 人死亡和经济损失 1900 余万元等非常严重的损害后果,产生了多种法律责任重合与叠加。首先,楼房整体倒塌与工人死亡对工程参与各方、死亡者本人及近亲属、购房人及周边住户造成直接经济、精神损害,责任各方应依照法律规定分别承担排除妨碍、返还

---

① "2009 年房地产十大新闻出炉——上海'楼脆脆'居首",本案例引自 http://news.focus.cn/dl/2009-08-14/735710.html,2009-08-14。

财产、恢复原状、赔偿损失、支付违约金、赔礼道歉等民事责任。其次，本案重大责任事故发生的最根本原因在于工程参与各方忽视安全生产管理，违规操作，责任各方应依照法律规定分别承担罚款、责令停产停业、暂扣或吊销许可证、暂扣或者吊销执照等行政责任。最后，秦某等6位直接责任人在生产、作业中违反有关安全管理的规定，造成重大责任事故的发生，构成了重大责任事故罪，应依照法律规定分别承担有期徒刑等刑事责任。

三、对工程具体责任人的刑事责任认定与量刑符合法律规定

本次事故中，秦某等6位直接责任人在工程项目的不同岗位和环节中，违反安全管理规定，不履行、不能正确履行或者消极履行各自职责、义务，导致重大责任事故发生。这6人行为在犯罪客体、犯罪客观方面、犯罪主体与犯罪主观方面均符合刑法规定的重大责任事故罪构成要件，且属"情节特别恶劣"情形，应处三年以上七年以下有期徒刑。6人案发后均能够主动投案，配合调查，交代罪行，符合刑法规定的自首情形，依照规定可以从轻或者减轻处罚。故法院对6位直接责任人判处3～5有期徒刑，于情于理于法均是恰当的。

相关法律法规索引

《中华人民共和国安全生产法》(2014年修订版)

第4条：生产经营单位必须遵守本法和其他有关安全生产的法律、法规，加强安全生产管理，建立、健全安全生产责任制和安全生产规章制度，改善安全生产条件，推进安全生产标准化建设，提高安全生产水平，确保安全生产。

第14条：国家实行生产安全事故责任追究制度，依照本法和有关法律、法规的规定，追究生产安全事故责任人员的法律责任。

《中华人民共和国刑法》(2015年修订版)

第134条：在生产、作业中违反有关安全管理的规定，因而发生重大伤亡事故或者造成其他严重后果的，处三年以下有期徒刑或者拘役；情节特别恶劣的，处三年以上七年以下有期徒刑。强令他人违章冒险作业，因而发生重大伤亡事故或者造成其他严重后果的，处五年以下有期徒刑或者拘役；情节特别恶劣的，处五年以上有期徒刑。

最高人民法院、最高人民检察院《关于办理危害生产安全刑事案件适用法律若干问题的解释》(2015)

第7条：实施刑法……第一百三十四条第一款……规定的行为，因而发生安全事故，具有下列情形之一的，对相关责任人员，处三年以上七年以下有期徒刑：(1)造成死亡三人以上或者重伤十人以上，负事故主要责任的；(2)造成直接经济损失五百万元以上，负事故主要责任的；(3)其他造成特别严重后果、情节特别恶劣或者后果特别严重的情形。实施刑法第一百三十四条第二款规定的行为，因而发生安全事故，具有本条第一款规定情形的，对相关责任人员，处五年以上有期徒刑。……

法律制度解读

一、安全生产责任制度

"安全生产是保护劳动者的安全、健康和国家财产,促进社会生产力发展的基本保证,也是保证社会主义经济发展,进一步实行改革开放的基本条件。因此,做好安全生产工作具有重要的意义。"①安全生产,是指在生产经营活动中,为避免造成人员伤害和财产损失事故,而采取相应的事故预防和控制措施,使生产过程在符合规定的条件下进行,以保证从业人员的人身安全与健康,设备和设施免受损坏,环境免遭破坏,保证生产经营活动得以顺利进行的相关活动。安全生产是安全与生产的统一,其宗旨是安全促进生产,生产必须安全,没有安全就无法生产。安全生产的重要性催生了安全生产管理制度,即对安全生产工作进行有效的管理和控制。安全生产管理制度包括安全生产管理机构、安全生产管理人员、安全生产责任制、安全生产管理规章制度、安全生产策划、安全生产培训、安全生产档案等,其中最重要的是安全生产责任制。安全生产责任制是根据"安全第一、预防为主、综合治理"的方针和相应法律法规建立的,各级领导、职能部门、工程技术人员、岗位操作人员在劳动生产过程中对安全生产层层负责制度。安全生产责任制是企业最基本的一项安全制度,是企业安全生产、劳动保护管理制度核心。安全生产责任制度要求企业从决策层、管理层,到执行层和操作层,每个层级、每个部门、每个人都应有各自明确的安全生产责任;各业务部门,每一个员工都应对自己职责范围内的安全生产负责。只有如此,才能有效地减少和控制危害,减少和控制事故,尽量避免生产过程中由于事故造成的人身伤害、财产损失、环境污染以及其他损失。

当前,我国安全生产形势不容乐观,生产事故尤其是重特大事故频发,引起社会关注。2020 年 4 月,国务院安全生产委员会印发《全国安全生产专项整治三年行动计划》,要求从 2020 年开始,全国启动安全生产专项整治三年行动,至 2022 年 12 月结束。该《行动计划》主要聚焦落实企业安全生产主体责任,重点对风险高隐患多、事故易发多发的煤矿、非煤矿山、危险化学品、消防、道路运输、民航铁路等交通运输、工业园区、城市建设、危险废物等 9 个行业领域,组织开展安全整治。行动计划目的是为完善和落实安全生产责任制,扎实推进安全生产治理体系和治理能力现代化;促使事故总量和较大事故持续下降,重特大事故有效遏制,全国安全生产整体水平明显提高;全面维护好人民群众生命财产安全和经济高质量发展,为社会的和谐稳定提供有力的安全生产保障。

二、法律责任重合

"法律责任是对违反法律上的义务关系或侵犯法定权利的违法行为所作的否定性评价和谴责,是依法强制违法者承担的不利后果,作出一定行为或禁止其作出一定行为,从

---

① 石振武:《道路经济与管理》,华中科技大学出版社 2007 年版,第 4 页。

而补救受到侵害的合法权益，恢复被破坏的社会关系和社会秩序的手段。"①法律责任是由法律规定，由一定国家机关依法追究，必要时以国家强制力保证实施的。因此，"法律责任的认定和追究，只能由国家专门机关依照法定程序来进行"②，非国家机关的社会组织和公民个人都无权追究违法者的法律责任。法律责任依性质和价值本位的不同，可分为三种，即民事责任、刑事责任、行政责任，其中民事责任又可分为违约责任和侵权责任。

"法律作为一种抽象的行为规范，往往从不同的角度对各种具体社会生活关系进行多元、多维、多层次的综合调整。"③如此，就会产生不同的法律后果并重合叠加在一起，即产生法律责任重合问题。法律责任重合，"是指同一法律事实分别违反了不同法律部门的规定，将导致多种性质的法律责任并存的现象"④。本案事故中，工程建设方、施工方、监理方及具体工作人员违法违规、野蛮施工行为，违反了多种不同的法律法规，符合不同的法律责任构成要件，产生了民事责任、行政责任与刑事责任的重合与叠加。在法律责任出现重合的情形下，责任人对多种法律责任承担是复合叠加的，不能相互替代，因为各种不同的法律责任的功能实现目的侧重不同。民事责任的功能重点在于救济，即弥补权利人所受到的损害，使其受侵犯之权益得到补救，恢复被破坏的社会关系和社会秩序；行政责任的功能重点在于教育与预防，即通过使违法者承担法律责任，教育违法者、违约人和其他社会成员，减少或杜绝违法犯罪行为的发生。刑事责任的功能重点在于惩罚，即通过惩罚责任人，使其感受到痛苦，以减少或杜绝此种行为再次发生，维护社会安全与秩序。

三、刑事责任

"责任概念之所以日渐演变成了一个法律概念，或者说主要是一个法律概念，其原因在于一个人的行动是否造成了一项法律义务或者是否应使他接受惩罚而言，法律要求有明确无误的标准以资判定。"⑤如前所述，依性质和价值本位的不同，法律责任可分为民事责任、刑事责任与行政责任，其中刑事责任的惩罚性最强。刑事责任，是"基于实施犯罪行为而产生，由代表国家的司法机关追究的，实施犯罪行为的人依法承担的接受法规定的惩罚和否定法律评价的责任"⑥。刑事责任是因为行为人实施犯罪行为而产生的，没有犯罪行为就没有刑事责任，也就是说行为人违反民事、行政或经济法律行为都不可能承担刑事责任，只有这种行为上升为犯罪行为，触犯刑事法律法规，才会承担刑事责任。

犯罪构成要件是犯罪行为的界定标准。犯罪构成要件决定某一具体行为的社会危害性及其程度，为该行为构成犯罪所必需的一切客观和主观要件的有机统一，是使行为人承担刑事责任的根据。但"作为抽象的法律规定本身，犯罪构成并不能直接成为刑事责任发

---

① 赵震江、付子堂：《现代法理学》，北京大学出版社1999年版，第481页。
② 孙国华主编：《法理学》，法律出版社1995年版，第417页。
③ 蓝承烈：《民事责任竞合论》，载《中国法学》1992年第3期。
④ 王利明：《民法总则研究》，中国人民大学出版社2003年版，第287页。
⑤ ［英］弗里德利希·冯·哈耶克：《自由秩序原理》，邓正来译，生活·读书·新知三联书店1997年版，第89页。
⑥ 马克昌：《刑罚通论》，武汉大学出版社1995年版，第8页。

生的根据,它只是为确定这种根据,即认定一定的行为在法律上构成犯罪提供了一个法定的判断标准。可以说,犯罪构成是犯罪与刑事责任之间必不可少的连接纽带,这正是罪刑法定主义的实质意义之所在"[1]。根据犯罪构成理论,任何一种犯罪成立都必须具备四个构成要件,即犯罪客体、犯罪客观方面、犯罪主体和犯罪主观方面。

刑罚是刑事责任的具体承担方式。我国《刑法》规定,刑罚分为主刑和附加刑,其中主刑包括管制、拘役、有期徒刑、无期徒刑和死刑;附加刑包括罚金、剥夺政治权利、没收财产。附加刑可以附加于主刑适用,也可以独立适用。此外,对于犯罪的外国人,还可以独立适用或者附加适用驱逐出境。

四、重大生产责任事故罪

"犯罪使得规范,即人与人之间的规定被否定,犯罪因此是一种规范的否定,或者重新联系到犯罪人,是证实了对法律忠诚的缺乏。"[2]如前所述,生产责任事故不仅危及企业员工及周边群众生命财产安全,造成人身、财产与环境污染损害,其中重大生产责任事故还会对经济秩序、高质量可持续发展与社会和谐稳定产生不利影响。因此,世界各国刑法均对生产安全责任事故犯罪作出了明确规定,我国也不例外。我国现行《刑法》第二章"危害公共安全罪"除规定了重大责任事故罪外,还规定了重大飞行事故罪、铁路运营安全事故罪、交通肇事罪、危险驾驶罪、重大劳动安全事故罪、大型群众性活动重大安全事故罪、危险物品肇事罪、工程重大安全事故罪、教育设施重大安全事故罪、消防责任事故罪及不报、谎报安全事故罪等其他生产责任事故相关的具体罪名。此外,2015年最高人民法院、最高人民检察院联合出台了《关于办理危害生产安全刑事案件适用法律若干问题的解释》,对上述犯罪具体适用问题进行了专门解释。我国《刑法》对重大生产责任事故罪的规定体现在第134条第1款、第2款,分别规定因"在生产、作业中违反有关安全管理的规定"或"强令他人违章冒险作业",而发生重大伤亡事故或者造成其他严重后果的两种情形。本案刑事责任人所涉犯罪行为属第一种情形,故笔者仅以第134条第1款为例,对重大生产责任事故罪进行分析。

重大生产责任事故罪是指在生产、作业中违反有关安全管理的规定,因而发生重大伤亡事故或者造成其他严重后果的行为。该罪的犯罪客体是人民的生命、财产安全及社会安全生产秩序。犯罪客观方面表现为"在生产、作业中违反有关安全管理规定,并发生重大伤亡事故或者造成其他严重后果",其中"生产、作业"是指从事某种"业务",此种"业务"包括三层含义,即必须是基于社会生活上的地位的事务,必须具有反复性、持续性,必须具有一定的危险性。本案中的工程建设、施工、监理等具体工作,即属此种"业务"。其中"安全管理规定"包括国家颁布的各种有关安全生产的法律、法规等规范性文件,企业、事业单位及其上级管理机关制定的反映安全生产客观规律的各种规章制度,以及虽无明文规定,但反映生产、科研、设计、施工的安全操作客观规律和要求,在实践中为职工所公认的行之

---

[1] 简明:《论犯罪构成与刑事责任的关系》,载《法学评论》1990年第12期。

[2] [德]G.雅科布斯:《刑法保护什么:法益还是规范适用?》,王世洲译,载《比较法研究》2004年第1期。

有效的操作习惯和惯例等。其中"重大伤亡事故或者其他严重后果"，是指"造成死亡一人以上，或者重伤三人以上"，或"造成直接经济损失一百万元以上"，或"其他造成严重后果或者重大安全事故"。如果"造成死亡三人以上或者重伤十人以上，负事故主要责任"，或"造成直接经济损失五百万元以上，负事故主要责任"，或"其他造成特别严重后果、情节特别恶劣或者后果特别严重"，则属犯罪行为"情节特别恶劣"情形。犯罪主体属特殊主体，包括对生产、作业负有组织、指挥或者管理职责的负责人、管理人员、实际控制人、投资人等人员，以及直接从事生产、作业的人员。犯罪主观方面属过失，本罪在"在满足客观行为构成时，实现的总是一种过失的——虽然大多数不是应受刑罚性的——结果的产生，因此在各种故意犯罪中，就都有一种过失的犯罪行为存在其中。另一方面，这就意味着，过失的结果产生应当仅仅根据客观归责规则来加以确定"①。因此，本罪在认定中，犯罪行为性质越恶劣，或所造成的损害后果越严重，则表明行为人的过失越大。

需要注意的是，我国《刑法》第137条规定了"工程重大安全事故罪"，本罪与"重大责任事故罪"是不同的，勿要混淆。两种罪名的最大区别在于犯罪主体，前者是特殊主体，但非自然人，而是单位，具体包括建设单位、设计单位或者是施工单位及工程监理单位；后者的犯罪主体也是特殊主体，但是自然人，而非单位，具体包括对生产、作业负有组织、指挥或者管理职责的负责人、管理人员、实际控制人、投资人等人员，以及直接从事生产、作业的人员。

案例启示

一、文明、科学、依法施工，为社会提供优质工程产品，是企业的天职

"工程是人类有组织、有计划、按照项目管理方式进行的成规模的建造或改造活动。大型工程涉及经济、政治、文化等多方面的因素，对自然环境和社会环境造成持久的影响。"②目前，现代科技在工程领域的应用与发展越来越快，越来越深入，已经引发了一系列难以控制或预知的不良后果或伤害，产生了工程风险，如环境破坏、工程安全等等。"工程风险是不以人的意志为转移并超越人们主观意识的客观存在。"③这些风险的存在，使自然生态遭到破坏，人类健康受损，甚至造成人类可持续发展危机，使社会发展充满不确定性。因此，防范、杜绝工程风险发生，为社会提供优质工程产品，是企业的天职。

天职即应有之职责，是指社会特定角色或职位在其职责范围内应该履行的事情，或由于没有尽到职责而应承担的过失。这种"责任包括两个方面，一方面指分内应做的事。在具有强制性的社会法律规范或道德的约束下，人们承担起与自己能力相配的责任；另一方

① ［德］克劳斯·罗克辛：《德国刑法学总论（第1卷）——犯罪原理的基础构造》，王世洲译，法律出版社2005年版，第3～8页。

② 朱京：《论工程的社会性及其意义》，载《清华大学学报（哲学社会科学版）》2004年第2期。

③ 张磊：《不同合同形式下工程风险分担方式的研究》，载《才智》2011年第17期。

面指没有做分内应做的事而应该承担的过失"①。工程质量与安全,对工程参与者及相关社会主体影响重大,任何工程参与主体均不可掉以轻心,应严格依照法律法规与工程技术规范,做到文明、科学、依法施工。企业应通过培训教育、提高工程人员的文明意识和素质,并通过建设现场文化,规范场容,保持作业环境整洁卫生;应创造有序生产的条件,减少对居民和环境的不利影响,使现场成为企业对外宣传的窗口,树立良好的企业形象。企业应科学管理资源,科学配置生产要素,在优化配置中增强贡献率;应反复优化、科学管理项目实施方案,并根据现场情况,对施工进行动态管理;应科学管理现场,精心制定切实可行的安全应急预案及安全、质量、进度、环保等标准化管理流程;应科学管理成本,严防"跑冒滴漏";应深入研究工程项目特性、施工规律、工法、工艺等具体环节,在精准施工中提升工程实效性。企业工程施工应依法取得相应的工程许可或批准,并按照审批内容与许可规划合规施工;工程活动中,应遵守法律法规,尊重市场规则,在勘察、设计、施工、监理、运营、维护等各环节,积极履行义务,依法主张权利,共同构建、维护和谐的法治工程环境。

如前所述,本案重大生产责任事故的发生,是由于工程建设、施工、监理各方忽视安全生产管理,未依法主动履行职责,质量与安全控制层层失灵,违规操作,野蛮施工导致的。如果工程参与各方都能够坚持"以人为本"的科学工程理念,充分考量工程质量问题,确保工程安全,维护工程产品使用人及相关人员的生命安全与健康;具体责任人能够对施工现场进行严格、科学的管理,谨慎并慎重选择工程技术,做到文明、依法施工,就会避免事故的发生。这起事故引发的血淋淋的现实教训值得每一个企业及工程参与人深思。

二、企业应认真贯彻执行安全生产管理制度,维护工程安全

生产事故是工业化的伴生物,尤其是社会发展进入工业化进程中的后期阶段,各类生产事故也将进入多发期和频发期。目前,我国社会发展虽然已看到信息化、智能化的曙光,但仍处于工业化的关键发展时期。2015年,国务院推出中国版的"工业4.0"计划,即《中国制造2025》国家行动纲领,其主要目标是推动中国到2025年基本实现工业化,迈入制造强国行列。然而,据统计,2017—2019年,我国全年各类生产安全事故死亡人数分别为37852、34046、29519人;工矿商贸企业就业人员10万人生产安全事故死亡人数分别为1.639、1.547、1.474人;道路交通事故万车死亡人数分别为2.06、1.93、1.80人;煤矿百万吨死亡人数分别为0.106、0.093、0.083人②。导致上述生产事故发生的原因包括"技术原因,如机械、装置或建筑物的设计、建造、维护等存在技术缺陷;教育原因,如工人由于缺乏安全知识及操作经验,导致危险操作或违规操作等;身体原因,如身体状态不佳,存在生理缺陷,或疲劳、睡眠不足等情形;精神原因,如消极、抵触、不满等不良态度,焦躁、紧张、恐惧、偏激等精神不安定,狭隘、顽固等不良性格及智力方面障碍等"③。上述数据虽然连年下降,但仍可看出我国安全生产形势依旧非常严峻。因此,企业作为安全生产的具体实施

---

① 曹南燕:《科学家和工程师的伦理责任》,载《哲学研究》2000年第1期。

② 数字来源于《中华人民共和国国民经济和社会发展统计公报》(2017、2018、2019年)。

③ 李玉伟:《企业安全生产事故隐患管理体系构建研究》,哈尔滨工程大学2007年硕士研究生学位论文,第11页。

者与直接责任人,制定并坚决贯彻执行安全生产管理制度,是避免生产事故发生,维护工程安全的必要举措,也是其应有之职责。

企业首先应针对企业的具体情况,制定符合法律法规要求,具有可执行性的安全管理制度,对安全生产工作进行管理和控制。企业构建安全管理制度体系应坚持以人为本、生产与安全齐抓共管、安全生产责任制、安全生产一票否决等基本原则;坚决贯彻执行"三同时""四不放过""三个同步"和"五同时"等具体制度①。企业制定安全管理制度可以依据以下步骤制定:①考虑存在什么风险,需要从哪些方面控制风险;②考虑各个环节之间关系,即流程;③考虑每个环节实现的具体要求,即制度的具体应用;④考虑法律法规要求,即将法律法规条款转化为制度内容;⑤考虑制度中需要被追溯的内容,设置记录。安全管理制度的具体内容应包括安全生产管理机构、安全生产管理人员、安全生产责任制、安全生产管理规章制度、安全生产策划、安全生产培训、安全生产档案等。企业安全生产管理制度可以先制定总原则与根本制度,然后再依据企业情况,分车间、项目、人员或岗位等进行细致分类,最终形成安全手册。安全手册制定后,应及时下发到人、到岗,以便贯彻执行。其次,企业应以高度负责的态度,积极贯彻执行安全管理制度。企业决策层与管理层应建立健全安全生产管理机构和安全生产管理人员;把安全管理纳入日常工作计划;积极改善劳动条件,消除事故隐患,使生产经营符合安全技术标准和行业要求;组织开展安全生产宣传教育活动;负责落实安全责任制、安全教育、安全检查、安全奖惩等制度以及各工种的安全操作规程,并督促实施;定期检查安全生产措施执行情况,及时做好安全总结工作,提出整改意见和防范措施,杜绝事故发生。企业执行层和操作层应具体负责相应区域的安全管理、宣传工作;定期巡查安全生产情况,检查维护生产设备、消防器材、电路,确保设备器材的正常使用及安全完好,及时纠正解决安全隐患,落实整改措施;了解管辖区域的安全生产情况,定期向管理层汇报安全生产情况;积极参加公司组织的安全生产知识的学习活动,增强安全法制观念和意识;严格按照操作规程作业,遵守劳动纪律和公司的规章制度;正确使用劳动保护用品;及时向公司有关负责人反映安全生产中存在的问题。同时政府安全生产监管部门要经常检查企业贯彻执行安全生产方针、政策、法规和标准情况,发现问题并及时督促企业整改,争取第一时间消除事故隐患。

本案事故中,各工程建设、施工、监理企业应该都建立了安全生产管理制度,具体负责人对安全生产法律法规应该也是知悉、熟悉的,但事故还是发生了,主要源于制度执行不严格。各个企业从决策层、管理层,到执行层和操作层均忽视安全生产管理,甚至违反安全生产规程,有令不行,抱有侥幸心理,才酿成惨剧。现实中,企业忽视安全生产管理现象不是个例,有些企业制定安全管理制度是为了应付检查,不考虑企业的实际情况,照搬照抄其他企业;有些企业制定了制度,挂到墙上就完事了,实践中不执行,按经验办事;有些

---

① "三同时"是指基本建设项目中的职业安全、卫生技术和环境保护等措施和设施,必须与主体工程同时设计、同时施工、同时投产使用;"四不放过"是指事故原因未查清不放过,当事人和群众没有受到教育不放过,事故责任人未受到处理不放过,没有制订切实可行的预防措施不放过;"三个同步"是指安全生产与经济建设、深化改革、技术改造同步规划、同步发展、同步实施;"五同时"是指企业的生产组织及领导者在计划、布置、检查、总结、评比生产工作的同时,同时计划、布置、检查、总结、评比安全工作。

企业制度只制定,不对员工进行宣传、培训,员工缺乏事故防范意识与技能。如此种种,均为安全生产事故的发生埋下了隐患。因此,安全生产管理不仅要有行之有效的制度设计,更要求企业上下一心,齐抓共管,坚决执行,如此才能有效地避免事故的发生,减少损失。

三、工程师应恪守职业伦理,遵守职业规范,确保执业行为正确

工程不是科技在自然界中的单纯运用,而是工程师、科学家、管理者乃至使用者等群体围绕工程这一内核,所展开的集成性与建构性的活动。因此,工程活动集成了技术、经济、社会、自然和伦理等多种要素,其中伦理要素关注的是工程师等行为主体在工程实践中如何能够"正当地行事"的问题。"理解产生认同,认同产生合意,合意建构规范,规范调整行为,行为构成关系,关系产生秩序。"①"任何活动都是在一定的理念支配下进行的。理念就是理想的、总体性的观念。各类工程活动都是自觉或不自觉地在某种工程理念的支配下进行的。工程理念的内涵十分丰富,它凝聚并支配着工程系统观、工程社会观、工程生态观、工程伦理观和工程文化观等。"②工程伦理有广义与狭义之分,狭义工程伦理仅指职业伦理,即工程师职业伦理,是指工程师在工程设计和建设、工程运转和维护等工程活动中,所应遵循的道德伦理原则和行为规范③。工程伦理作为工程师的价值指南和行为依据,对塑造职业信念、规范职业行为、构建职业环境具有重要意义。

工程师职业伦理规范内容包括对社会的责任:守法奉献——恪守法令规章、保障公共安全、增进民众福祉;尊重自然——维护生态平衡、珍惜天然资源、保存文化资产。对专业的责任:敬业守分——发挥专业技能、严守职业本分、做好工程实务;创新精进——吸收科技新知、致力求精进、提升产品品质。对业雇主的责任:真诚服务——竭尽才能智慧、提供最佳服务、达成工作目标;互信互利——建立相互信任、营造双赢共识、创造工程佳绩。对同僚的责任:分工合作——贯彻专长分工、注重协调合作、增进作业效率;承先启后——矢志自励互勉、传承技术经验、培养后进人才④。"工程师有职业义务,遵守工程标准的操作程序和规范,并按其合同约定履行其工作的责任,这是工程师的基本职责"⑤。因此,作为建设工程活动具体操作与实施者的工程师,应坚守职业伦理精神与规范。工程师应忠诚履责,恪尽职守,尽到职业本分;应严守建设工程质量与安全规程,依法依规执业;应将职业伦理规范与社会公共利益置于企业利益之前,要对职业忠诚,坚持诚实、正直标准,不弄虚作假,不实施违法犯罪行为;要对社会忠诚,确保公众健康与安全不受侵害。工程师要以真正的职业忠诚,使工程师职业光辉得以绽放,职业价值得以彰显。

本案事故中,工程项目施工现场的建筑、监理工程师追求人情世故,照顾领导面子;注

① 舒国滢:《法哲学沉思录》,北京大学出版社 2010 年版,第 79 页。

② 黄顺基:《〈工程哲学〉的开拓与创新——评殷瑞钰、汪应洛、李伯聪等著的〈工程哲学〉》,载《自然辩证法研究》2007 年第 12 期。

③ 详见王志新:《工程伦理学教程》,经济科学出版社 2008 年版,第 13~14 页。

④ 资料来源:《中国工程师信条》(1996):http://www.cie.org.tw/Important/ImportantDetail? cic_id=2&cic_cicc_id=3,2021-07-12。

⑤ [美]查尔斯·哈里斯:《工程伦理:概念与案例》,丛杭青、沈琪等译,北京理工大学出版社 2018 年版,第 51 页。

重个人薪酬与职位，看重企业经济利益和效率；忽略质量责任安全责任，对不符合质量标准，违规、野蛮施工行为放纵或故意而为，这些都是导致事故发生的直接原因。这些行为不仅是对工程师职业精神与职业操守背叛，也是对社会与公众极不负责的表现，是令人唾弃的，也是广大工程师应该引以为戒的。

四、企业违规、野蛮施工将面临巨大法律风险，承担多种法律责任

"前现代社会中，没有风险观念，其原因在于，人们把危险当作命中注定危险要么来自上帝，要么仅仅来源于人们认为是理所当然地存在着的世界风险理念与实施控制的抱负，特别是控制未来的观念密切相关。虽然风险社会概念或许使人想到一个危险性增大的世界，但是情况并不一定是这样。实际上，这是一个越来越一心关注未来还有安全的社会，风险观念由此产生。"[①]"风险社会是一种社会的发展阶段或社会的发展状态，在这一阶段，根源于人类实践活动的各种全球性风险和危机对整个人类生活，对人类的生存和发展构成了根本性的严重威胁。"[②]风险按标的的不同，可分为财产风险、人身风险、责任风险与信用风险，其中责任风险，是指由于个人或组织的过错或非过错行为，侵害某种法律客体，而应当承担一定法律责任的风险，也就是法律风险。法律风险，是"法律实施过程中由于行为人作出的具体法律行为不规范导致的，与其所期望达到的目标相违背的法律不利后果发生的可能性"[③]。企业发生安全生产事故，造成人身伤害、财产损失、环境污染以及其他损失，就会引发相应的法律风险，会出现与其所期望达到的目标相违背的不利法律后果，即法律责任。

法律责任承担，将给企业带来巨大的不利益，使企业遭受财产损失，对后续发展带来严重的不利影响；给具体责任人不仅带来精神、财产损失，更会使其失去自由，甚至会付出生命代价。国家通过强制之手段，对违法违规企业适用支付违约金、赔偿损失、罚金、没收财产、罚款、没收违法所得、没收非法财物和责令停产停业等具体责任方式时，会致使企业遭受财产损失，甚至停业停产、撤销解散；对事故发生直接负责人通过适用管制、拘役、有期徒刑、无期徒刑和拘留等责任方式时，会致使其人身自由受限；对违法企业或具体责任人适用赔礼道歉、警告、记过等责任方式时，会致使其遭受名誉、荣誉等利益损失；对具体责任人适用死刑责任方式，甚至会剥夺其生命权利等。本案事故中，工程建设方、施工方、监理方、具体工作人员以及土方施工的具体实施者违法违规、野蛮施工行为，违反了多种不同法律法规，产生了民事责任、行政责任与刑事责任的重合，需要承担叠加的法律责任，企业与具体责任人也遭受了更大的不利益。

其实，任何风险都具有可控性，人们对风险的可预测性越强，对风险的可控性也就越强。本案事故中，如果工程建设方、施工方、监理方及具体工作人员能够提高法治理念，增强遵法守法的自觉性，就会减少或杜绝工程违法行为，从而降低法律风险，也就避免了生

---

① ［英］安东尼·吉登斯、克里斯多弗·皮尔：《现代性——吉登斯访谈录》，尹宏毅译，新华出版社 2000 年版，第 221 页。

② 艳兵：《风险刑法：以危险犯为中心的展开》，中国政法大学出版社 2012 年版，第 24 页。

③ 向飞、陈友春：《企业法律风险评估》，法律出版社 2006 年版，第 21 页。

产事故的发生。

　　企业作为安全生产的直接组织者、实施者,制定行之有效的安全生产管理制度,并认真贯彻执行,是其应有之职责。企业认真执行安全生产管理制度,不仅有利于企业的可持续发展,更是利国利民的长远大计。因此,每个企业以及具体决策层、管理层、执行层和操作层,都应视安全生产责任为己任,避免生产事故的发生,维护社会和谐发展。

思考题

　　1.企业应承担的社会责任有哪些?

　　2.企业安全生产管理制度包括哪些内容?

　　3.工程师职业伦理规范的内容是什么?

　　4.企业违法、违规施工将面临哪些法律风险?

参考文献

　　1.马克昌:《刑罚通论》,武汉大学出版社 1995 年版。

　　2.王志新:《工程伦理学教程》,经济科学出版社 2008 年版。

　　3.向飞、陈友春:《企业法律风险评估》,法律出版社 2006 年版。

　　4.《中华人民共和国国民经济和社会发展统计公报》(2017、2018、2019 年)

　　5.《中华人民共和国安全生产法》(2014 年修订版)。

　　6.《中华人民共和国刑法》(2015 年修正)。

案例十　惩罚性赔偿——依法公正裁决，倡导诚信交易

提　　要　诚信经营对于企业来讲不仅是道德义务，更是法律义务。企业应积极维护商业信誉，诚信经营、不欺诈；应践行契约精神，维护交易安全，防范、减少法律责任承担风险。为防范售房者"一房二卖"的违法行为，购房人应重视预告登记制度，预先登记，防止权利受损。当"一房二卖"发生后，购房人的维权目的要明确，维权依据要准确，并积极争取获得惩罚性赔偿。合同当事人应重视仲裁制度优势，善用仲裁程序解决合同纠纷，维护合法权益。

基本概念　"一房二卖"　诚信原则　惩罚性赔偿　仲裁

案情简介

2006 年 11 月 12 日，王某在南京市浦口区某楼盘投资（非自住）编号为 604 的住宅一套（建筑面积 194 平方米、房价 1950.00 元/平方米、总价 378437.00 元）。双方签订购房合同，其中约定：买方不贷款但可分期付款，签约当日买方交付定金 5000.00 元；11 月 25 日交付 285000 万元；12 月 10 日前交清尾款。卖方（开发商）于 2006 年 11 月 30 日交付房屋。如因合同履行产生纠纷，双方一致同意由南京市仲裁委仲裁解决。

合同订立后，王某依约按时缴纳了房款，但开发商却以各种理由推脱，不按时交房。2007 年 11 月，王某赶到南京楼盘现场查看，居然发现他所买的 604 房子有人正在装修。后经了解得知，604 房子早在 2006 年 5 月 16 日，就被开发商卖给了费女士，双方也签订了正式的商品房买卖合同。后在王某不知情的情况下，开发商又将此房卖给了他。2007 年 1 月 26 日，开发商为费女士办好了房屋产权证。2007 年 7 月，费女士将此房以 70 万元的价格卖出。目前，正在装修房子的人是实际的房屋产权人。

得知真相后，王某立即找到开发商询问个中缘由，开发商也提出了解决方案，但王某不同意，双方协商破裂。2008 年 3 月 4 日，王某根据合同约定，向南京市仲裁委申请仲裁，要求依法解除买卖合同，被申请人开发商退回已付购房款 378437.00 元及利息 5943.00 元，经济损失 1648.00 元，并承担 378437.00 元的赔偿责任。

2008 年 9 月 27 日，南京市仲裁委就此案作出裁决，开发商返还王某已付房款

378437.00 元及利息 5943.00 元,赔偿交通费等经济损失 1648.00 元,并承担 378437.00 元的赔偿责任。2009 年 9 月上旬,王某从开发商处拿到了全部赔偿款项。[①]

案情分析与结论

一、开发商行为是典型的"一房二卖",即一户住宅先后出卖给两个买受人

本案中开发商先后将 604 住宅出卖给费女士和王某两个买受人,收取了二人的购房款,并与费女士办理了房屋产权变更手续,为其办好了房屋产权证。正因为开发商的"一房二卖"行为,致使购房人王某无法获得所购房屋,并遭受重大损失。

二、开发商行为具有明显欺诈故意,严重违反了民事活动的诚信原则

本案中开发商在将 604 住宅卖给了费女士后,又将此户住宅出卖给王某。在分三次收取王某购房款后,却将此户住宅过户给了费女士。王某在交房期限到后,多次催促开发商交房,开发商非但不交房,不说明实情,反而找各种理由搪塞。至王某知晓事情原委后,开发商也没有积极解决此事。办案中开发商的种种行为表现,具有明显的欺诈故意,严重违反了合同诚信原则,极大地危害了交易安全。

三、王某申请仲裁,符合仲裁程序启动要求,是正确的

依据我国《仲裁法》的规定,平等主体的公民、法人和其他组织之间发生的合同纠纷和其他财产权益纠纷,可以仲裁。当事人采用仲裁方式解决纠纷,应当双方自愿,达成仲裁协议;没有仲裁协议,一方申请仲裁的,仲裁委员会不予受理。仲裁协议应当具有请求仲裁的意思表示,仲裁事项,选定的仲裁委员会等内容。当事人申请仲裁应当符合有仲裁协议,有具体的仲裁请求和事实、理由,属于仲裁委员会的受理范围等条件。本案中王某与开发商之间的纠纷属于合同纠纷。双方签订的购房合同中约定,"如因合同履行产生纠纷,双方一致同意由南京市仲裁委仲裁解决"。此约定表明双方达成了仲裁协议,且内容明确。故王某向南京市仲裁委申请仲裁,有具体的仲裁请求和事实、理由,符合仲裁程序启动要求,是正确的。

四、开发商除赔偿王某相应损失外,还应承担惩罚性赔偿责任

《最高人民法院关于审理商品房买卖合同纠纷案件适用法律若干问题的解释》规定,出卖人订立商品房买卖合同时,故意隐瞒所售房屋已经出卖给第三人的事实,导致合同无效或者被撤销、解除的,买受人可以请求出卖人承担不超过已付购房款一倍的赔偿责任。

---

① 本案例引自福州市仲裁委——仲裁案例实务:"开发商'一房两卖'被裁承担双倍赔偿",http://www.fuzhou.gov.cn/zgfzzt/szcw/,2017-04-20。

此案中，开发商与王某签订房屋买卖合同时，隐瞒了已将房子卖给费女士这一事实，导致王某无法取得房屋，因此有权依上述规定要求开发商返还已付购房款及利息、赔偿损失，并请求出卖人承担不超过已付购房款一倍的赔偿责任。

相关法律法规索引

《中华人民共和国合同法》(1999 年颁布，2021 年 1 月 1 日失效)

第 6 条：当事人行使权利、履行义务应当遵循诚实信用原则。

《最高人民法院关于审理商品房买卖合同纠纷案件适用法律若干问题的解释》(2003 年颁布)

第 8 条：具有下列情形之一的，导致商品房买卖合同目的不能实现的，无法取得房屋的买受人可以请求解除合同、返还已付购房款及利息、赔偿损失，并可以请求出卖人承担不超过已付购房款一倍的赔偿责任：(1)商品房买卖合同订立后，出卖人未告知买受人又将该房屋抵押给第三人；(2)商品房买卖合同订立后，出卖人又将该房屋出卖给第三人。

第 9 条：出卖人订立商品房买卖合同时，具有下列情形之一，导致合同无效或者被撤销、解除的，买受人可以请求返还已付购房款及利息、赔偿损失，并可以请求出卖人承担不超过已付购房款一倍的赔偿责任：(1)故意隐瞒没有取得商品房预售许可证明的事实或者提供虚假商品房预售许可证明；(2)故意隐瞒所售房屋已经抵押的事实；(3)故意隐瞒所售房屋已经出卖给第三人或者为拆迁补偿安置房屋的事实。

《民法典》(2020 年 5 月 28 日通过，自 2021 年 1 月 1 日起施行)

第 179 条：承担民事责任的方式主要有：(1)停止侵害；(2)排除妨碍；(3)消除危险；(4)返还财产；(5)恢复原状；(6)修理、重作、更换；(7)继续履行；(8)赔偿损失；(9)支付违约金；(10)消除影响、恢复名誉；(11)赔礼道歉。法律规定惩罚性赔偿的，依照其规定。本条规定的承担民事责任的方式，可以单独适用，也可以合并适用。

法律制度解读

一、诚信原则

诚信，即诚实信用。诚信最初属道德范畴，中国古代"诚"即诚实诚恳，主要指主体真诚的内在道德品质；"信"即信用信任，主要指主体内诚的外化。诚、信二字组合，其含义是指诚实无欺，讲求信用，强调人与人之间应该真诚相待。一般认为，作为法律制度的诚信原则起源于罗马法①。"在罗马法中主要有两种诚信：一种是适用于物权法领域的诚信，它是一种当事人确信自己未侵害他人权利的心理状态，谓之主观诚信；另一种是合同法领域的诚信，它是当事人忠实地履行自己义务的行为，谓之客观诚信。"②由于罗马法对后世法律制度的巨大影响，诚信原则在各国民法中得到广泛承继，如《法国民法典》《德国民法典》《瑞士民法典》中均有体现。我国不同时期的民法制度，如《民法通则》《物权法》《合同法》《侵权责任法》《民法总则》及《民法典》，均将诚信作为民法基本原则之一加以确认。《民法典》第7条规定，"民事主体从事民事活动，应当遵循诚信原则，秉持诚实，恪守承诺"。

作为民法基本原则之一的诚信具有三项主要功能。一是衡平功能，即均衡当事人之间、当事人与社会之间的利益关系，重新分配风险，特别是交易风险；二是解释法律和合同功能，即法官可以依诚信原则对法律与合同进行解释，以阐明法律与合同内容的具体含义，使案件得到公正裁决；三是立法功能，即发掘法律的应有含义，不断补充法律漏洞。诚信原则具体到合同法中，可彰显三大经济功能，即"通过对参与商品交换的各方当事人真诚守信地履行给付义务的法律规定，保证交易安全；通过平衡合同当事人之间及其与社会之间的利益，实现其经济功能；降低交易费用"③。

二、惩罚性赔偿制度

"有权利必有救济""有损害即有赔偿"，这是法律的应有之义，亦是社会公平正义价值的不变追求。惩罚性赔偿起源于市场经济，惩罚性赔偿制度最早在英国确立，并被定义为"法官或陪审团判决的，应由侵权人负担的赔偿金，不仅是对受害人的补偿，还有对故意侵权人的惩罚"④。可见，惩罚性赔偿制度的核心是"补偿＋惩罚"，"补偿"价值在于弥补守约人（被侵权人）所遭受的实际损失，即传统民事责任的赔偿损失，其意在补偿；"惩罚"价值在于对违约人（侵权人）故意、欺诈、恶意、轻率或鲁莽行为，在支付了补偿性赔偿金额的前提下，还需要额外支付一笔金额，其意在惩罚。惩罚性赔偿制度在英国确立后，基于市场经济需要，各国在民法制度创制中纷纷予以吸收，我国亦不例外。我国惩罚性赔偿制度最早在《消费者权益保护法》中确立，后在《侵权责任法》、《食品安全法》、《劳动合同法》、最高人民法院《商品房买卖合同司法解释》、《民法总则》及《民法典》中不断丰富、完善。我国

---

① 罗马法，泛指罗马奴隶制国家法律的总称。公元527—565年，罗马查士丁尼皇帝成立法典编纂委员会，先后完成了《查士丁尼法典》《查士丁尼法学总论》《查士丁尼学说汇纂》和《查士丁尼新律》，这四部法律背后是统称为《国法大全》《民法大全》或《查士丁尼法典》，标志着罗马法已发展到最发达、最完备的阶段。罗马法对后世法律制度的发展影响是很大的，罗马法中所蕴含的人人平等，公正至上的法律观念，具有超越时间、地域与民族的永恒价值。尤其是对欧洲大陆的法律制度影响更为直接。正是在全面继承罗马法的基础上，形成了当今世界两大法系之一的大陆法系（罗马法系或民法法系）。德国著名法学家耶林曾这样评价罗马法："罗马三次征服世界，第一次是以武力，第二次是以宗教，第三次是以法律，而第三次征服也许是其中最为和平、最为持久的征服。"

② 徐国栋：《民法基本原则解释》，中国政法大学出版社2004年版，第75～76页。

③ 郑强：《合同法诚实信用原则价值研究》，载《中国法学》1999年第4期。

④ 《牛津法律大辞典》，光明日报出版社1998年版，第1158页。

《民法典》第 179 条规定了承担民事责任的方式，除了列举的停止侵害、排除妨碍、消除危险等 11 项外，还规定了"法律规定惩罚性赔偿的，依照其规定"。在第七编"侵权责任编"分别以第 1185 条、第 1207 条、第 1232 条又分别在"侵犯知识产权、产品责任、污染环境破坏生态"等方面具体规定了"惩罚性赔偿"的内容。

惩罚性赔偿制度具有补偿和惩罚的双重功能，惩罚性赔偿除了包括体现传统民法上损害赔偿功能的补偿性赔偿部分外，还包括体现惩罚性质的赔偿部分。惩罚性赔偿的主要目的在于通过对行为人进行惩罚，维护社会公众利益，是国家为自身需要而作出的强制性干预行为，是国家为了对违法行为人进行惩罚、预防的需要。惩罚性赔偿通过超损失的惩罚性赔偿，提高受害人获取赔偿的积极性以及不法行为违法成本来实现；通过加重不法行为人的赔偿负担，惩罚过去的行为并作为警示，以遏制类似的行为发生。

三、仲裁制度

仲裁是"根据当事人之间的协议，对双方当事人发生争议的事项，由一定的机构以第三者的身份居中作出具有约束力的裁决，以解决当事人之间的争议，确定当事人的权利义务关系"的制度[①]。仲裁制度起源于古罗马，当时的《查士丁尼法典》中就记载有"为解决争议，正如可以进行诉讼一样，也可以进行仲裁"[②]等内容。后发展完善于英国、瑞典等欧洲国家，继而普及世界各国，成为现代非诉讼解决民商事争议的重要方式之一。仲裁作为一种争议解决的法定方式，具有与其他纠纷解决方式不同的性质属性。仲裁是契约性、自治性和司法权性的有机结合，是以当事人的合意为基础，高度自治，并由国家法律保障实施的一种纠纷解决方式。仲裁制度中，"契约性是仲裁的基础，自治性是仲裁的动因，司法权性则是仲裁的法律效力的保障"[③]。

1994 年，我国全国人大常委会通过了《仲裁法》，并先后于 2009、2017 年进行修正，其中第 2 条规定"平等主体的公民、法人和其他组织之间发生的合同纠纷和其他财产权益纠纷，可以仲裁"。根据所处理的纠纷是否具有涉外因素，仲裁可分为国内仲裁和涉外仲裁。前者是该国当事人之间为解决没有涉外因素的国内民商事纠纷的仲裁，后者是处理涉及外国或外法域的民商事务争议的仲裁。依此分类，我国建立了相应不同的仲裁机构，仲裁业务也得到快速发展。2018 年，全国 255 家仲裁委员会共受理案件 544536 起，同比增长 127%；案件标的总额达 6950 亿元，同比增长 30%。其中，贸仲去年涉案标的总额首次突破千亿元大关，同比增长 41.32%，在国际仲裁机构中位居前列[④]。2014 年，党的十八届四中全会提出"完善仲裁制度，提高仲裁公信力"的改革任务；2017 年，党的十九大提出"要加强预防和化解社会矛盾机制建设"；2019 年 4 月，中共中央办公厅、国务院办公厅印发了《关于完善仲裁制度提高仲裁公信力的若干意见》，提出"仲裁是我国法律规定的纠纷解

---

① 杨荣新：《仲裁法理论与适用》，中国经济出版社 1998 年版，第 2 页。

② 乔欣：《仲裁权研究——仲裁之程序公正与权利保障》，法律出版社 2001 年版，第 3 页。

③ 毕武卿、毕方：《论仲裁的法律性质》，载《河北法学》1998 年第 5 期。

④ 详见中国国际经济贸易仲裁委员会 2019 年 11 月发布的《中国国际商事仲裁年度报告（2018—2019）》。

决制度,也是国际通行的纠纷解决方式。充分发挥仲裁在尊重当事人意思自治和便捷、高效解决纠纷等方面的作用,对完善仲裁、调解、行政裁决、行政复议、诉讼等有机衔接、相互协调的多元化解纠纷机制,公正及时地解决矛盾,妥善化解纠纷,维护社会稳定,促进改革开放,保障经济社会持续健康发展具有重要意义"。

此外,值得注意的是,2007 年全国人大常委会通过《中华人民共和国劳动争议调解仲裁法》,其立法宗旨是为了公正及时地解决劳动争议,保护当事人的合法权益,促进劳动关系的和谐稳定,并不适用于平等主体的公民、法人和其他组织之间发生的合同或其他财产权益纠纷。

案例启示

一、企业应积极维护商业信誉,诚信经营、不欺诈

商业信誉,是指"社会或他人包括同业竞争者基于对其生产、经营、服务等多方面品质的一般社会评价,而这种评价是通过经营者的日常市场交易行为与竞争活动逐步形成的,是外界对经营者信用与名誉状态的客观认可"①。如前所述,诚信最初仅是对人的一种道德要求,是行为人对自己行为后果负责的道德感,是个人的一种品行表现。后,随着社会生产方式的变迁,逐渐演化为社会经济尤其是商品(市场)经济的普遍法律原则,即诚信原则。企业作为社会经济活动的基本组织,其诚信经营状态亦被商业化为企业商业信誉,成为商品(市场)经济运行的根本基石。

本案中,开发商"一房二卖"及事后的种种表现,是具有明显欺诈性的恶意行为。在致使购房人王某遭受重大损失后,非但没有及时补救,反而极力掩盖,试图摆脱责任,极不负责。开发商的不诚信经营行为,对企业的商业信誉造成了极大的毁坏。竞争是市场的灵魂,诚信是市场存在的前提,有了诚信精神,市场经济运作就会井然有序;企业经营不讲诚信,很容易造成社会生态的严重破坏。诚信作为一种向上的精神状态,可以转化为能动力量,有助于企业增强凝聚力,树立良好形象。企业诚信经营,有利于降低环境中的不确定程度,维护交易安全,减少市场交易费用,提高企业经济活动效率。企业诚信经营,意味着企业必然要向消费者提供优质的产品、合理的价格和一流的服务,如此可以赢得消费者,提高企业竞争力。企业维护商业信誉,诚信经营,应摒弃弄虚作假,见利忘义,诋毁、侵害竞争对手,搅乱市场秩序,损害消费者权益等不道德或违法行为;应在生产、销售中严格质量管理,不以假充真、以次充好,自觉接受管理与监督;应尊重他人的知识产权,严格遵守财务管理的相关规定,保证会计资料真实、准确、完整,不做假账;应认真履行纳税义务,不逃税、偷税、漏税、欠税、抗税;应遵守劳动合同,维护职工合法权益;应自觉防控金融、法律、环境和社会风险,采用法律途径解决纠纷,自觉维护社会稳定,履行社会职责。总之,诚信经营不仅有利于企业提升商业信誉,实现经济利益和社会利益双丰收,更为企业协

---

① 李伦山、丁泽军:《略论商业信誉的法律保护及侵权责任认定》,载《山东审判》1997 年第 6 期。

调、可持续发展奠定了坚实的基础。

二、企业应践行契约精神，故意违约法律风险巨大

对契约的理解有广义与狭义之分。广义的契约，是指"社会交往中，社会个体与社会主体、个体之间出于自由、平等、守信等原则而签订的书面规定或者心理尺度"①。狭义的契约，又称合同或协议，是"依照法律订立的正式的证明、出卖、抵押、租赁等关系的文书"②。契约精神，是指商品经济所派生的契约关系及其内在原则，是一种平等、尚法、守信的心理态度、价值观念和人格品质。本质上，契约精神是一种规则意识，就是尊重、重视规则。契约精神的主旨就是要在契约关系中实现自由、平等、权利等价值追求，彰显自由交往、诚信互利和权责对等等内涵。提倡契约精神，意在唤醒人们对规则的尊重和重视，继而对人们的社会、经济、文化生活产生规范、约束作用。

本案中，开发商的"一房二卖"及事后合同履行中的种种行为，是恶意订约＋故意违约，是对契约精神的故意背离与恶意亵渎。此种行为不仅为社会道德所不容，商业规则所不耻，更会引发重大法律风险。法律风险是"法律实施过程中由于行为人作出的具体法律行为不规范导致的，与其所期望达到的目标相违背的法律不利后果发生的可能性"③。法律风险是以法律规范为基础的风险，若无法律规范为前提或基础，法律风险就无从产生。具体法律规范实施过程中，通过对社会关系的调整，形成不同主体间的法律关系，确立了各法律关系中不同主体的权利和义务内容。法律关系主体之法律行为应当依法或依约规范进行，需恰当行使权利、谨慎履行义务，这样才能达到法律行为的预期目标，实现预期法律后果；反之，就存在不利法律后果产生的可能性，即存在法律风险。所谓不利法律后果，就是法律关系主体需要为其不规范法律行为承担相应的法律责任。本案中，由于开发商的恶意订约＋故意违约行为，严重违反了合同的相关法律规定，应依法承担返还财产，赔偿损失甚至加倍赔偿等责任。本案仲裁庭对案件的裁决结果是合理、合法的，既彰显了法律正义，也维护了社会道德秩序，实现了社会正义。

需要提醒的，本案中开发商恶意订约＋故意违约行为不仅引发了合同法律风险，也可能隐含着刑事犯罪法律风险。我国《刑法》规定，以非法占有为目的，在签订、履行合同过程中，"没有实际履行能力，以先履行小额合同或者部分履行合同的方法，诱骗对方当事人继续签订和履行合同"；或"以其他方法骗取对方当事人财物"，数额较大的，即构成合同诈骗罪。其中数额较大的，处三年以下有期徒刑或者拘役，并处或者单处罚金；数额巨大或者有其他严重情节的，处三年以上十年以下有期徒刑，并处罚金；数额特别巨大或者有其他特别严重情节的，处十年以上有期徒刑或者无期徒刑，并处罚金或者没收财产。此外《刑法》还规定，单位犯罪的，对单位判处罚金，并对其直接负责的主管人员和其他直接责任人员判处刑罚。当然，本案情简介中并未涉及开发商刑责的问题，笔者此处也只是强调

①　吕凡：《当代中国社会契约精神的缺失与重建》，南昌大学 2019 年硕士研究生学位论文，第 10 页。

②　中国社会科学院语言研究所词典编辑室：《现代汉语词典》，商务印书馆 2016 年版，第 432 页。

③　向飞、陈友春：《企业法律风险评估》，法律出版社 2006 年版，第 21 页。

本案开发商的恶意订约＋故意违约行为隐含着构成合同诈骗罪法律风险,至于实际中是否真正构成此种犯罪,还需司法机构根据案件具体情况来认定。基于上述分析可知,本案购房人王某如若在仲裁机构得不到权利救济保障,其也可向公安机关控告开发商涉嫌合同诈骗犯罪,以寻求保护并获得赔偿。

三、购房人应积极预告登记,防止权利受损

近些年,房地产业蓬勃发展,房价也快速飞涨。面对巨大的利益诱惑,有些人利欲熏心,"一房二卖"等损害购房者利益的事情时有发生,严重影响了交易安全与房地产业的健康发展。为维护购房者利益,打击"一房二卖"等违法行为,我国陆续出台了一系列管理制度,预告登记制度便是其一。预告登记,是指"为确保债权的实现,保障将来实现物权等目的,按照约定 向登记机构申请办理的预先登记"[①]。"创设预告登记制度是我国不动产市场发展的客观需要,是现实生活的迫切需要,同时也有益于完善我国不动产登记制度。预告登记制度的实质是限制债务人处分,从而保护债权请求权的实现。最突出的一种情形就是消费者购买预售的住房。房屋关乎生存权,此时消费者的利益得不到保障,急需法律加以保护。"[②]

我国预告登记制度创立的初衷是针对商品房预售中的种种乱象,但其实际应用范围并不仅限于商品房预售领域。该制度始创于《物权法》,后《房屋登记办法》《不动产登记暂行条例实施细则》等部门规章将其具体化,将预告登记范围确定为商品房等不动产预售,不动产买卖、抵押,以预购商品房设定抵押权,法律、行政法规规定的其他情形等四大类。我国《民法典》继承了《物权法》预告登记制度,规定当事人签订房屋买卖协议或者签订其他不动产物权协议,为保障将来实现物权,按照约定可以向登记机构申请预告登记;预告登记后,未经预告登记的权利人同意,处分该不动产的,不发生物权效力;预告登记后,债权消灭或者自能够进行不动产登记之日起九十日内未申请登记的,预告登记失效。可见,预告登记,是"临时登记,是通过赋予被登记的以不动产物权变动为目的的债权请求权以物权效力,担保该权利实现的特殊登记,乃债权担保手段"[③]。

本案中,开发商2006年5月与费女士签订购房合同,将争议房屋(604住宅)出卖。2006年11月,开发商又将此房卖予王某,也签订了正式的商品房买卖合同。2007年1月,开发商依约将争议房屋交给费女士,并为其办好了房屋产权证。从此过程中可以看出,无论费女士还是王某的购房行为,都缺少法律风险防范意识,都没有想到开发商会有"一房二卖"之行为发生。如果他们中的任何一人在购房合同签订之时,对争议房屋进行预告登记,都能防止"一房二卖"情况等发生,也不会产生合同订立预期之外的情形,更可以减少相应损失。当然,费女士和王某二人不同的预告登记行为,对对方的影响均是不同的。费女士与开发商订约在先,如果其在与开发商商定后,对争议房屋进行预告登记,则王某就不会与开发商对争议房屋再行订约,也就避免了"一房二卖"情形的发生;如果王某

---

① 王利明:《物权法研究》(上),中国人民大学出版社2007年版,第353页。
② 梁慧星:《中国民法典草案建议稿附理由物权编》,法律出版社2004年版,第245页。
③ 王荣珍:《不动产预告登记制度研究》,武汉大学2013年博士学位论文,第23页。

在与开发商商定后，对争议房屋进行预告登记，则后面就不会发生开发商为费女士办理争议房屋产权证结果，则王某就会实现订约的目的，而费女士将会遭受损失。当然，无论费女士还是王某，在订约前都应到房屋登记机构去进行不动产登记查询，在了解合同所涉房屋产权登记情况后，再决定是否订约。如果订约前不去查询，即使争议房屋进行了预告登记，也不会发挥其实际效果。

四、购房人的维权目的要明确，维权依据要准确

本案中，由于开发商"一房二卖"行为，致使王某权益受损是显而易见的，如何使其受损之权益得到及时、圆满之救济？其维权诉求确定非常之关键。本案中，开发商已经将争议房屋过户给费女士，并办理了房屋产权证；费女士又将争议房屋卖予现住户，也办理了房屋产权过户手续。目前，现住户是争议房屋的实际产权所有人。根据相关法律规定，争议房屋现住户对房屋产权取得，是符合法律规定的，其所有权受法律保护，任何人不得侵犯。此时，王某如若仍想获得争议房屋所有权已无可能，即使其向仲裁机构或法院提出相应的诉求，也不会得到支持。故其向仲裁机构提出，要求依法解除与开发商之间的房屋买卖合同，并要求开发商退回已付购房款、赔偿利息等经济损失请求是恰当的，也获得了仲裁机构的支持。因此，在"一房二卖"案件中，购房权利受损人在诉求选择时，应视具体情形而定。如果还有获得争议房屋可能的，可以选择要求开发商继续履行合同，及时交付争议房屋，以实现合同订立的目的；若本案争议房屋已无获得可能，就只能选择要求开发商返还财产、赔偿损失了。如若维权诉求选择错误，受损权利可能将无法获得救济。

本案中，王某已付房款返还及利息损失赔偿诉求获得支持，是无异议的，但其"一倍惩罚性赔偿"诉求如何提出？以何为依据？后果将大有不同。本案中，王某最初依约向仲裁机构提出仲裁申请之时，对"一倍惩罚性赔偿"提出的依据是《消费者权益保护法》[①]，但开发商随即以王某不具备《消费者权益保护法》中的"消费者"身份提出抗辩，拒绝"一倍惩罚性赔偿"。依据《消费者权益保护法》，消费者受保护的前提是具有消费者身份，只有具有消费者身份才可以主张消费者权利，享有消费者权益。无论理论还是实践中，对消费者都存在多种理解，如美国的《布莱克法律词典》认为，"消费者是那些购买'使用'、'持有'处理产品或服务的个人"；澳大利亚的消费者是指"为了使个人使用或家庭使用的目的而购买特定货物或接受服务的人"；法国的消费者是指"在从事职业行为之外，为满足个人需要而订立有关财产或服务的合同的一切自然人"。我国的《消费者权益保护法》规定，消费者为生活消费需要购买、使用商品或者接受服务，其权益受本法保护。基于上述规定与理解，

[①]　《消费者权益保护法》(1993)第49条规定，经营者提供商品或者服务有欺诈行为的，应当按照消费者的要求增加赔偿其受到的损失，增加赔偿的金额为消费者购买商品的价款或者接受服务的费用的一倍。《消费者权益保护法》(2013年修正)第55条规定，经营者提供商品或者服务有欺诈行为的，应当按照消费者的要求增加赔偿其受到的损失，增加赔偿的金额为消费者购买商品的价款或者接受服务的费用的三倍。本案发生于2006年，因此本案若适用《消费者权益保护法》，当应适用《消费者权益保护法》(1993)。

消费者应是指"购买、使用、接受生活消费品或服务的个人"[①]。我国司法实践中,对于到底什么是消费者,哪些主体应受《消费者权益保护法》保护等问题仍存在很大的分歧和争议,其中分歧与争议的核心是对"为生活消费需要""生活消费品或服务"如何理解。为澄清实践中的模糊认识,《消费者权益保护法实施条例(2016 年征求稿)》中规定,"自然人、法人或其他组织以牟利为目的购买、使用商品或接受服务的,不适用本条例"。此《条例》虽还未通过,但对于统一实践中对"消费者"的理解歧义具有一定的指引作用。

本案中,开发商提出的抗辩理由是合理的,也是有依据的。因为王某购买本案争议房屋时,已经明确其购房是为了投资,而非自住,此购房目的与《消费者权益保护法》对消费者界定的"为生活消费需要"条件是不相符的;与《消费者权益保护法实施条例(2016 年征求稿)》中对消费者理解的立法精神也是不一致的。因此,王某以《消费者权益保护法》作为"一倍惩罚性赔偿"的诉求依据是站不住脚的。面对此种不利形势,王某随即作出了改变,即以《最高人民法院关于审理商品房买卖合同纠纷案件适用法律若干问题的解释》(2003 年颁布)第 8 条、第 9 条的规定(详见相关法律法规索引)作为诉求依据,向开发商提出"一倍惩罚性赔偿"。此种改变是及时的、正确的,也是有效的,最终王某的诉求得到了仲裁庭的支持。因此,合同纠纷维权中诉求目的是否明确,诉求依据是否准确至关重要,如操作不当,有可能维权失败,损失无法挽回。

五、合同当事人应善用仲裁程序解决法律纠纷

合同争议解决途径一般包括和解、调节、仲裁与诉讼等制度。和解,是指当事人在自愿互谅的基础上,就已发生的合同争议进行协商,自行解决争议的方式。本案中,王某与开发商在购房合同发生争议后,其曾积极试图与开发商沟通解决,但开发商诚意不足,导致无法达成和解协议。调解,是指双方当事人以外的第三者,以国家法律、法规和政策以及社会公德为依据,对争议双方进行疏导、劝说,促使他们相互谅解,进行协商,自愿达成协议,解决纠纷的活动。但调解制度的适用是以双方自愿为基础的,就本案来讲,开发商对纠纷的解决诚意不足,即使王某提出调解之意愿,也恐难达到纠纷解决之目的。仲裁制度前已详述,此处不再赘述。诉讼,俗称"打官司",是指"国家专门机关在当事人及其他诉讼参与人的参加下,依照法定程序办理案件的全部活动,以及进行此种活动的循序渐进的程序"[②]。诉讼与其他争议解决方式相比较,具有国家性、法律性、程序性和强制性等特点。

一般情况下,仲裁与诉讼是合同纠纷解决的两种重要法律途径。两种不同法律途径最终形成的判决书或裁决书,具有同样的法律既判力和执行力,但二者相比较,仲裁具有合同当事人可自由选择;协议管辖范围广;裁判期间短,一裁终局,程序简便;专家审理,具有权威性和说服力;成本较低,省时、省力、省钱;裁判过程保密,不公开等特点与优势。因此,在市场经济活动中,建议合同当事人可以优先选择仲裁来解决合同争议,尤其对于一些内容涉及商业秘密的合同争议的解决更应是首选。本案中,王某与开发商在合同订立

---

① 许建宇:《完善消费者立法若干基本问题研究》,载《浙江学刊》2001 年第 1 期。
② 刘玫 张建伟 熊秋红:《刑事诉讼法》,高等教育出版社 2014 年版,第 5 页。

之时，就约定由"南京市仲裁委仲裁解决"合同争议。争议发生后，王某也是依约向南京市仲裁委提出仲裁请求，并很快得以解决，开发商也依裁决履行了法律义务。足见裁决制度的优势，这也是近些年我国仲裁案件数量激增的原因所在。

诚信经营对于企业来讲不仅是道德义务，更是法律义务。市场经济环境中，企业应诚信经营，自觉践行契约精神，在合同交易中实现自由、平等、权利等市场价值，获得正当利益并实现可持续发展。包括消费者在内的所有市场参与者应依法行使权利（权力），当权利受侵害时应积极维权，共同维护和谐、诚信、良性发展的市场秩序。

思考题

1.企业不诚信经营的危害有哪些？

2.企业恶意订约，故意违约会产生哪些法律风险？

3.购房者应如何防范"一房二卖"情形的发生？

4.预告登记的具体操作程序有哪些？

5.合同仲裁机构应如何选择？

参考文献

1.王利明：《物权法研究》（上），中国人民大学出版社 2007 年版。

2.梁慧星：《中国民法典草案建议稿附理由物权编》，法律出版社 2004 年版。

3.王荣珍：《不动产预告登记制度研究》，武汉大学 2013 年博士学位论文。

4.徐国栋：《民法基本原则解释》，中国政法大学出版社 2004 年版。

5.向飞、陈友春：《企业法律风险评估》，法律出版社 2006 年版。

6.《中国国际商事仲裁年度报告（2018—2019）》，中国国际经济贸易仲裁委员会 2019 年 11 月发布。

7.《民法典》（2020 年 5 月 28 日通过，自 2021 年 1 月 1 日起施行）。

案例十一 港珠澳大桥——树牢工程生态观，坚持可持续发展

提　要	好的工程会把自然的规律性和人的目的性有机结合起来，既有利于人类的理性要求，又有利于自然。在工程活动中应该秉持绿色协调可持续的现代工程生态观，树立可持续发展的理念，建立健全环保监督评价体系，勇于科技创新，把保护环境与工程建设统一协调起来，既保护生态发展又符合经济社会发展需要。
基本概念	港珠澳大桥　工程生态观　环境伦理　可持续发展

案情简介

港珠澳大桥是中国境内一座连接香港、广东珠海和澳门的桥隧工程，大桥于 2009 年 12 月 15 日动工建设，2017 年 7 月 7 日实现主体工程全线贯通，2018 年 2 月 6 日完成主体工程验收，同年 10 月 24 日上午 9 时开通运营。港珠澳大桥桥隧全长 55 千米，其中主桥 29.6 千米、香港口岸至珠澳口岸 41.6 千米；桥面为双向六车道高速公路，设计速度 100 千米/小时，工程项目总投资额 1269 亿元。港珠澳大桥是世界上里程最长、沉管隧道最长、寿命最长、钢结构最大、施工难度最大、技术含量最高、科学专利和投资金额最多的跨海大桥。

大桥穿越白海豚①自然保护区核心区约 9 公里、缓冲区约 5.5 公里，共涉及保护区海域约 29 平方公里。为了让白海豚"不搬家"，对中华白海豚保护的研究，远早于港珠澳大桥建设。从前期评估起，便打响了中华白海豚"保卫战"。2004 年 12 月，粤港澳三地政府同意委托中国水产科学研究院南海水产研究所开展中华白海豚自然保护研究工作。建设和施工方案反复"推倒重来"，4 年才敲定保护方案。

据不完全统计，在大桥修建过程中，为保护白海豚，耗资约 3.4 亿元。除安排大桥海

---

① 中华白海豚是水生哺乳动物，用肺进行呼吸，呼吸孔在头顶端，呼吸时需露出水面。这种可爱动物有"美人鱼"和"水上大熊猫"之称，粤、闽、港、台、澳的渔民以海上女神妈祖的名号，誉称它为"妈祖鱼"。1988 年，白海豚被列为国家一级重点保护的濒危野生动物。

洋生物资源补偿费用 1.88 亿元外,用于白海豚保护的投入约 1.6 亿元。港珠澳大桥的建设过程,没有出现大的安全事故、质量事故和环境污染事故,做到了人与工程、环境和谐相处,实现了海上"三零"(零死亡、零污染、零事故),实现了白海豚"零伤亡"的目标。

除了资金投入,港珠澳大桥管理局还引进了系统、科学、严格的安全环保与职业健康(英文简称 HSE)管理体系,通过系统性考虑安全与环保问题,为大桥建设保驾护航,并专门成立了安全环保部,负责与环境保护、渔业(生态)资源保护和中华白海豚保护等相关主管部门进行沟通、协调,这在中国内地交通基础设施建设领域尚属首例。同时,港珠澳大桥管理局还借鉴香港及国外先进管理经验,创新性地引进环保顾问咨询机制。

大桥建设前后有关部门实施了 300 多项课题研究,发表论文逾 500 篇、出版专著 18 部、编制标准和指南 30 项、软件著作权 11 项;创新项目超过 1000 个、创建工法 40 多项,形成 63 份技术标准、创造 600 多项专利(中国国内专利授权 53 项);先后攻克了人工岛快速成岛、深埋沉管结构设计、隧道复合基础等十余项世界级技术难题,带动 20 个基地和生产线的建设,形成拥有中国自主知识产权的核心技术,建立了中国跨海通道建设工业化技术体系。

2017 年《广东省海洋环境状况公报》显示,2017 年珠江口水域栖息的中华白海豚新增 234 头,累计已识别海豚 2367 头,已经连续 5 年递增。如果保护不好白海豚,港珠澳大桥即便如期完工,也算不上真正的成功。港珠澳大桥工程决策者和建设者始终如一,像保护眼睛一样保护生态环境。大桥通车,中华白海豚不搬家——9 年前的庄严承诺,港珠澳大桥建设者做到了。[①]

案情分析与结论

一、港珠澳大桥工程是一项绿色工程,秉持了工程生态观

本案港珠澳大桥建设可谓世纪工程,难度前所未有,从整个项目的可行性分析、到立项、建设、完工整个过程中做到了人与工程、环境和谐相处,充分尊重生物生存的权利,保护中华白海豚生活区。管理者为中华白海豚划定了自然保护区,但为了经济社会发展又不得不开展建设时,决策者管理者建设者的发展理念都对工程环境建设起着非常重要的作用。大桥在建设之前就树立了工程完工大桥通车中华白海豚不搬家的信念,这充分说明工程建设者秉持着工程生态观,这是值得肯定的理念和学习借鉴的经验。

二、港珠澳大桥建设者将工程建设与环境保护并行,遵循可持续发展原则

过去人们通常容易将发展经济与保护环境对立起来,鱼与熊掌不可兼得。要开发建设就会让环境受损,要么就不要开发片面强调保护环境。但港珠澳大桥的建设者在建桥

---

① 《"大桥通车白海豚不搬家"承诺兑现》,南方日报,2018 年 10 月 25 日第 A07 版,https://www.sohu.com/a/271133964_161794,2021-01-14。

之初就树立了保护先行的理念,创造性地设置了环保顾问制度,始终树立环境保护意识,遵循中华白海豚的自然生活规律开展工程建设。在白海豚繁殖高峰期时,不进行大规模疏浚、开挖等容易产生大量悬浮物的作业活动;当有中华白海豚在工程附近活动时立即停止或减少部分工程作业,充分体现了尊重自然、保护生态的理念,遵循自然规律开展工程,达到可持续建设和可持续发展的目的。

三、环境保护是系统工程需要多方参与

庞大的工程建设涉及诸多的环境问题,可能对水、土壤、大气、动植物生存等造成严重影响。在大桥建设过程中,工程方设立了安全与环保健康体系,并专门成立了安全环保部,负责与环境保护、渔业(生态)资源保护和中华白海豚保护等相关主管部门进行沟通、协调,保证工程过程中更多建设主体共同参与到环境保护中,协调各方为工程建设提供环境保护。

四、保护生态环境既对现代工程提出挑战又有利于科技创新

对生态环境的保护一般或多或少都会对人们开发利用自然资源、建设有关工程产生一定的制约,但是如果能够很好地克服因环保要求带来的困难和所产生的制约,往往会产出很多创新性的成果。本案例中大桥建设前后实施了300多项课题研究,发表论文逾500篇(科技论文235篇)、出版专著18部、编制标准和指南30项、软件著作权11项;创新项目超过1000个、创建工法40多项,形成63份技术标准、创造600多项专利(中国国内专利授权53项)。最终形成了拥有中国自主知识产权的核心技术,建立了中国跨海通道建设工业化技术体系。

相关概念释义

环境伦理学

环境伦理学是研究人类生存发展过程中,人类个体与自然环境系统和社会环境(人类群里)系统,及社会环境系统与自然环境系统之间的伦理道德行为关系的科学。环境伦理学的研究内容首先是作为道德主体的环境意识、环境道德观念、环境道德情感、环境道德原则、环境道德规范等一系列人类主观内省性的环境伦理学内容。

环境伦理学主要可分为两大类。一是人类中心主义,二是非人类中心主义。人类中心主义主张人与自然的相互作用中将人的利益位置放在首位,强调人类的利益应成为人类处理自身与外部生态关系的根本价值尺度。人类中心主义强调以人为中心,过分地强调对自然的统治和索取;20世纪中叶以来西方生态文明理论的主流观点是非人类中心主义的,其理论表现形式主要有动物解放论、动物权利论、生物中心论、生态中心论等等。这种观点认为,我们强调要保护生态环境、确认人对自然的道德义务和责任,不是为了人类的利益和人类需要的满足,不是基于自然事物相对于人类的工具价值,而是基于自然界的

利益和自然事物本身具有的"内在价值"。

相关理论与制度解读

一、工程观念及其演变

工程是直接的生产力，工程活动是人类社会存在和发展的物质基础，既体现了人与自然的关系也体现了人与社会的关系。构建一个新的存在物是工程活动的核心标志。"任何活动都是在一定的理念支配下进行的，工程理念的内涵十分丰富，凝聚并支配着工程系统观、工程社会观、工程生态观、工程伦理观和工程文化观等。"[①]

工程系统观：从辩证法关于普遍联系、相互作用的系统思想来看，工程本身是一个系统，工程与外部环境（自然、经济、社会）是一个包括工程在内的更大的系统。进行工程活动时，不仅要考虑工程自身的系统，尤其要考虑工程与它外部环境构成的系统。

工程生态观：马克思主义强调自然是优先于人类存在的，人本身是自然界的产物，人类社会的发展依赖于自然界生态系统的平衡与发展。"没有自然界，劳动者就什么也不能创造"，工程活动是人与自然界相互作用的中介，对自然、环境、生态都产生了直接影响，因而生态自然观就是要考虑生态规律的约束和生态环境的优化。工程与生态环境的协调与优化、生态技术、生态建设是现代工程理念的首要内容。

工程社会观：工程是人类有目的、有计划、有组织的改造世界的活动，既包括自然界，也包括社会。工程主体性包括投资者、管理者、工程师、工人，因此在工程活动中，不仅要有技术规范，而且要有法律、伦理、宗教、文化的规范。

工程伦理观：在公共活动中最根本的伦理观是工程师应该自觉地担负起对人类健康、安全和福祉的责任，并将公众的安全、健康和福祉置于首要原则位置。这些原则的具体化包括：质量与安全、诚实、公平、公正。

工程文化观：工程是在一定的文化背景下进行的，因而工程活动、建构和建设必然反映它所处的时代的文化，这主要体现在活动的主题和价值观方面。工程文化具有整体性和渗透性，突出工程中表现出来的民族精神、时代精神、地域特点、审美性质，工程文化对工程设计、实施评价都会产生重要影响。

随着科技、社会、经济、历史的不断发展，人类的认识水平的不断提高，人们的工程理念的发展也会随之发生转变。总的来看，工程理念经历了三个历史时代——从听天由命到片面强调征服自然，再到天人和谐的过程。

[①]　张永强：《工程伦理学》，北京理工大学出版社2013年版，第71页。

二、环境伦理思想发展史

环境伦理也叫生态伦理,与传统伦理的最大不同,就在于它冲破了传统伦理学只研究人与人之间道德关系的戒律,将目光从只研究人与人之间的伦理关系转向人与自然的伦理关系,把道德关怀的对象从人类社会扩展到非人类的自然界,以及人与自然的统一体,这不仅是一场伦理学上的革命,还是人类文明进步的体现①。环境伦理的产生和发展也是有一个过程的。从20世纪五六十年代开始,随着工业化的发展,人口急剧增加,生产力飞速发展,科学技术不断进步,人类影响自然界的规模和深度不断扩大。工业"三废"和生活污水等造成的环境污染和生态破坏也日益严重,环境问题的出现使人们认识到人类只有一个地球,环境资源是稀缺的,环境问题也开始成为一个全球性普遍性的社会问题,引起世界各国的普遍关注。但环境伦理思想的萌芽从古代就开始了,而且中西方皆有之。

中国古代传统儒家、道家等哲学思想中蕴含着丰富的生态伦理思想。儒家表达的是宇宙万物"生生不息"、"万物化生"、生命永续的一种概括,最高境界是达到天人合一。儒家哲学本质上是生态哲学,其基本原则是天人合一。其所谓的天的规定性"生生",是自然的"合目的性",儒家生态哲学要求人主动地实现与天地相贯通的本体,做到"为天地立心",使万物尽性。对于动植物、土地、河流、山脉,儒家都有其生态哲学层面上的表述②。道家"无为而治"是建立在"道法自然"思想基础上的。"法道"思想就是要求遵循自然、社会生态系统自组织演化规律,充分发挥自然、社会生态系统自组织演化的作用,"无为而治"思想具有可持续发展的意义。当代中国环境伦理思想,是以马克思主义生态观为指导,纳入生态文明建设中,是中国特色社会主义五位一体总布局的重要方面。

古希腊哲学在西方思想中占有重要地位,并对西方近代的二元论及其导致的人类中心主义生态伦理观产生了重要影响。古希腊哲学关于物质的本质、物质与灵魂的关系的思索是其重要内容,其中对后世影响较为深远的是柏拉图的实在二元世界论,试图追溯世界本源的普遍性,只关注那些必然的和普遍的关系,以及在所有时间和地点都存在的关系③。亚里士多德认识到了环境变化的频繁发生,然而没有发展出保护自然的任何兴趣。1949年,利奥波德《沙乡年鉴》的出版,标志着生态伦理学的诞生,创造性地提出了"土地伦理"学说,第一次把人与自然的关系和生态学思想引入伦理学领域。罗尔斯顿的《哲学走向荒野》,便开始考虑诸如生态伦理能否作为一种哲学上的伦理学说而存在、自然除了工具价值外是否存在客观的内在价值等环境伦理学的问题。罗尔斯顿把利奥波德没有充分论述的关于自然的生态思想加以深化,在生态整体主义的基础上,形成了以自然价值论为理论核心的生态哲学思想。20世纪中叶以来西方生态文明理论的主流观点是非人类中心主义的,其理论表现形式主要有动物解放论、动物权利论、生物中心论、生态中心论等

---

① 王南林:《环境伦理:生态文明的道德基础和建设手段》,载《南开学报(哲学社会科学版)》2008年第5期。

② 何子建:《传统思想文化与生态文明建设——2015全国环境哲学与环境伦理学年会综述》,载《南京林业大学学报(人文社会科学版)》2015年第4期。

③ [美]尤金·哈格洛夫:《环境伦理学基础》杨勇进、江亚、郭辉译,重庆出版社2007年版,第30~31页。

等。这种观点强调要保护生态环境、确认人对自然的道德义务和责任,不是为了人类的利益和人类需要的满足,不是基于自然事物相对于人类的工具价值,而是基于自然界的利益和自然事物本身具有的"内在价值"。

三、环境工程伦理原则

工程中的环境伦理不仅考虑人的利益,还要考虑自然环境的利益,更要把两者的利益放到系统整体中来考虑。通常工程活动中人的利益是工程的首要目标。自然资源作为资源和场所常常被排斥在利益考虑之外,即使被考虑也只是在担心会影响或者危害人自身的时候。现代工程的价值观,要求人与自然利益双赢,即使在冲突的情况下也需要平衡,这就要求把自然利益提升到合理的位置。现代工程活动中的环境伦理原则主要由尊重原则、整体性原则、不损害原则和补偿原则四部分组成。

尊重原则。一种行为是否正确,取决于他是否体现尊重自然这一根本性的道德态度。人对自然环境的尊重取决于我们如何理解自然环境及其与人的关系。尊重原则,体现了我们对自然环境的道德态度,因而成为我们行动的首要原则。

整体性原则。一种行为是否正确,取决于他是否遵从了环境利益与人类利益相协调,而非仅仅依据人的意愿和需要这个立场。这一原则旨在说明人与环境是一个相互依赖的整体,它要求人类在确定自然资源的开发利用时必须充分考虑自然环境的整体状况,尤其是生态利益,任何在工程活动中只考虑人的利益的行为都是错误的。

不损害原则。一种行为,如果以严重损害自然环境的健康为代价,那么它就是错误的。不损害原则,隐含着这样的义务,在工程活动中不应破坏自然生态。不对自然环境造成不可逆转或不可修复的损害。

补偿原则。当工程活动对自然环境造成了损害,那么责任人必须作出必要的补偿,积极修复被破坏的生态环境。这一原则要求人们必须为自己的错误行为负责并承担由此带来的补偿义务。

四、工程共同体的环境伦理责任

工程共同体是工程活动的主体,主要包括工程师在内的相关人员。要保证工程活动不损害环境,甚至有利于环境保护,就必须针对工程共同体在工程活动中的地位和角色,赋予工程共同体的环境伦理责任。

工程共同体的环境伦理责任主要指工程过程应切实考虑自然生态及社会对其生产活动的承受性,应考虑其行为是否会造成公害,是否会导致环境污染,是否浪费了自然资源,要求企业公正地对待自然限制企业对自然资源的过度开发。"最大限度地保持自然界的生态平衡,在这方面国际性组织环境责任经济联盟(CERES)为企业制定了一套改善环境治理工作的标准,作为工程共同体的行动指南。"①它涉及对环境影响的各个方面,如保护物种生存环境对自然资源进行可持续利用,减少制造垃圾和能源使用,恢复被破坏的环境等。承诺该原则意味着共同体将持续为改善环境而努力,并且为其全部经济活动对环

---

① 李正风、丛杭青、王前等编:《工程伦理》,清华大学出版社 2019 年版,第 95 页。

境造成的影响担责。工程共同体通常由项目投资人、设计者、工程师和工人构成，每个成员担负的环境伦理责任是不一样的。在公众活动中，前三者的作用远远大于后者，他们对工程的环境影响应该负有主要责任。环境伦理在决策过程中是不可缺少的，是在工作活动中起着举足轻重的作用。

案例启示

一、要树立和谐发展的工程生态观

工程生态观最基本的思想就是尊重自然，承认自然存在的合理性和价值，其改变了人类中心主义为核心的传统工程观，树立了人与自然和谐发展的工程观。在具体的工程实践活动中，就是要反对技术滥用，通过合理利用技术，实现工程、技术、生态的一体化设计。正视并正确处理人与自然中一切生存与发展的利益关系。

案例中，港珠澳大桥的建设者对中华白海豚保护的研究，远早于港珠澳大桥建设，并用 4 年的时间反复研究论证建设和保护方案，最终做到了人与工程、环境和谐相处，实现了海上"三零"的目标。这充分说明了树立和谐发展的工程生态观是有必要的、可行的。港珠澳大桥的建设是国家经济社会政治文化发展交流的迫切需要，对提升三地经济和文化交流具有重大意义。面对建设中需要穿过中华白海豚自然生态保护区这一问题时，工程的决策者、建设者、参与者均没有按照传统的开发理念，将工程利益和经济社会发展需求放在首位，而是优先考虑生态保护。可以说港珠澳大桥工程做到了与生态环境相融合，尊重自然规律，在工程活动中能正确认识和处理工程与生态之间的关系。把工程完工白海豚"不搬家"作为工程活动的前提和信念，充分体现了大桥建设者坚持和谐发展的工程生态观。大桥建设者不把此工程看作是改造自然的活动，而是作为协调人与自然、维护生态平衡、实现生态和谐保护，承认中华白海豚存在的合理性和重要价值，通过工程活动对环境进行重建和优化，实现工程与生态环境相互促进，最终实现中华白海豚"不搬家"。因此，合理改善和利用自然是人类生存的一种权利，但尊重自然规律，加强环境保护通过工程实现生态平衡也是人类的义务。树立和谐发展的生态观需要建立在对自然尊重的基础上，即既满足人类经济社会发展的需要，又不对生态造成不可修复或逆转的伤害。

二、工程开发应树立可持续发展观

可持续这一概念是由生态学家首先提出，旨在说明自然资源极其开发利用程度间的平衡。可持续发展观是指既要满足当代人的需求，又不对后代人满足其自身需求的能力构成危害的发展，它均衡地考虑了人类的福利与生态系统健康。恩格斯指出，我们这个世界面临着两大变革，即人同自然的和解以及人同本身的和解[①]。可持续发展是突出发展的主题，重视发展的可持续，关注后代人的利益，强调人与自然的和谐共生，因此其深层意

---

① 马克思、恩格斯：《马克思恩格斯全集》（第 1 卷），人民出版社 1995 年版，第 603 页

义不是自然对文明的限制,而是文明向自然的拓展或生成。

案例中,港珠澳大桥建设后期,通过跟踪识别的海豚数连续递增,说明工程开发过程中对自然生态环境尤其是大桥周围的水质没有造成有害影响,这得益于工程开发过程中秉持的可持续发展理念。正如大桥建设所追求的那样,如果保护不好白海豚,港珠澳大桥即便如期完工,也算不上真正的成功。港珠澳大桥工程决策者和建设者始终如一,像保护眼睛一样保护生态环境。"可持续发展理念既不是简单的人类中心主义,也不是片面的非人类中心主义或生态中心主义,而是以人为本,以人民为中心的发展理念,是在满足人民群众基本生活需要之后如何进一步满足人民群众对美好生活的追求和向往。可持续发展不再是对生态环境造成严重破坏和污染的不可持续的发展,而应该是以维系人类与自然和谐关系为基础的协调、绿色和共享的发展。"①因此,人类仍有权力利用自然满足自身的生存需要。但拥有使用这种权力的前提是以不改变自然的基本秩序为限度,是以尊重自然存在的事实,保持自然规律的稳定性为基础性的。人类为改善自身的生存环境,提高生活质量,推动社会文明的发展不可避免地要从事改造自然环境和利用自然资源工程活动。这样的工程活动通常都具有现实目标和可以计算的经济效益。但是从地球前途和人类命运长远考虑有些工程所获得利益仅仅是眼前的、局部的。在工程开发过程中,如果没有树立可持续发展观,依然秉持传统的只考虑人的利益的人类中心主义,将很难保证在工程活动中不造成不可挽回的生态破坏。这种工程并不能达到造福人类的目的,反而有可能成为遗祸子孙的毒瘤。因此,人对自然的权利和义务界限的终极目标是人与自然和谐维持可持续发展,人类对生存环境负有共同的责任,共同享有健康的环境,可持续发展的能力突破了传统的物种关系,民族文化关系的局限,从全球范围内考虑公平公正的问题,从人类与自然共同长远的利益出发,主张全球共同利益与责任、主张代际间公平地享有地球资源与清洁环境这一视角突破了传统伦理界限与人际关系的局限,与人与自从人与自然的关系。作为工程技术人员在从事工程活动时,一定要坚持可持续发展观,肩负起对人类未来发展可持续发展的责任。面对当前工程活动中的诸多矛盾问题,工程的决策者、管理者实践的必须转变粗放发展的工程理念,树立可持续发展的工程理念。

三、工程共同体应该弘扬生态整体观

生态整体观是从人与自然普遍联系的整体系统论出发,以生态整体利益为追求目标,对自然的内在价值进行充分肯定和认可,由此建立人与自然在道德层面上的良性互动关系,从而实现人与自然二者和谐统一的理论。工程活动与生产活动息息相关,任何物质的创造都会使用自然资源消耗资源,在消耗资源的过程中必然会有废弃物的排放,只有将人类和自然作为一个整体,才能保证工程实施的目的是造福人类并且不破坏生态环境。

案例中,大桥建设和管理方除了资金投入保护生态外,还引进了系统、科学、严格的安全环保与职业健康管理体系,系统性地考虑安全与环保问题,专门成立了安全环保部,负责与环境保护、渔业(生态)资源保护和中华白海豚保护等相关主管部门进行沟通、协调,

---

① 王雨辰:《构建中国形态的生态文明理论》,载《武汉大学学报(哲学社会科学版)》2020 年第 6 期。

这在中国内地交通基础设施建设领域尚属首例。这些都体现了大桥工程的管理者和建设者等工程共同体利用生态整体价值观。环境保护不是一个人、一个部门能做到的,需要多方共同努力、协调处理。除了将工程直接参与者纳入环境保护外,还需要联合工程以外的环保部门协助配合。生态整体主义超越了以人类自身的尊严、自由和权力为核心,着重强调要维护生态系统的整体利益,强调要以整体的观点看待世界。生态整体主义认为人类与自然界中其他生命存在形式都是这个整体的组成部分,强调生态系统的整体利益,同时也不否认人类对自然界的控制和改造,但是这种控制和改造要在生态系统能够承受的范围之内,人类与自然界及其中的生命存在形式属于生态学意义上的平等,并没有贬低人类是有意识的能动的存在物。某种意义上保护生态就是保护人类自身,保护中华白海豚也是保护人类共有的生物资源。当人类的利益与自然的利益发生冲突时,我们可以依据一组评价标准对何种原则具有优先性进行排序,并通过运用排序的原则先后来判断我们行为的正当性。根据前面的整体利益高于局部利益原则,人类的一切活动都应该服从自然生态的根本需要。需要性原则,有权衡人与自然利益优先顺序上的需要。当然,自然的整体利益与人的局部利益发生冲突时,可依据原则一来解决;当自然的局部利益与人类的局部利益或人与自然的整体利益与人类的整体利益发生冲突,则需要依据原则二来解决;只有在一种罕见极端的情况下,即人类与自然环境,同时面临生存,而且无任何其他选择时,人的利益才具有优先性。

四、善于在工程全过程中健全环保监督评价体系

环保监督评价体系对促进科学合理的工程开发是具有重要督促和指导意义的。在工程建设工程中,不管是从宏观层面还是微观层面,不管从工程系统层面还是某个环节,都应该建立健全工程环保监督评价。过去的传统,往往比较注重前期环保评估,容易忽视建设中和建设后的环境保护及评价。因此,环保监督工作总存在一些漏洞,这些漏洞看似并不严重,实则严重危及环保工程的长期运行。所以必须要建立和加强对工程的全过程及工程建设前的环境影响评估、建设过程对环境的影响及保护情况,和工程完成后对周围生态的影响等全过程的监督评价体系。

案例中,港珠澳大桥管理局借鉴香港及国外先进管理经验,创新性地引进环保顾问咨询机制。环保顾问指具有环境保护及相关专业的团队或个人,利用所掌握的专业知识为政府、企事业单位或个人提供咨询意见,审查聘请方的相关措施是否符合相关规定并提出纠正措施,为聘请方的相关决策活动提供专业意见。"具体包括参与或承担聘请方环境政策的制定,环境影响评价,环境管理制度的建立,环境保护措施的制定及落实情况监督,环境保护宣传,环境保护审核,环境监测与评估,环境保护技术的开发及引进,环境保护设施的选定等。"[①]环保顾问工作能够贯穿工程立项、设计、施工与运营的全生命周期,使得环境管理工作环环相扣,顾问团队积极参与大桥工程施工期的环境监测工作。环境监测可以为指导施工、保护环境以及预防环境污染事故提供重要的科技依据,为竣工验收提供必

---

① 冼宪恒、段国钦、黄志雄等:《海洋工程环保顾问工作制度初探——以港珠澳大桥工程为例》,载《海洋湖沼通报》2014年第3期。

要的背景资料。通过环境监测，用现场监测数据定量分析说明当前环境现状，及时掌握环境变化情况，对于出现超标或不利于环境保护的严重行为及时通知施工方进行整改，并采取相应的补救措施。案例中的环保顾问工作制度的实施，进行施工期环境保护的管理工作，有效控制海洋工程施工期的生态环境破坏问题，是促进生态文明建设的重要手段，对海洋工程及相关工程的环境管理提供了有益借鉴。

五、善于利用科技创新加强环境保护

对于技术能否有利于保护环境解决生态危机问题，存在技术悲观主义和技术乐观主义。前者强调技术进步和革新导致了人与自然关系的日益紧张，因此主张放弃技术，回到前技术时代。技术乐观主义者认为技术进步和技术革新能够解决现代化发展过程中出现的生态问题。正如奥康纳批判所指出的，"据说技术不仅可以使我们免于自然的暴戾，而且还慷慨地授予我们富裕的生活"。因此，技术乐观主义坚持通过技术革新和市场完善，通过经济无限增长来解决生态危机。因为，技术并不是造成生态问题的根源，关键在于如何运用。技术的运用会受经济、政治、文化和社会结构的影响，技术的进步和革新必须对制度以及价值观改革的基础上才能发挥作用。生态文明型的经济现代化要求我们必须建立符合生态文明观念的科学技术体系。确保科技能为生态经济的发展提供有力支撑，即一方面要保护经济，一方面要保护生态环境，实行生态环境和经济发展的共赢。当前，要努力使科学技术为绿色发展循环发展和科学发展服务。首先符合生态文明要求的绿色科技与自然之间是可以对话的伙伴。科技发展的目的，不应该是控制自然征服自然。因为自然永远不会被人类完全控制。正如普利高津所指出的，可以被控制的绝不是完全真实的，真实的绝对不是可被完全控制的。绿色科技应该追求以人为本，保障生态安全，维护生态健康。也就是说，绿色科技更加强调道德约束和对自然的敬畏。

案例中大桥建设者在工程的初期遇到了很多前所未有的困难，但通过加强有关问题的课题研究，增强科技创新，其中创新项目超过 1000 个、创建工法 40 多项，形成 63 份技术标准、创造 600 多项专利（中国国内专利授权 53 项）；先后攻克了人工岛快速成岛、深埋沉管结构设计、隧道复合基础等 10 余项世界级技术难题，带动 20 个基地和生产线的建设，形成拥有中国自主知识产权的核心技术，建立了中国跨海通道建设工业化技术体系。这一系列的措施都是旨在通过科技创新，促进生态工程建设，同时加强保护生态，形成生态环境保护与经济社会共同发展的模式。反之，如果不加强技术创新则既不能较好地完成工程需求，同时也不能满足保护环境的需要。因此重点工程、重大项目中，要敢于创新、勇于克服困难，用生态科技观提升科技为工程、为社会经济、为保护生态环境服务能力。一方面生态环境保护可能会阻碍工程建设，因为不解决好生态保护问题可能会影响工程进度，甚至有可能会让工程建设前功尽弃，或者是选择以破坏生态为代价继续进行工程活动。对生态的保护往往会增加项目成本，这也是很多工程项目在建设过程中不注重环境保护的原因；另一方面，如果能够克服保护生态影响所带来的困难，将会获得丰富的回报。当然这个过程是需要工程共同体甚至是共同以外的力量的大力参与和支持。总之我们要以乐观的态度对待科技创新，对待工程中因加强环境保护所带来的困难，相信科技创新与保护生态环境可以相互促进。

思考题

    1.在工程活动中如何更好地秉持工程生态观?

    2.在工程建设中如何树立可持续发展理念?

    3.工程共同体要承担哪些生态责任?

    4.谈谈科技创新与环境保护之间的关系。

参考文献

    1.王志新:《工程伦理学教程》,经济科学出版社 2018 年版。

    2.张永强主编:《工程伦理学》,北京理工大学出版社 2011 年版。

    3.肖平:《工程伦理导论》,北京大学出版社 2009 年版。

    4.李正风、丛航青、王前等编:《工程伦理》,清华大学出版社 2019 年版。

    5.[美]尤金·哈格洛夫:《环境伦理学基础》杨勇进、江亚、郭辉译,重庆出版社 2007 年版。

案例十二　化工废物爆炸——工程安全无小事，依规依法需谨行

提　　要	化学工程与生态环境和人的生命健康安全关联紧密，在工程活动中应该加强工程安全意识，保证安全生产，打造高质量的化工产业，在化学工程活动中更要加强对人的生命健康安全以及生态环境的考虑。为保证安全生产，避免安全事故发生，还需要加强监督管理。
基本概念	化工伦理　安全责任　环境工程　环境伦理

案情简介

　　2019 年 3 月 21 日 14 时 48 分，位于江苏省盐城市响水县生态化工园区的天嘉宜化工有限公司发生特别重大爆炸事故，造成 78 人死亡、76 人重伤、640 人住院治疗，直接经济损失 19.86 亿元。3 月 22 日，国务院江苏响水"3·21"特别重大爆炸事故调查组成立。事故调查组由应急管理部牵头，工业和信息化部、公安部、生态环境部、全国总工会和江苏省政府参加，聘请爆炸、刑侦、化工、环保等方面的专家参与调查。通过反复现场勘验、检测鉴定、调阅资料、人员问询、模拟实验、专家论证等，查明此次事故是一起长期违法贮存危险废物导致自燃，进而引发爆炸的特别重大生产安全责任事故。事故造成爆炸点周边 4 千米范围内受水汽污染，三排河受污染水体约 1.3 万立方米，苯胺类超标 641 倍，氨氮超标 103 倍，化学需氧量超标 14 倍；新丰河受污染水体约 5 万立方米，苯胺类超标 103 倍，氨氮超标 84 倍，化学需氧量超标 8.3 倍。

　　事故调查组查明事故的直接原因是天嘉宜公司旧固废库内长期违法贮存的硝化废料持续积热升温导致自燃，燃烧引发爆炸。事故调查组认定，天嘉宜公司无视国家环境保护和安全生产法律法规，刻意瞒报、违法贮存、违法处置硝化废料，安全环保管理混乱，日常检查弄虚作假，固废仓库等工程未批先建。相关环评、安评等中介服务机构严重违法违规，出具虚假失实评价报告。事故调查组同时认定，江苏省各级应急管理部门履行安全生产综合监管职责不到位，生态环境部门未认真履行危险废物监管职责，工信、市场监管、规划、住建和消防等部门也不同程度地存在违规行为。响水县和生态化工园区招商引资安全环保把关不严，对天嘉宜公司长期存在的重大风险隐患视而不见，复产把关流于形式。

江苏省、盐城市未认真落实地方党政领导干部安全生产责任制,重大安全风险排查管控不全面、不深入、不扎实。

江苏倪家巷集团有限公司法定代表人、董事长兼总经理、江苏天嘉宜化工有限公司实际控制人倪成良,江苏天嘉宜化工有限公司总经理张勤岳,江苏天工大成安全技术有限公司董事长单国勋等44人,因涉嫌非法贮存危险物质罪、重大劳动安全事故罪、污染环境罪、提供虚假证明文件罪,被公安机关立案侦查并采取刑事强制措施。响水生态化工园区党工委书记朱从国、响水县应急管理局局长孙锋、响水县时任环保局局长温劲松等15名公职人员,因涉嫌严重违纪违法被监察立案调查并采取留置措施。纪检监察机关对江苏省委常委、常务副省长樊金龙、副省长费高云,以及响水县、盐城市和省应急管理厅、生态环境厅等单位46名公职人员,进行了严肃问责,并分别给予警告、严重警告、记过和免职等党纪或行政处分。①

案情分析与结论

一、此次重大事故直接原因是由天嘉宜公司长期违法贮存硝化废料导致,反映了企业对安全生产不重视、监管不到位

化学工程的运行往往是一个持续变化的过程,需要不断地与周围系统进行物质交换,同时也会产生相应的新物质。对化学工程过程中产生的废弃物应该秉持化工过程安全原则。在化工生产建设过程中对生产环境、设备、材料的存储、运输、装卸都应该按照化工项目标准要求进行作业,并随时记录生产情况,开展专业的评估与监督,对容易产生安全事故的环节和危化品要提高预见性,科学地排查隐患。本案中天嘉宜公司无视国家环境保护和安全生产法律法规,刻意瞒报、违法贮存、违法处置硝化废料,持续积热升温导致自燃,燃烧引发爆炸,从而造成重大的人身伤亡和财产损失,并对周围的环境造成了极大的破坏。在长期的违法贮存硝化废料过程中企业内部及相关政府职能部门没有起到良好的监督作用,对可能造成的公众伤害视而不见,没有引起足够重视从而导致不可挽回的重大损失。

二、此次事故表明企业和相关安全生产责任人无视安全评估,没有把人民群众的安全和健康放在首要位置

事故预防的关键在于事前的安全隐患排查,化工建设项目在建设前、建设完成后和生产过程中都要进行安全评价,目的就是要消除可能导致重大事故的高风险隐患。根据《中华人民共和国安全生产法》第29条的规定,矿山金属冶炼建设项目和用于生产存储。装卸危险物品的建设项目,应当按照国家的有关规定进行安全评估。本案例中的相关环评、

---

① 案例摘自《江苏响水天嘉宜化工有限公司"3·21"特别重大爆炸事故》,载《齐鲁晚报》2019年11月16日第2版;王凤民、杨开新:《工程法律与伦理》,厦门大学出版社2020年版,第203页。

安评等中介服务机构不仅不进行科学有效的测评，还严重违法违规，出具虚假失实评价报告，对事故的产生在一定程度上起到了"推波助澜"的作用，导致 78 人死亡、76 人重伤、640 人住院治疗，直接经济损失 19.86 亿元，周边 4 千米范围内受水汽污染，有害物质严重超标，给周围人民群众生命健康造成了极大威胁。在化工企业生产中要将人的生命与健康安全作为首要考虑因素，科学地排查安全隐患、科学有效地开展安全评估，才能使人民群众远离此类安全事故。

三、此次事故中化工安全监督管理相关部门和负责人没有尽职履职导致了特别重大安全生产责任事故

此次事故中本应尽到安全生产监督管理职责的各级政府有关职能部门和负责人没有较好地起到应有的监督管理职责，对安全事故负有主要责任。应急管理部门履行安全生产综合监管职责不到位，生态环境部门未认真履行危险废物监管职责，工信、市场监管、规划、住建和消防等部门也不同程度地存在违规行为。响水县和生态化工园区招商引资安全环保把关不严，对天嘉宜公司长期存在的重大风险隐患视而不见，复产把关流于形式。相关安全生产责任人及责任部门履职不到位导致的特别重大安全事故，是一起安全生产责任事故。

相关概念释义

化学工程

化学工程有广义与狭义之分，从广义上界定，一切依托于化学原理和化学技术手段的造物活动都可以称为化学工程。从狭义上界定，"化学工程则特指以化学工艺作为主要技术支持的、以生产和处理特定化学品为目标的生产活动和生产企业。如污水处理厂、化学品生产企业、矿产开采和冶炼企业等"[①]。

化学工程伦理

化学工程伦理是工程伦理学下的一个分支。其是从社会而非技术的角度看化学工程，是将化学工程活动中涉及的工程与生态、工程与环境、工程与人的关系置于伦理学的角度下进行判断，以及考量工程主体在工程的决策和设计、工程的操作和运行等环节的价值判断标准和行为规范准则。

化工过程安全

化工过程安全是"安全领域的一个分支，是预防和控制化工过程特有的突发事故的系

---

① 尹晶：《化学工程的伦理研究》，昆明理工大学 2011 年硕士学位论文，第 5 页。

列安全技术及管理手段的总和，涉及建造、生产、储运、废弃等化工工程全生命周期的各个环节。与职业安全管理体系注重关注行为安全和作业安全不同，过程安全关注从设计开始的化工全过程的自身安全"[1]。

危险化学品

我国《危险化学品安全管理条例》规定，危险化学品，是指具有毒害、腐蚀、爆炸、燃烧、助燃等性质，对人体、设施、环境具有危害的剧毒化学品和其他化学品。

危险废物

我国《固体废物污染环境防治法》规定，危险废物，是指列入《国家危险废物名录》或者根据国家规定的危险废物鉴别标准和鉴别方法认定的具有危险特性的固体废物。《国家危险废物名录》第 4 条规定：列入《危险化学品目录》的化学品废弃后属于危险废物。

固体废物

我国《固体废物污染环境防治法》规定，固体废物，是指在生产、生活和其他活动中产生的丧失原有利用价值或者虽未丧失利用价值但被抛弃或者放弃的固态、半固态和置于容器中的气态的物品、物质以及法律、行政法规规定纳入固体废物管理的物品、物质。

相关理论与制度解读

一、化学工程中的伦理冲突

"化学工程是一个系统，涉及工程与生态、工程与环境、工程与人的关系"[2]，其中会面临不同的立场和利益诉求。工程与生态环境直接构成了工程与环境的伦理冲突。例如，从工程的角度来看，为了满足人的需要和经济社会发展，通常化学工程处理不当往往就很容易造成生态破坏和环境污染，因此如何既满足人类经济社会发展需要而又不破坏环境，就是化学工程伦理面临的问题之一。马克思主义的生态观或许可以为我们提供一些指导。马克思在《资本论》中指出人在与自然打交道时应"合理地调节他们和自然之间的物质交换"并"靠消耗最小的力量，在最无愧于和最适合他们的人类本性的条件下来进行这种物质交换"[3]。化学工程伦理真正要满足的是"人的全面发展"，包括人对经济、环境、资源等多方面的要求。化学工程伦理不能简单地用化学工程师的职业伦理来代替，它应该包括两个路径，一是从化学学科和化工技术的角度看化学工程，二是从化学工程师的职业和职业活动的角度看化学工程。

---

[1] 李正风、丛杭青、王前等编：《工程伦理》，清华大学出版社 2019 年版，第 210 页。

[2] 王凤民 杨开新：《工程法律与伦理》，厦门大学出版社 2020 年版，第 202 页。

[3] 马克思：《马克思恩格斯全集》（第 25 卷），人民出版社 1974 年版，第 926～927 页。

在化学工程与人的关系中最为密切的除了生产符合人和经济社会发展需求的物质外，就是生命健康安全问题，如何既保证化学工程的社会性需求又不对人的生命健康造成严重危害，这涉及化工安全伦理冲突。1962年，美国海洋生物学家、现代环保运动的先驱蕾切尔·卡森在其著作《寂静的春天》中，揭露了美国农业、商业为追逐利润滥用农药而对生物和人体造成伤害的事实，拉开了对化学工程伦理反思的帷幕。在对化学工程的反思中逐步诞生了绿色法学的理念，旨在用最有效的设计，最大限度地提高材料利用率，尽量不产生废物。化学工程师应坚持以人民为中心设计理念，关注工程活动对人和生态的影响。

二、化学工程中的安全伦理分析

化学工程从规划设计到运营维护等全过程中都蕴藏着安全风险，对安全风险估计不足，没有做好风险控制和应急准备，那么随着化工企业的生产，一旦发生安全事故将会对社会、生态环境、人民群众生命财产安全造成巨大破坏。因此在化学工程过程中应该做到牢固树立安全生产意识，做到安全生产、安全监督，保证全过程安全生产、存储、运输。"恪守伦理的准则，怀着对法律的敬畏，对人和自然的关心，再去落实手上的工作，在全局来看，一定是更加高效，更加可持续的。"[1]

生产安全是指在社会生产活动中，通过人、机、物料、环境、方法的和谐运作，使生产过程中潜在的各种事故风险和伤害因素始终处于有效控制状态，切实保护劳动者的生命安全和身体健康。也就是说，为了使劳动过程在符合安全要求的物质条件和工作秩序下进行，防止人身伤亡财产损失等生产事故，消除或控制危险有害因素，保障劳动者的安全健康和设备设施免受损坏、环境免受破坏的一切行为。安全生产是安全与生产的统一，其宗旨是安全促进生产，生产必须安全。搞好安全工作，改善劳动条件，可以调动职工的生产积极性；减少职工伤亡，可以减少劳动力的损失；减少财产损失，可以增加企业效益，从而促进生产的发展；而生产必须安全，则是因为安全是生产的前提条件，没有安全就无法生产。《中华人民共和国安全生产法》确定的安全生产管理基本方针为"安全第一、预防为主、综合治理"。要求在生产过程中，必须坚持"以人为本"的原则。在生产与安全的关系中，一切以安全为重，安全必须排在第一位。必须预先分析危险源，预测和评价危险、有害因素，掌握危险出现的规律和变化，采取相应的预防措施，将危险和安全隐患消灭在萌芽状态。将安全与生产统一为一个有机的整体，两者不能分割更不能对立起来，在实际的生产中应该采取"安全具有否决权"的原则，作为衡量工程项目管理的一项基本内容，它要求对各项指标进行考核，安全指标没有实现，即使其他指标顺利完成，仍无法实现项目的最优化。安全具有一票否决的作用，但同时还应遵守以下一些原则：

"三同时"原则：基本建设项目中的职业安全、卫生技术和环境保护等措施和设施，必须与主体工程同时设计、同时施工、同时投产使用的法律制度的简称。

"五同时"原则：企业的生产组织及领导者在计划、布置、检查、总结、评比生产工作的同时，计划、布置、检查、总结、评比安全工作。

---

① 赵劲松、邱彤、陈丙珍：《工程伦理教育在工科通识教育中的作用和实践》，载《自然辩证法通讯》2021年第1期。

"四不放过"原则:事故原因未查清不放过,当事人和群众没有受到教育不放过,事故责任人未受到处理不放过,没有制订并落实切实可行的预防措施不放过。"四不放过"原则的支持依据是《国务院关于特大安全事故行政责任追究的规定》(国务院令第 302 号)。

"三个同步"原则:安全生产与经济建设、深化改革、技术改造同步规划、同步发展、同步实施。

三、责任关怀准则

伦理责任则是一种不等同于法律责任的责任,它对责任人的要求更高,其基本特征是善良意志不仅依照责任而且出于责任而行动,一般泛指所有作为义务的东西或者说行为动机。责任关怀使化工行业针对自身的发展情况提出的一套自律性的持续改进环境健康和安全绩效的管理体系。其基本含义为化学品制造企业在产品从实验室研制到生产分销以及最终再利用回收处置销售的各个环节,有责任关注本企业员工供应商承包商用户。促进社区及公众的健康与安全。有责任保护公共环境不因自身的行为,使员工公众和环境受到损害。责任关怀起源于加拿大食品制造商协会。为了改变形象,争取公众对行业的理解和支持。1983 年,加拿大化学制品制造商协会开始要求会员单位自愿签署行业行为指导原则。确保生产经营活动,不给员工、客户、公众和环境带来不可接受的风险。2011 年 6 月 5 日,我国工业和信息化部发布了化工行业准则责任关怀实施准则(HGT4184—2011),该标准说明了关怀的 12 项指导原则,不断提高对健康安全的认知。实施责任制关怀过程中产品安全的监督管理,使健康安全以及环保成为化学品生命轴心中不可分割的一部分,保证在生命周期的每一个环节,把对人员和环境造成的伤害降至最低。"如果在工程活动中的行为主体,例如工程师或工程项目管理部门负责人,在工程项目的生命周期的任何一个阶段不遵循工程伦理,那么工程活动就可能对人、社会或自然环境造成不利影响或灾难性的破坏。"[①]企业的最高管理者是企业产品关怀第一责任人,应该明确提出加强产品安全监管承诺通过提供适当资源,支持与维护产品安全并改进。

四、预防化工安全事故

为预防化工安全事故,加强环境保护,我国已逐步建立健全了相关的法律法规和标准体系。建立起各级监督和环保机构,比如在法律法规建设上已出台的安全生产方面的法律有《安全生产法》《职业病防治法》《消防法》《道路交通安全法》《特种设备安全法》《水污染防治法》《大气污染防治法》《环境噪声污染防治法》《固体废物污染环境防治法》《海洋环境保护法》《环境保护法》等。为合理规划安全发展和加强化工企业的安全监管,预防、及时控制和消除突发公共卫生事件的危害,保障公众身体健康与生命安全,维护正常的社会秩序,国务院颁布了《突发公共卫生事件应急条例》《危险化学品安全管理条例安全生产许可条例》《生产安全事故报告和调查处理条例》和《建设项目环境保护条例》等。为保护公民,法人和其他组织获取环境信息,参与和监督环境保护的权利,畅通参与渠道,促进环境

---

① 赵劲松、邱彤、陈丙珍:《工程伦理教育在工科通识教育中的作用和实践》,载《自然辩证法通讯》2021 年第 1 期。

保护公众参与依法有序发展，原环保部颁布了《环境保护公众参与办法》；2021年2月1日，生态环境部颁布《生态环境标准管理办法》，其中提到为保护生态环境，保障公众健康，增进民生福祉，促进经济社会可持续发展，限制环境中的有害物质和因素，制定生态环境质量标准。通过各类法规制度条例指导人们进行安全生产，预防安全事故。

化学品的生命周期包括研发、规划设计、生产、运输、存储、使用和废弃处理，每个环节都可能由于人为失误而导致重大事故。人为引起失误的原因，既有内因也有外因。"内因包括操作者技术的熟练程度、情绪控制力、精力集中度、风险偏好资源伦理敏感度等。外因包括工作场所的卫生环境操作培训和应急演练质量操作规程规范明细度、个人防护设备情况、设备标识情况、企业安全文化、企业管理系统的健全等。"①因此，要在化学化工研发规范初期优化设计，充分考虑化学工程每个阶段的风险，考虑所有生产者、消费者的安全和健康，预防避免因为人为失误或过失而造成重大安全生产事故。本案例中从生产到过程评估废弃物品的存放监督管理方面，企业生产者、第三方测评机构、政府有关部门及负责人安全预防意识不强，各种检查和评估监管流于形式，从而导致一起特别重大事故的发生。

案例启示

一、要树立科学的化学工程安全意识，打造高质量的化工产业

"在所有化工安全事故中，安全意识淡漠是导致事故最直接的原因。"②有调查表明，较大及以上事故起数、死亡人数化学工程事故占到了较大比重，比如本案例中的江苏响水天嘉宜化工有限公司"3·21"特别重大爆炸事故，造成78人死亡、76人重伤、640人住院治疗，直接经济损失19.86亿元；还有2015年"8·12天津滨海新区爆炸事故"造成165人遇难、8人失踪、798人受伤。说明化工企业一旦发生事故往往会造成重大破坏，给人民群众的生命和财产安全造成重大损失。尤其是一些精细化工生产企业自动化生产水平不高，在生产管理、人员素质等方面参差不齐从业人员较密集的企业，一旦发生事故，往往造成较严重的后果。因此工程安全意识不够重视极其容易造成安全事故发生。一个不安全的生产环境很难打造出高质量的化工产品，更不可能有高质量的化工产业诞生。

因此，我们要通过加强安全意识教育，提升化工企业管理者、工程师、评估机构从业人员以及政府相关监管部门负责人和工作人员的安全意识。只有树立牢固的科学的化工安全意识，才能进行安全生产，从而保证生产安全。当然安全意识的养成，绝不是一朝一夕的事，而是需要通过长期、持久、行之有效的安全教育才能逐步建立。同时，安全意识教育不仅要通过常规安全知识技能传授和培训化工安全教育，还要超越上升到工程伦理和职业伦理的价值观塑造层次上。本案例中，天嘉宜公司旧固废库内长期违法贮存的硝化废

---

①　李正风、丛杭青、王前等编：《工程伦理》，清华大学出版社2019年版，第195页。

②　杜奕、陈定江、林章凛、赵劲松 张翀：《化工安全教育体系的建设与实践》，载《实验技术与管理》2015年第11期。

料无视国家环境保护和安全生产法律法规,安全环保管理混乱,日常检查弄虚作假,固废仓库等工程未批先建。相关环评、安评等中介服务机构严重违法违规,出具虚假失实评价报告。有关部门检查督导流于形式。这些都在一定程度上反映了企业、评估、政府部门有关负责人安全意识不强,没有树立科学的安全意识,只顾短期经济利益,没有遵守相应的化工伦理准则和要求。这不仅会造成了重大的人员伤亡和社会经济,也会对当地的化工企业及化工产业发展产生更大的负面效应,想要打造高质量的化工产业就必须付出更大代价。

二、要加强健全安全事故预防机制保障生产安全

化工企业在国内经济发展中占据着决定性地位,化工行业作为我国的支柱性产业,因其生产环节特殊性的存在,导致化工行业具备其他行业不具备的危险性。在实际化工产品生产期间,如因某环节失误、设备故障、操作疏漏等因素的存在,均会在不同程度上引发安全事故的发生。对此,化工企业管理者应高度关注化工生产,通过安全事故预案保障体系的制定,确保化工生产的安全性优势。化工过程安全是指安全领域的一个分支,是预防和控制化工过程特有的突发事故系列安全技术及管理手段的总和,涉及建造生产运输,废弃等化工过程全部设计的各个环节。通常的职业安全管理体系关注的是行为安全、作业安全、过程安全。通过对化工过程的生命周期各个环节的管理,从根本上减少消除事故隐患,从而降低发生重大事故的风险。化工过程安全的核心是风险管理企业应对零事故的安全理念,科学地进行评估。即便是生产过程中的危险源,采取有效的风险控制,将风险降到可接受程度,避免事故的发生。过程安全管理的各个要素之间紧密内在联系,需要相互协同,不出现管理要素之间的衔接的漏洞,才能发挥好事故预防的作用。本案例中,天嘉宜公司旧固废库内长期违法贮存的硝化废料持续积热升温导致自燃,燃烧引发爆炸,正是其安全保障机制不健全的表现,对违规违法贮存硝化废料可能产生的危害预见性不足,没有引起企业生产者及管理者的重视。如果仅依靠安检部门、环保部门强化安全生产,而化工企业自身不重视生产安全,无视安全事故预防,就很难保证化工生产安全。如若化工企业为了实现长远发展,则必须将安全生产作为基本保障与前提。实践经验总结告知人们,若要避免化工安全事故的发生,缺少安全生产条件和生产基础则会使安全事故预防工作毫无意义。在化工企业安全生产期间,加强预防、提供安全保障,促进化学工程完整有序地完成生产的各个环节,保障化工产品生产的安全性价值,以此满足化工企业未来的发展导向。

三、要加强对化工生产全过程的监管避免安全事故发生

安全监管是对产品全生命周期上的安全进行监管,在一定程度上超越了法律法规和标准的要求。对于我国的化工企业而言,产品安全监管是一种具有革新意义的管理理念和模式,当一个产品沿着其价值链往下游移动时,它就离其制造者和销售者越来越远,那么对其风险的控制就越来越困难,产品安全监管的核心理念,是在产品生命的每一个阶段,创意研发建设生产,销售配送存储使用回收和废气等都要慎重从事,尽可能避免对人员健康和环境造成危害,产品生产安全监管准则的目的是规范化学品企业。健全完善的安全管理制度,可以最大化地降低安全事故的发生,保障化工企业的各项工作安全进行。

但是从目前化工企业的运作状况来看，存在安全管理缺失，主要表现在领导不重视，负责人不作为，导致这种现象的主要原因在于缺乏对应的安全意识，对化工企业发展而言，隐患巨大。本案例中江苏省各级应急管理部门履行安全生产综合监管职责不到位，生态环境部门未认真履行危险废物监管职责，工信、市场监管、规划、住建和消防等部门也不同程度地存在违规行为。响水县和生态化工园区招商引资安全环保把关不严，对天嘉宜公司长期存在的重大风险隐患视而不见，复产把关流于形式。江苏省、盐城市未认真落实地方党政领导干部安全生产责任制，重大安全风险排查管控不全面、不深入、不扎实。如此众多的部门监管把关，最终还是因为把关不严、流于形式而导致本次事故发生。试想，如果其中任何一个环节能够把控好，都有可能将隐患排除，将事故遏止于蔚然。

四、在化工建设中要将人的生命健康放在首位

化工行业是我国国民经济的一个重要基础产业，为我国经济的发展作出了突出的贡献。然而，由于化工行业工艺复杂，物料本身危险性大，且存在高（低）温、高压、易燃、易爆和腐蚀等作业环境，使其成为潜在危险性较大的行业，一旦发生安全生产事故，往往造成严重的经济损失和人员伤亡。在建设初期就要树立"以人民为中心"的发展理念，将人的生命健康放在首要位置，如果不能做到科学地预测发生事故或造成职业危害的可能性及其严重程度，就不能轻易获得审批并开展建设。《中华人民共和国安全生产法》第29条规定：装卸危险物品的建设项目，应当按照国家有关规定进行安全评估。但是在安全评估的过程中，不能把科学界定化工企业或危险化学品经营单位与周边社区的安全距离，特别是如果不能把公众的安全和健康放在首位，那么就不能科学地排查安全隐患，不能提出科学合理可行的安全对策建议所界定的安全距离就不足以有效地防范重大危险化学品事故对公众的伤害。本案例中天嘉宜公司无视国家环境保护和安全生产法律法规，刻意瞒报、违法贮存、违法处置硝化废料，安全环保管理混乱，日常检查弄虚作假，固废仓库等工程未批先建。相关环评、安评等中介服务机构严重违法违规，出具虚假失实评价报告。为了化工生产，企业和第三方环评、安平总结服务机构刻意忽视和隐瞒危险，无视法律法规的同时，没有将人的生命和健康放在首要位置考虑。正是因为违背了这一原则，才敢未批先建固废仓库，出具虚假失实评价报告等一些违法违规行为。最终给企业自身和整个产业园发展造成了不可挽回的损失，给周围人民群众及生命财产造成重大的破坏。试想一下，如果在设计规划、生产、评估、监督、管理等任何一个环节中，有关负责人能够将人民群众的生命和健康放在首位，坚守安全一票否决的原则势必都能阻止事故的发生。因此，在化工企业生产的整个周期及全过程中，作为化工生产、设计、评估的化学工程工程师及企业负责人、有关监督管理负责人都应该牢记将人的生命健康放在首位的化工生产原则，对有违背于这一原则的行为应该立即禁止并及时改正，只有如此，才能避免重大安全事故频发。

思考题

1.在工程活动中如何增强工程安全意识？

2.有哪些途径可以预防安全事故的发生?

3.如何协调加强各方监督管理理论,保障安全生产?

4.如何避免第三方测评机构违规测评或提供虚假报告?

5.如果你是一名化学工程师,你会如何监管自己所负责的化学工程?

参考文献

1.王志新:《工程伦理学教程》,经济科学出版社 2018 年版。

2.张永强主编:《工程伦理学》,北京理工大学出版社 2011 年版。

3.肖平:《工程伦理导论》,北京大学出版社 2009 年版。

4.李正风、丛航青、王前等编:《工程伦理》,清华大学出版社 2019 年版。

5.王凤民、杨开新:《工程法律与伦理》,厦门大学出版社 2020 年版。

6.马克思、恩格斯:《马克思恩格斯全集》(第 1 卷),人民出版社 1995 年版。

楼房坍塌——背离建筑伦理,难达美善合一

案例十三

提　　要	建筑不是漂浮在地面上的物体,而是反映着人与人、人与物、人与自然的关系。怎样对待建筑其实就是反映了怎么对待人、物与自然;好的建筑工程是在遵循建筑伦理的基础上,做到真善美的同时能把人的安全与生态环境和人的生命健康安全关联紧密,在工程活动中应该加强建筑工程安全意识,不断反思和规划建筑活动,以保证安全建设。建筑上的利益关系最终是由建筑设计师的设计与建筑实践来完成的,建筑师的伦理态度决定了建筑的伦理态度。建筑师在职业活动中要从专业的角度重视社会弱势群体,保护平民利益。
基本概念	化工伦理　安全责任　环境工程　环境伦理

案例简介

2020 年 3 月 7 日 19 时 14 分,位于福建省泉州市鲤城区的欣佳酒店所在建筑物发生坍塌事故,造成 29 人死亡、42 人受伤,直接经济损失 5794 万元。事发时,该酒店为泉州市鲤城区新冠肺炎疫情防控外来人员集中隔离健康观察点。事故发生后,党中央、国务院高度重视。事故调查组认定,福建省泉州市欣佳酒店"3·7"坍塌事故是一起主要因违法违规建设、改建和加固施工导致建筑物坍塌的重大生产安全责任事故。

欣佳酒店建筑面积约 6693 平方米,实际所有权归泉州市新星机电工贸有限公司,未取得不动产权证书。该公司在未依法履行任何审批程序的情况下,于 2012 年 7 月,在涉事地块新建一座四层钢结构建筑物(一层局部有夹层,实际为五层);2016 年 5 月,事故单位将欣佳酒店建筑物由原四层违法增加夹层改建成七层,达到极限承载能力并处于坍塌临界状态。事故前,2020 年 1 月 10 日上午,装修工人在对 1 根钢柱实施板材粘贴作业时,发现钢柱翼缘和腹板发生严重变形随即将情况报告给酒店负责人杨某。杨某检查发现另外 2 根钢柱也发生变形,要求工人不要声张,并决定停止装修,对钢柱进行加固,因受春节假期和疫情影响,未实施加固施工。3 月 1 日,杨某组织工人进场进行加固施工时,又发现 3 根钢柱变形。3 月 5 日上午,开始焊接作业。3 月 17 日 17 时 30 分许,工人下班

离场。至此,焊接作业的 6 根钢柱中,5 根焊接基本完成,但未与柱顶楼板顶紧,尚未发挥支撑及加固作用,直至事故发生,还有 1 根钢柱尚未开始焊接。事发前对底层支承钢柱违规加固焊接作业引发钢柱失稳破坏,加之增加夹层导致建筑物荷载超限,焊接加固作业扰动引发建筑物整体坍塌。在事故中,泉州市新星机电工贸有限公司违法违规建设、改建、伪造材料骗取相关审批和备案,违法违规装修施工和焊接加固作业,未依法及时消除事故隐患;欣佳酒店伪造材料骗取消防审批,串通内部人员骗取特种行业许可,未依法采取应急处置措施。

2021 年 10 月 17 日,法院对杨某等 13 名被告和 7 名失职渎职、受贿公职人员判处刑罚,杨某被判处有期徒刑 20 年,其他 12 名同案被告和 7 名渎职人员被判处 2 年 6 个月至 13 年不等有期徒刑。[①]

案情分析与结论

一、欣佳酒店及其实际控制人杨某弄虚作假骗取行政许可,安全责任长期不落实,未依法采取应急处置措施是导致事故发生的直接原因

欣佳酒店伪造材料骗取消防审批违反了《建筑工程消防监督管理规定》第 8 条的规定,规定要求依法申请建设工程消防设计审核、消防验收,依法办理消防设计和竣工验收消防备案手续并接受抽查;建设工程内设置的公众聚集场所未经消防安全检查或者经检查不符合消防安全要求的,不得投入使用、营业等有关规定;同时还违反了《行政许可法》第 31 条申请人申请行政许可,应当如实向行政机关提交有关材料和反映真实情况,并对其申请材料实质内容的真实性负责的有关规定。作为酒店实际控制人的杨某不仅没有按照要求如实提供有关材料,反而伪造材料,串通内部人员骗取特种行业许可证。在发现酒店所在建筑物出现钢柱变形时既没有邀请相关专家进行论证考察、提出安全可行的维修方案,也没有就可能出现的危险上报有关安全监管部门,反而隐瞒危险,说明其安全责任意识淡薄,长期不落实安全责任。

二、案例中泉州市新星机电工贸有限公司无视国家有关法律法规,未批先建设施工,是事故发生的主要原因

欣佳酒店建筑实际所有权者泉州市新星机电工贸有限公司,在未取得不动产权证书的情况下,未依法履行任何审批程序在涉事地块新建一座四层钢结构建筑物(实际为五层),这一行为违反《城乡规划法》第 40 条所规定的:"在城市、镇规划区内进行建筑物、构筑物、道路、管线和其他工程建设的,建设单位或者个人应当向城市、县政府城乡规划主管

---

① 案例资料来源:国务发布的《福建省泉州市欣佳酒店"3·7"坍塌事故调查报告》,澎湃新闻网, https://www.thepaper.cn/newsDetail_forward_14954869,2021-10-29。

部门或者省、自治区、直辖市政府确定的镇政府申请办理建设工程规划许可证。"同时也违反了《建设工程质量管理条例》第5条、第11条、第13条的有关规定。《建设工程质量管理条例》第3条：从事建设工程活动，必须严格执行基本建设程序，坚持先勘察、后设计、再施工的原则。县级以上政府及其有关部门不得超越权限审批建设项目或者擅自简化基本建设程序；第11条：施工图设计文件未经审查批准的，不得使用；第13条：建设单位在开工前，应当按照国家有关规定办理工程质量监督手续，工程质量监督手续可以与施工许可证或者开工报告合并办理。《建筑法》第7条建筑工程开工前，建设单位应当按照国家有关规定向工程所在地县级以上政府建设行政主管部门申请领取施工许可证，《房屋建筑和市政基础设施工程竣工验收备案管理办法》第4条规定，建设单位应当自工程竣工验收合格之日起15日内，依照本办法规定，向工程所在地的县级以上地方政府建设主管部门备案。正是因为泉州市新星机电工贸有限公司无视国家有关法律规章制度，未批先建，成为事故发生的主要原因。

三、在建筑建设改造过程中无视建筑伦理责任，没有聘请专业建筑公司或工程师规划监督安全施工

正如有学者所指出的："建筑伦理并不是一个超然的事物，它研究的是建筑与人、建筑里的人与人、建筑与社会、建筑与规划、建筑与自然，乃至建筑与政治、建筑与未来的关系。它关心建筑的宜人化、人性化和自然化，倾向于把建筑当作有生命的东西来看，让建筑与人和谐相处。"[1]事故单位无视建筑伦理责任，不顾建筑工程的质量与安全，没有关注到建筑和建筑里的人，只顾个人眼前利益，将欣佳酒店建筑物由原四层违法增加夹层改建成七层，以至于使该建筑物达到极限承载能力并处于坍塌临界状态。事故前，装修工人在对1根钢柱实施板材粘贴作业时，已经发现钢柱翼缘和腹板发生严重变形并随即将情况报告给酒店负责人杨某，即使其检查发现另外2根钢柱也发生变形，决定停止装修，但仍然要求工人不要声张，表明作为酒店负责人没有把人民群众生命健康与安全放在首位考虑，也没有尽到对住客安全告知的义务。其后在对钢柱进行加固过程中，事故单位及酒店负责人均没有聘请有资质的建筑公司或工程师参与到加固改造工程中，以至于在焊接作业的6根钢柱中，5根焊接基本完成，但未与柱顶楼板顶紧，尚未发挥支撑及加固作用。说明没有专业的建筑工程师参与就很难保证建筑工程的质量与安全。

相关概念索引

建筑伦理

建筑伦理是职业伦理的一种，是关于建筑界职业道德的学说。对建筑伦理的理解有

---

[1]　戴荣里：《城市建筑要讲究建筑伦理》，载《中国建设报》2013年2月1日第005版。

狭义和广义之分。狭义的建筑伦理是指将建筑作为一种文化形式及艺术产品,对建筑艺术的精神特质的研究;广义的建筑伦理是指基于一定的伦理观点、伦理原理出发对建筑文化、建筑设计与工程活动及建筑行业从业人员的职业伦理进行研究的交叉学科。

工程风险

工程风险是指"在工程活动中的风险以及工程活动的各个环节完成之后随之而来的或潜伏较长时间而产生的风险"[①]。风险的存在在一定意义上是不可避免的,如地震、山洪、台风、海啸等自然灾害。但工程风险通常是指人在工程活动中因工程设计、施工、管理不当而造成的风险,通常是作为人为风险的一部分。

中国传统建筑伦理观

在中国传统儒道释伦理思想的影响下,中国传统建筑在很多情况下是中国封建伦理的表述工具,集中表现为传统建筑文化中的天人合一观。关于营建和起居的礼仪规章是中国人关注建筑与伦理关系的重要内容。"中和是中国传统精神的重要特质,中和之美也是中国传统建筑艺术的典型特征。因此中国古代的建筑都强调一种合适的、具有恰当尺寸的人性尺度。"[②]对于好的、美的建筑的要求也是要比例适中、宜人。

理论与制度解读

一、建筑伦理的道德原则

按照现代规范伦理学理论,建筑伦理的基本原则,必须具有普遍性和基础性,才有可能成为大家遵守的普遍原则,以为建筑活动提供普遍的指导和行为的判断。建筑伦理的基本原则,应是建筑活动中一种最核心的价值原则,因此它必须拥有广泛的适用性和有效性,在所涉及的范围内为所有当事人所接受。即不能被任何当事人反对,否则就无法作为被普遍认同的道德约束。伦理学的语汇分为鼓励、允许、禁止三种[③],作为属于禁止范畴的不伤害原则,是建筑伦理的根本原则,应是建筑师遵循的基本道德。不伤害原则,是指在建筑设计活动中不伤害他人的利益,包括社会和环境的利益。按照可持续发展的理念,这种不伤害不仅包含当代人的利益,还应包括子孙后代未来人的利益。不伤害原则,虽然已经是建筑道德的最低要求,但要真正地做到并不是一件简单的事。对建筑师而言,如果我们不能使其他人,尤其是与建筑设计活动无直接利益关系者获益,至少也不应该伤害他们,这是建筑师应该遵循的基本道德。

"在不伤害的原则上我们还应建立建筑伦理学的另外两个提高原则,仁慈原则和公正

---

① 张永强:《工程伦理学》,北京理工大学出版社 2011 年版,第 204 页。

② 秦红玲:《追寻建筑伦理》,中国建筑工业出版社 2016 年版,第 99～100 页。

③ 甘少平:《论应用伦理学》,载《哲学研究》2001 年第 12 期。

原则,这两个原则是不伤害原则的积极体现和对建筑师道德水准的进一步要求。"①这两个原则,强调建筑师在建筑活动中对自身利益不构成危害的前提下,有义务帮助他人救助弱者,促进他人利益,这才是建筑学本身发展的积极方向,也是建筑向上的体现。公正的原则,强调在建筑设计活动中,建筑师有平衡各方利益的义务,因为建筑设计师本身就是各种资源的利用、创造和再分配的一个过程,就建筑设计的工作而言,通常有两种形式,相对公正和非相对公正,前者强调个人与个人、集团与集体之间的利益平衡,以及在竞争同一种资源情况下对个人需要的权衡,后者意味着依据一种标准而不依据个人的权利主张进行资源分配。

二、建设管理人员的职业伦理

　　许多项目管理协会、学会或联合会等会编制有关行业道德规范,对建筑管理人员的职业伦理提出一些规范要求。例如美国项目管理协会(Project Management Institute,PMI)编制了《职业行为和道德规范》,从责任、尊重、公正、诚信四个方面制定了共识性标准和强制性标准。所谓责任是指对我们所作的决定或行动及其后果负责;尊重,是指对我们自身和他人委托给我们的资源予以高度重视。委托给我们的资源,包括人情、名誉、他人的安全以及自然或环境资源;公正是指我们应该客观无偏袒地决策和行事,我们的行为不应受私利偏见和偏好的影响;诚信是指我们应该了解真相,并且以真诚的方式采取沟通和行动。国际咨询工程师联合会(FIDIC)是目前国际上最具权威的被世界银行认可的咨询工程师组织。该组织编制的《FIDIC道德规范》,主要从责任、胜任、正直、公正、公平、腐败等六个方面对咨询工程师进行职业规范。英国皇家特许测量师学会是世界上覆盖土地、物业、建筑及相关专业的最大的国际专业组织。其倡导的核心价值理念主要有九个方面,即正直不阿、诚恳可靠、透明公正、承担责任、自知、客观持平、尊重他人、树立榜样、敢于直言。所谓敢于直言就是发生任何形式的危害行为或不法行为都敢于采取应有的行动。在以上核心价值观的指导下,该行业还要求会员必须遵循五个方面的伦理标准,具体为诚信、始终提高水准服务、以促进行业信任的方式行事、以礼对待他人、承担责任。英国皇家特许建造师学会(CIOB)是由从事建筑管理的专业人员组织起来的社会团体,是涉及建筑全过程的专业学会。CIOB制定的《会员专业能力与行为的准则和规范》分为准则和规范两部分,适用对象是建筑管理专业人员。国际伦理标准联盟是由世界各地土地、物业、建设、基础设施和相关行业专业组织发展成立的国际组织。2015年成立了标准制定委员会(SSSC),该委员会制定了跨越国家行政区域、种族文化、法律制度的伦理标准,包括诚信、胜任、尽责、信任、披露、信用、尊重、保密、透明自省等十个方面的内容。

三、建筑工程师的职业精神与职业伦理

　　建筑活动是一个复杂的过程,包含技术、经济、社会和艺术等多个方面,建筑工程师不

---

　　①　陈喆:《建筑伦理学概论》,中国电力出版社2007年版,第123页。

仅仅是技术工作者,还对社会和环境负有道义责任,同时在向业主或用户提供专业顾问时还掺杂着经济利益。因此,作为一名建筑工程师应当具备必要的职业操守,也就是要有良好的职业精神,即建筑师在开展建筑设计和工程活动时,应不受任何私利支配。建筑师的职责是坚持在建筑艺术和建筑科学、追求学术的同时,还要恪守职业精神和职业道德准则。"当今建筑师所面临的困境已经超出了其职业范畴,主要表现为缺乏对'好建筑'标准共识,因此鼓励建筑师在个人价值观和美德的基础上发展积极的建筑伦理观。"[1]由我国建筑学会和美国建筑学会共同签发的《关于建筑师实践中职业主义的推荐国际标准认同书》,于 1999 年在北京世界建筑师大会上正式通过,成为指导世界职业建筑师实践的重要规范。该认同书中指出建筑师在追求科学和艺术中,将学术和公正的职业判断放在优先地位;建筑师必须具备职业道德准则和伦理责任。建筑工程师应该忠诚履责、恪尽职守,严守建设工程质量与安全规范,依法依规执业,将工程质量与安全责任、社会公平正义与可持续发展、社会长远利益与公众整体利益作为自身职业内化的要求,在建筑工程实践中放在重要位置和必须遵循的原则。

四、建筑的伦理功能

第一,无论古今中外,在人类建筑活动中都内在地蕴藏着伦理问题,建筑活动作为人类生存的基本活动,都在不同程度上反映着时代伦理价值,体现着人们对社会、对自然的态度。对建筑伦理的研究能促进建筑主体反思和规划个人的建筑行为并提供向导和发展方向,为建筑学科的发展确立根本目标、提供理论观点和活动规范。第二,建筑在伦理上的一个作用就反映在建筑工程设计中,"如何确定自己的行为正确与否,作为建筑学中伦理问题的研究它不仅应该能给人们的建筑活动提供一种反思批判和建构的理性思维方式,还应可以为人们的建筑实践提供指导,判断和解释以实现致用之目的"[2]。第三,建筑的产生不只是为了实用功能,还应满足人类寻求家园的精神需求,使人类孤独无依的心灵有所安顿,满足人类的安居需要。这是建筑最重要、最深刻的伦理功能。正如卡思藤·哈里斯所指出的:"建筑有一种伦理功能,她把我们从日常的平凡中召唤出来,使我们回想起那种支配我们作为社会成员的生活价值观;它召唤我们向往一个更美好的,有一点更接近理想的生活。"[3]第四,建筑还具有文化表象功能。建筑的产生和发展过程,始终伴随着文化的影响,文化的多样性具体到建筑领域,就是建筑的多样性。反过来,不同的建筑也是不同的文化表象。

---

[1]　张永强:《工程伦理学》,北京理工大学出版社 2011 年版,第 4 页。

[2]　陈民、艾英旭:《西方关于建筑伦理问题的研究》,载《建筑师》2009 年第 6 期。

[3]　卡思藤·哈里斯:《建筑的伦理功能》申嘉等译,华夏出版社 2001 年版,第 52 页。

案例启示

一、建筑工程活动应该坚持以人为本遵循不伤害原则

建筑工程的主体和受用者大都是人类自身,体现了人类改造自然和社会的主动性、创造性。因此在建筑工程活动中应该遵循以人为本,从大多数人的公众利益出发,不伤害他人和损害公众利益。因此我们这里的以人为本既不同于人本主义也不同于人类中心主义,而是强调马克思主义的"以人为本"观,他关心的是人与自然、人与社会和人与人之间的关系以及这种关系之间的协调。只有马克思主义的人本主义观,才是从根本上实现绝大多数人的利益,以实现人的全面而自由的发展为目的。坚持以人为本也是工程建设者、管理者和参与者的核心伦理观,在建筑工程实践活动中以"以人为本"作为基本原则指导建设工程实践活动,要把人的生命、生存、尊严作为至高无上的价值,在工程设计、施工或产品使用维护过程中,必须正确地对待每一个个体的生命和生存。正确对待个人利益与整体利益,体现出对人的人文关怀,不能伤害他人利益甚至生命和生存,否则就容易出现本案中情况。本案例中,装修工人在对 1 根钢柱实施板材粘贴作业时,发现钢柱翼缘和腹板发生严重变形随即将情况报告给酒店负责人杨某。杨某检查发现另外 2 根钢柱也发生变形,要求工人不要声张,并决定停止装修,对钢柱进行加固,因受春节假期和疫情影响,未实施加固施工。后又发现 3 根钢柱变形,焊接作业的 6 根钢柱中,5 根焊接基本完成,但未与柱顶楼板顶紧,尚未发挥支撑及加固作用,直至事故发生,还有 1 根钢柱尚未开始焊接。在这一过程中,作为酒店的负责人,明显没有做到"以人为本",没有将人民的生命和财产安全放在首要位置,而是只顾个人自身利益,不顾他人生命安全和公共安全。当工人发现有钢柱翼缘和腹板发生严重变形并将此情况报告给杨某时,其采取了检查的手段,发现另外 2 根钢柱也变形,随后一共增加到 6 根钢柱变形,但采取的是不声张做法,没有报告给有关部门,也未邀请专业建筑工程师或建筑公司进行维修,而是私自邀请普通工人违规焊接维修,导致因对底层支承钢柱违规加固焊接作业引发钢柱失稳破坏,加之增加夹层导致建筑物荷载超限,焊接加固作业扰动引发建筑物整体坍塌,从而造成了重大人员伤亡和财产损失。试想如果作为酒店负责人的杨某,能做到以人为本,把人民群众生命健康放在首位,在发现问题的早期就应该考虑酒店建筑安全因素可能会给入住人员带来安全风险,就应该及时停止营业、报告有关部门,积极聘请专业建筑公司或建筑工程师进行安全评估及制定科学的维修方案,如此也许可以避免事故的发生。但遗憾的是最终还是让事故发生,值得我们引起深刻的反思并引以为鉴。务必在建筑工程实践活动中做到"以人为本"、守护人民生命健康,避免重大伤亡事故发生。

二、建筑工程要遵循建筑的真善美原则

真善美都是人类活动追求的目标。人类的善以真为前提,脱离了真而求善就会偏离正确轨道。在建筑活动中内蕴者求真、臻善、趋美的伦理价值。因为,建筑学科本身就是

一门"求知"的学问,是揭示建筑内置发展规律和探求人类营建方法的学问,建筑的产生和发展是因为人类基于更好生存和追求美好生活的需要,建筑的美是人类为满足精神生活追求,在建筑工程活动中将建筑的求真、臻善、求美内化为建筑工程建设者、管理者的个人品质,形成良知和品德。建筑不仅仅是单一的技术产品,更是人类精神特质的表现和社会理想的再现。爱因斯坦认为,一切道德、科学、宗教和艺术,都是同一棵树的各个分支。"所有这些都使人类的生活趋于高尚,把他从单纯的生理上的生存境界中提高,并且把个人导向自由。"①因此在建筑活动中遵循真就要遵循建筑科学规律,以科学规范为指导和准则,实事求是地开展建筑工程实践活动。建筑工程的善,就是要以人为本,不损害他人、社会、自然资源和环境,提升人们美好生活品质;建筑活动中的美,就是要既符合人类社会发展需要又能融合于自然,为人们创造美好的生活环境,幸福的生活。在本案例中,事故单位将欣佳酒店建筑物由原四层违法增加夹层改建成七层,达到极限承载能力并处于坍塌临界状态,表明酒店建筑物管理经营者,无视建筑安全、违背建筑科学规律,私自改建建筑,破坏了原有结构的稳定性,违背了建筑工程应该遵循的真善美原则,只为个人利益,将科学建设原则、善待他人原则、保持建筑原有安全稳定原则都抛之脑后,置人民的公共安全不管不顾,最终酿成重大安全事故。本质上也说明了,追求建筑工程的真善美就是对建筑工程建设者、管理者等建设主体的自我品德的追求。因此建筑工程在追求真善美原则的同时,也是在规范科学建设、以人为本开展建筑工程,才能实现满足建筑对提升人们美好生活的需求,从而避免因违背建筑科学、昧着良心乱建、改建而出现的高危建筑,从而危及人民群众的人身安全。所以,作为建筑工程师或建筑工程管理者、建设者要把自身的社会责任与追求高尚品德融入追求建筑工程的真善美中,将对建筑工程的真善美追求,转化为升华个人品质、追求自我完善、服务他人的人生境界中,使两者相互融合促进。

三、建筑工程共同体要对建筑安全问题尽职尽责

建筑活动是一项带有巨大风险性的实践活动,建筑工程共同体要对建筑安全问题尽职尽责,遵守安全伦理规范。"现代建筑活动主体从宏观层面上,指的是社会组织(包括建设、勘察、设计、施工、监理单位、技术咨询等具有从事建筑活动资格的专业的团体组织、企业);从微观层面上,指的是具有一定专业知识和技能,有责任和有能力思考、预测、评估他们的职业行为带来的社会和环境后果的'人'建筑工程师。"②因此,在建筑工程实践活动中,道德主体不仅仅是"建筑工程师",还应该包括建筑活动中的企业组织、有关管理者、维护者,共同构成了建筑工程活动的主体。在建筑活动中,活动主体是建筑活动伦理责任的承担者,也是责任的实现者,主体的伦理道德素质和伦理责任能力,直接关系建筑活动的伦理责任。建筑活动主体的伦理责任是指在建筑活动中以道德准则形式肯定和规定建筑活动主体应承担的使命、职责和任务,是建筑活动主体对组织及其成员、利益相关者、社会等应承担的道义责任。建筑活动主体伦理责任的基本特征是:责任主体承担伦理责任的

① [英]R.K.默顿:《17世纪英国的科学、技术与社会》范岱年等译,四川人民出版社1986年版,第130页。

② 袁凤:《建筑活动主体的伦理责任研究》,西南大学2013年硕士学位论文,第17页。

自觉自愿性,即建筑活动主体在承担责任时,是自我积极主动的行为,而不是受外在力量强迫的结果。这种伦理责任不应以获得相应回报为目的,尽管建筑活动主体在履行伦理责任后可能会获得各种回报,但其行为的目的不在于取得回报。建筑活动过程中蕴含着深刻的安全伦理思想,不仅要确保从事建筑活动的人的安全,更重要也最基本的,是要确保建筑活动的目标、建筑质量可靠和建筑结构安全,确保居住使用的人的人身财产安全。建筑安全伦理责任的价值基础是人道原则或生命价值原则,是以伦理的视角关注建筑活动对人的身体、精神与生活质量可能造成的影响与危害。安全伦理责任要求建筑活动主体尊重、维护或者至少不伤害公众的健康和生命,在进行建筑工程项目论证、设计、施工、管理和维护中关心"人"这个本身,充分考虑建筑产品的安全可靠、对公众无害,保证建筑活动以及建筑产品造福于人类。而本案例中,泉州市新星机电工贸有限公司作为酒店建筑工程的主体之一,违法违规建设、改建,伪造材料骗取相关审批和备案,酒店负责人杨某违法违规装修施工和焊接加固作业,未依法及时消除事故隐患,这些行为都是对自身肩负的安全职责于不顾的表现,思想上完全没有安全职责意识,不履行建筑工程共同体安全伦理责任,片面追求自身经济利益。作为建筑工程共同体的任何一部分,不管是工程师,还是建设企业、管理经营者等,对建筑的好坏、质量与安全起着至关重要的作用,都应该牢固树立生命为天的安全价值观,牢记发展的前提首先是安全,做到又好又快地发展。

四、建筑工程活动应该遵守国家有关建设法律规则制度及建设标准

作为建筑工程活动主体的工程师、建设企业、管理者等除了要遵守一般公民应尽的义务外,更要遵守工程法律法规。所有建筑活动都应该按照建筑活动的法律规范执行,避免出现违规建设、产生违章建筑、违法行为,给使用者带来严重的安全隐患。在建筑工程活动中,道德是通过制度伦理来实现对建筑活动主体行为的调控作用。制度伦理是指在整个社会的经济制度、政治制度、法律制度和文化制度的基础上建立起来的相互联系、相互制约和相互协调的伦理机制。建筑活动主体除要加强自律,自觉履行建筑活动主体伦理责任的约束外,还需要外在的法律规章制度约束,这种约束也可以称为他律。他律机制就是对建筑活动主体行为进行的外在的监督与评价,是指建筑活动主体的言行被超出道德主体自身之外的力量所控制,如建筑伦理原则、建筑管理制度、建筑管理程序、建筑法律法规等外在的监督与评价模式约束和控制着建筑活动主体的言行。这种外在的力量就是建筑活动主体作为行为指南的标准或道德动机,也是建筑活动主体对其行为的一种基本的预测和自制,进而确保建筑活动主体依据该道德规范行为,并履行伦理责任。他律是一种强制性的力量,任何个人或组织都不能抗拒和脱离。每个建筑活动主体所进行的社会实践活动,均要受他律伦理制度和外在道德规范的调控。对建筑活动主体行为监督与评价的实质是他律与自律的结合,通过外在的监督与评价机制"他律",提升内在的监督与评价标准"自律",促进建筑活动主体主动地承担伦理责任,从而确保建筑活动实现人和社会的全面发展。本案例中,酒店实际所有权归泉州市新星机电工贸有限公司,在未依法履行任何审批程序的情况下,在涉事地块新建一座四层钢结构建筑物(一层局部有夹层,实际为五层),未取得不动产权证书,不按要求履行建设审批手续,未批先建,反映了作为该酒店建筑的所有者没有真诚地对待工程建设,没有严格遵守工程法律制度,对建设的建筑也未

进行验收,未能遵守国家有关工程建设标准法规,因而也不能取得不动产权证。欣佳酒店伪造材料骗取消防审批,串通内部人员骗取特种行业许可。在建筑工程活动中的每一个环节都应该按照有关法律规范和行业标准建设,如此才能创造好的工程、优质的建筑,才能达到建筑工程为人服务的目的。

思考题

1.建筑工程伦理有哪些作用?

2.作为建筑工程师应该恪守怎样的职业精神和职业伦理?

3.作为建筑工程管理者应该遵循哪些职业准则?

4.在建筑工程实践活动中应该如何保护公众安全和利益?

5.在工程实际活动中如何避免违规违法建设?

参考文献

1.秦红玲:《追寻建筑伦理》,中国建筑工业出版社 2016 年版。

2.卡思藤·哈里斯:《建筑的伦理功能》,申嘉等译,华夏出版社 2001 年版。

3.袁凤:《建筑活动主体的伦理责任研究》,西南大学 2013 年硕士学位论文。

4.李正风、丛航青、王前等编:《工程伦理》,清华大学出版社 2019 年版。

5.陈喆:《建筑伦理学概论》,中国电力出版社 2007 年版。

案例十四　造良心桥——规范施工，安全至上

提　　要　土木工程是建造各类工程设施的科学技术的总称，其在影响人类物质文明的同时，对人类道德观念的发展也产生着积极的或消极的影响，并由此引发了许多新的道德、伦理问题。在土木工程施工过程中应该牢固树立以人为本、把人民生命安全放在首要位置、安全至上的理念，规范施工，增强安全生产的责任意识。

基本概念　土木工程伦理　安全责任　规范

案情简介

　　2007年8月13日16时45分左右，湖南省凤凰县正在建设的堤溪沱江大桥发生特别重大坍塌事故，造成64人死亡、4人重伤、18人轻伤，直接经济损失3974.7万元。堤溪沱江大桥工程是湖南省凤凰县至贵州省铜仁大兴机场凤大公路工程建设项目中的一个重要控制性工程。大桥全长328.45米，桥面宽度13米，设3%纵坡，桥型为4孔65米跨径等截面悬链线空腹式无铰拱桥。堤溪沱江大桥于2004年3月12日开工，计划工期16个月。事故发生时，大桥腹拱圈、侧墙的砌筑及拱上填料已基本完工，拆架工作接近尾声，计划于2007年8月底完成大桥建设所有工程，9月20日竣工通车，为湘西自治州50周年庆典献礼。

　　由于大桥主拱圈砌筑材料未满足规范和设计要求，拱桥上部构造施工工序不合理，主拱圈砌筑质量差，降低了拱圈砌体的整体性和强度，随着拱上荷载的不断增加，造成1号孔主拱圈靠近0号桥台一侧3~4米宽范围内，即2号腹拱下的拱脚区段砌体强度达到破坏极限而坍塌，受连拱效应影响，整个大桥迅速坍塌。在施工过程中，施工单位路桥公司道路七公司凤大公路堤溪沱江大桥项目经理部，擅自变更原主拱圈施工方案，现场管理混乱，违规乱用料石，主拱圈施工不符合规范要求，在主拱圈未达到设计强度的情况下就开始落架施工作业。建设单位湘西自治州凤大公路建设有限责任公司（以下简称"凤大公司"），对发现的施工质量问题未认真督促施工单位整改，未经设计单位同意擅自与施工单位变更原主拱圈设计施工方案，盲目倒排工期赶进度，越权指挥，甚至要求监理不要上桥

147

检查。设计和地质勘察单位华罡设计院,违规将勘察项目分包给个人,地质勘察设计深度不够,现场服务和设计交底不到位。监理单位湖南省金衢交通咨询监理有限公司,未能制止施工单位擅自变更原主拱圈施工方案,对发现的主拱圈施工质量问题督促整改不力,在主拱圈砌筑完成但强度资料尚未测出的情况下即签字验收合格。

湖南省、湘西州交通质量监督部门对大桥工程的质量监管严重失职。湘西自治州、凤凰县两级政府及湖南省有关部门对工程建设立项审批、招投标、质量和安全生产等方面的工作监管不力。对事故有关责任人,由司法机关处理 24 人,给予相应党纪、政纪处分 33 人,建设、施工、监理等单位分别受到罚款、吊销安全生产许可、暂扣工程监理证书等行政处罚,责成湖南省人民政府向国务院作出深刻检查。[①]

案情分析与结论

一、工程管理混乱、监管缺失、施工工序不合理是导致事故发生的直接原因

在大桥施工过程中,施工单位路桥公司道路七公司凤大公路堤溪沱江大桥项目经理部,擅自变更原主拱圈施工方案,现场管理混乱,违规乱用料石,导致主拱圈砌筑质量差,降低了拱圈砌体的整体性和强度,在主拱圈未达到设计强度的情况下就开始落架施工作业。正是因为擅自更改施工方案,导致施工不规范,材料乱用,造成 1 号孔主拱圈靠近 0 号桥台一侧 3~4 米宽范围内,即 2 号腹拱下的拱脚区段砌体强度达到破坏极限而坍塌,受连拱效应影响,整个大桥迅速坍塌。归根到底在于在整个工程建设缺乏监管,导致施工单位任意变更施工方案,工程管理混乱,不按要求规范施工是最终造成工程事故的直接原因。

二、案例中建设、监理、设计和地质勘察等单位负责人安全责任、规范生产意识淡薄,对发现问题的监督整改不到位是事故发生的主要原因

该事故中,该项目的建设、施工、监理勘测等单位相关主体责任人没有重视工程安全和履行安全责任义务。建设单位对发现的施工质量问题未认真督促施工单位整改,未经设计单位同意擅自与施工单位变更原主拱圈设计施工方案,盲目倒排工期赶进度,越权指挥,甚至要求监理不要上桥检查。设计和地质勘察单位华罡设计院,违规将勘察项目分包给个人,地质勘察设计深度不够,现场服务和设计交底不到位。监理单位湖南省金衢交通咨询监理有限公司,未能制止施工单位擅自变更原主拱圈施工方案,对发现的主拱圈施工质量问题督促整改不力,在主拱圈砌筑完成但强度资料尚未测出的情况下即签字验收合

---

① 案例来源于:"2007 年湖南省凤凰县堤溪沱江大桥'8·13'特别重大坍塌事故",中华人民共和国应急管理部,https://www.mem.gov.cn/gk/sgcc/tbzdsgdcbg/2008/200801/t20080125_245249.shtml,2020-01-11。

格。这都反映了相关单位及负责人法制意识淡薄,不能严格遵守土木工程建设的质量安全标准、规范建设。瑞士苏黎世联邦理工学院的一项研究对世界上 800 个结构工程事故案例进行了分析,研究表明,75％的事故是由于人为错误造成的,如果采取适当的管理措施,可以减少或避免 85％的事故发生[1]。这充分说明了工程事故可以通过安全管理,提升主要负责人、工程师、施工者等工程参与者的安全责任意识、规范生产意识,从而最大限度地避免事故发生。

三、政府相关职能部门为打造"献礼工程"盲目赶工期对工程施工安全监管不力,没有落实人民至上的发展理念

案例中,建设单位风大公司为国有独资公司,主要负责人对公司和工程建设没有起到监督和科学规范指导的作用,为了向"州庆"50 周年献礼,还盲目倒排工期赶进度,违反工程建设规范。这也是导致事故发生的重要原因。此外,其在建设过程中越权指挥,在明知赶工期可能存在安全隐患的情况下,还要求监理不上桥检查,充分说明有关负责人缺乏责任,对公众安全极其不负责任,归根到底是没有把安全至上的理念落实在工程建设中,没有把人民的生命安全放在首要位置,以致违背工程建设规范和建设客观规律,在主力拱圈还未达到设计强度的情况下就开始施工作业,酿成事故。最终事故有关责任人、责任单位也受到了相应处分。

相关概念释义

工程风险

工程风险伴随着工程活动的始终,"在工程设计、实施、使用等全过程中,因工程自身或外部建设环境而造成的人身伤亡、财产损失、环境污染破坏等不确定性损害的统称"[2]。其通常具有影响范围广、持续时间长、危害性大、难以预见性等特点。风险有可能发生也可能不会发生,一旦发生将会造成重大伤害和损失。

土木工程安全事故分类

工程安全事关人民群众的根本利益,事关经济社会发展大局。土木工程安全事故可以按照原因和性质来分,可分为生产事故、质量事故、生产技术事故和环境事故。"按照起因分类,根据《企业职工伤亡事故分类标准》(GB6411-86),可以分为 20 种。其中高处坠落、坍塌、物体打击、机具伤害和触电为'五大伤害'占了事故总数的 85％以上。"[3]按事故的原因可以分为客观原因和主观原因,主观原因往往由人为疏忽或管理制度缺失和执行

---

[1] 陆小华:《土木工程事故案例》,武汉大学出版社 2009 年版,第 4 页。
[2] 王山立:《工程风险及其应对策略》,载《煤炭工程》2005 年第 5 期。
[3] 李慧民:《土木工程安全生产与事故案例分析》,冶金工业出版社 2015 年版,第 20 页。

不严等因素导致。

事故等级划分

根据《安全生产事故报告调查和调查处理条例》,将事故造成的人员伤亡或者直接经济损失划分为特别重大事故、重大事故、较大事故和一般事故四类。

(1)特别重大事故,是指造成30人以上死亡,或者100人以上重伤(包括急性工业中毒,下同),或者1亿元以上直接经济损失的事故;由国务院或者国务院授权有关部门组织事故调查组进行调查。

(2)重大事故,是指造成10人以上30人以下死亡,或者50人以上100人以下重伤,或者5000万元以上1亿元以下直接经济损失的事故;事故发生地省级人民政府负责调查。

(3)较大事故,是指造成3人以上10人以下死亡,或者10人以上50人以下重伤,或者1000万元以上5000万元以下直接经济损失的事故;由事故发生地设区的市级人民政府负责调查。

(4)一般事故,是指造成3人以下死亡,或者10人以下重伤,或者1000万元以下直接经济损失的事故。由事故发生地县级人民政府负责调查。

相关理论与制度解读

一、土木工程的伦理问题

土木工程伦理属于职业伦理的范畴,具有一般伦理所具有的共性特征,如职业属性、传承性、发展性、实践性、社会性等。同时其也具有自身的个性特征,是在人类反思土木工程活动引发的一系列问题中产生。随着社会的发展,尤其是科学技术的进步,土木工程越来越复杂、庞大,涉及的行业越来越广、参与的人员越来越多、材料的种类和性质越来越丰富,工程的环境越来越多变复杂,因此土木工程活动正面临着越来越多的内外部难题。其中包含土木工程所面临的安全伦理、环境伦理、土木工程师的职业伦理等问题。土木工程技术的发展,极大地增进了社会的快速发展,促进了人们的社会生活环境和基础设施的改变,增强了人们的生活幸福感,对房屋和高楼大厦的抗震技术的提高,使得人们居住的舒适性和安全健康大大的改善。因此,土木工程的发展一方面促进了社会经济的发展,同时也在自然生态环境、安全等方面产生了新的问题。首先是安全问题,土木工程随着科技的发展,各类土木工程建设越来越庞大、系统越来越复杂,存在的安全隐患就会越来越多,就越发不可避免。同时土木工程活动的安全风险还来自设计、施工、管理、应用等全过程。"土木工程尤其是大型土木工程往往意味着需要消耗更多的材料、能源支撑、土地、水等基本建设材料,经过加工使用后的材料、废气、废水,以及工程建设本身与可持续发展方面的矛盾多可以看作是土木工程中所面临的并且要处理好的环境伦理问题。因为环境问题不仅仅是自然灾害的结果,在更大程度上是人类活动的结果。"①土木工程师是为公众服务的职业,其角色逐步从传统的工匠、艺术家、技术工作者的单一角色,转变为设计者、促销者、经营者乃至于企业家等复合角色。工程建造的复杂性,使得工程师面临沦为工程事务中的"奴仆"倾向。因此,土木工程师要肩负起更多的伦理责任,在工程决策阶段要严谨、科学、负责任地进行可行性研究和从全局、整体、长远高度进行功能规划,同时要考虑好工程的经济性和社会需求度以及工程对生态环境的影响。在建设阶段要肩负起专业精神和职业道德,严把工程生产活动安全关、建设材料品质关,在土木工程建设成果或产品的使用过程中起到良好的"向导"作用,引导使用者合理、规范使用。

二、土木工程风险与事故

风险性是工程活动中必须面临的,可以说是工程的一个基本属性。在工程活动中,既有来自如地震、台风等不可抗拒的自然因素风险;也有来自工程建设材料使用过程中面临的潜在风险。因此,土木工程风险既是客观存在的又具有普遍性,不以人的意志为转移。但某一具体事故的发生或风险的发生又往往是多种要素和原因共同作用的结果,既带有偶然性又有必然性。某些偶然因素一旦产生,风险的发生就会成为必然。正如案例中,因为管理混乱不严格,对发现的施工质量问题未认真督促施工单位整改,未经设计单位同意擅自与施工单位变更原主拱圈设计施工方案,盲目倒排工期赶进度,越权指挥,甚至要求监理不要上桥检查等一系列看似偶然的因素,最终加载在一起就会使事故发生成为必然。因此在工程活动中应该加强工程风险的识别和管理。工程风险的管理主要包括风险识别、分析、评价和处置四个环节。风险识别在风险管理中是基础性工作,需要具有风险防范意识的专业人员,借助工程项目报告、工程项目规划书、管理记录、查阅工程有关历史文献资料等一定的专业方法和手段,对潜在的问题进行系统分析,直接影响着工程活动及风险管理决策。工程风险识别过程,"一般从收集资料开始,因为,数据的错误或失误很容易引发安全风险,因此土木工程师必须关注工程业界存在的基础资料造假现象,尽量从实测中获取一手资料"②。然后对工程的不确定性进行分析,建立初步的风险清单,对可能面临的风险进行汇总。对工程风险的分析可以用定量分析与定性分析,根据风险的种类不同,和工程实际情况确定所使用的方法。一般来讲,定量分析在定性风险分析之后。能否采取有效的风险控制手段,使得土木工程风险得到良好的管理,是保证工程建设安全,避免和减少事故发生的重要途径。

三、土木工程安全事故致因理论

土木工程事故致因理论是从大量典型事故本质原因的分析中提炼出来的事故机理和模型。这些机理和模型反映了事故发生的规律性,能够为安全事故原因进行定性、定量分析,为事故的预测与改进安全管理工作,从理论上提供科学的、完整的依据。事故因果连锁理论有四类。(1)海因里希因果连锁理论,也叫"多米诺骨牌"理论,该理论由美国人海

① 王进、彭妤琪:《土木工程伦理学》,武汉大学出版社2020年版,第32页。
② 王进、彭妤琪:《土木工程伦理学》,武汉大学出版社2020年版,第120页。

因里希(W.H.Heinrich)最早于1936年提出。海因里希认为,事故是按一定的因果关系一次发生的一连串的事件,就像多米诺骨牌一样,当第一块骨牌倒下后,会引起后面的牌连锁反应依次倒下。控制事故发生的可能性及减少伤害和损失的关键在于消除人的不安全行为和物的不安全状态,正如在骨牌系列中,只要中间任意抽调一张牌,就可以避免连锁反应的发生,在事故的任何环节,只要做到认真负责,履行安全责任和义务,就能最大限度地避免事故的发生或有效的终止事故过程,避免造成更多的事故伤害。该理论在土木工程项目管理中的应用主要在于因人为造成的不安全行为,中断事故连锁的进程而避免事故的发生。(2)博德事故因果连锁理论。该理论由美国人弗兰克·博得(Frank Bird)在海因里希因果连锁的基础理论上,提出了与现代安全观点更加吻合的事故因果连锁理论。该理论认为事故的根本原因在于管理的缺陷,人或者物的不安全只是事故发生的直接触发原因。个人及工作条件属于基本原因,人的不安全行为或物的不安全状态是事故的直接原因。在工程过程中,仅靠资金或者技术来保证工程建设的本质安全是不够的,还需要不断完善企业的安全管理,避免因安全管理的缺失而导致事故的发生。(3)亚当斯(Edward Adams)事故因果连锁理论。该理论的核心是对现场失误的管理原因进行分析,把人的不安全行为和物的不安全状态称为现场失误。绝大部分的工程安全事故都是由于工程设计、施工、管理等单位或有关责任人对安全管理的疏忽所导致的。该理论与实践基本吻合,但对环境的因数考虑较少,存在一定局限性。(4)北川彻三事故因果连锁反应。该理论把考察范围局限于企业内部,用于指导企业内部的事故预防工作,同时对诸多社会因素导致的伤害事故的发生和预防都具有重要的指导意义。以上四个理论模型,以海因里希因果连锁理论为基础,在实际运用中各有利弊。

能量意外转移理论认为事故是一种不正常的或者不被希望的能量释放,各种形式的能量是构成伤害的直接原因,进一步发展了事故致因理论。把能量对人体的伤害归结为伤亡事故的直接原因,从而对能量传送装置加以控制作为减少伤害发生的最佳手段。其次可以通过对数据的统计分析,阐明事故类型和性质。轨迹交叉理论,认为伤害事故是许多相互联系的事件顺序发展的结果,事故发生是多种因素作用的结果,人、机、物环境各自不安全因素的存在,并不立即或直接造成事故,而是需要其他不安全因素激发。这一理论强调,人的因素和物的因素在事故致因中起着同样的作用,运用轨迹交叉理论来预防土木工程施工中的安全事故发生,突出强调砍断事件链。不管是何种理论都会有利有弊,但在具体的土木工程活动中要根据实际情况,选择合适的理论进行分析判断,尽可能地降低或者避免风险的发生。

四、工程风险的伦理规避

相较于自然风险而言,工程风险是一种人为活动的存在,伴随着工程从决策、设计、实施一直到使用,全过程中会存在风险。"风险是一种可测的关于未来的不确定性,因此,工程风险在一定程度上是可以防范的。"①那么风险是否可以完全避免呢? 答案是否定的,风险不能完全避免,但是我们可以尽量消除因人为因素,如决策不当、设计不科学、管理不

---

① 徐长山、张耕宁:《工程风险及其防范》,载《自然辩证法研究》2012年第1期。

规范、施工不严格规范、使用不当等造成的风险。首先工程决策者、设计者、施工者、管理者、使用者甚至包括材料供应商都应该被纳入工程活动共同体中，他们对工程活动负有共同的安全。风险与责任是相互关联的，正如安东尼•吉登斯（Anthony Giddens）所认为的那样："我们面对的最令人不安的威胁不是那种'人造风险'，他们来自科学与技术不受限制的推进。科学技术的进步：一是使得世界的可预测性增强，但也造成了新的不确定性。关注工程风险，维护工程安全是工程师的底线责任和基本义务。"① 因此，在规避工程风险的途径中，首先工程师要加强安全责任主体意识，弘扬"重责任、有担当"的职业道德精神，履行好专业职责。树立安全伦理责任意识，承担对公众及社会的伦理责任，"在职业活动范围内促进全体公众的福利"②。只有在工程活动中，将人类健康、安全和福祉放在首要位置，才能最大限度地规避工程风险。其次要加强和保障工程师在工程决策中的专业权威。在工程决策中，通常由行政官员、企业管理者、经理起较大决定性，如在案例中，为了使大桥成为湘西自治州50周年庆典"献礼工程"，而导致加快工程进度、打乱施工顺序、禁止监理上桥监督等出现违背科学建设、规范施工、严格管理等问题产生，没有发挥专业工程师在大桥建设中的重要参与及监督职责，最终酿成重大安全事故。二是要加强公众参与形成多元主体责任共同防范工程风险。将工程师、管理者、投资者、政府部门、工人及社会公众均纳入工程主体中。在工程决策中坚持科学、民主决策。三是加强企业自身的安全生产管理。创建有效的安全文化机制，积极营造安全的文化氛围；健全安全管理机制、加强安全技能培训，提高全员安全建设理念，养成良好的职业行为规范。四是加强和完善政府安全监管体系。我国是社会主义国家，坚持以公有制为主体，多种所有制经济共同发展的基本经济制度，决定了大部分大型工程都是由政府投资修建和管理的，大工程风险所造成的重大事故，对政府形象和社会影响都造成了较大的伤害。因此，要进一步完善相关法律制度，对各类安全生产技术标准进行系统的整理规范，完善安全生产责任制、安全监管机制、事故问责制度、全面精细化管理，运营如大数据平台和新技术建立安全事故预警机制，预防工程风险及其引发的安全事故。

案例启示

一、土木工程活动应该坚持以人为本，确保将人民的生命安全作为首要目标

在任何工程活动中，都应该坚持以人为本，保护人民生命安全，这也包括对参与工程活动的施工者、建设者、管理者和工程师的生命安全。这既是由土木工程的本身特点决定的，也是实现社会高质量发展，发展成果由人们共享的发展理念决定的。首先，土木工程

---

① 王进、彭妤琪：《土木工程伦理学》，武汉大学出版社2020年版，第123页。

② 丛杭清、程晓东：《工程风险的社会维度》，中国工程院科技论坛暨第一次全国工程哲学会议，浙江大学参会代表论文集2004年，第9～14页。

建设就是为人们创造更好的基础设施、发展社会经济、便利人们出行生活等,这就要求土木工程建设首先必须是以人为本的建设理念;其次在建设过程中,如果不能把人民生命安全放在首位,就会出现案例中一样的事故。该工程在建设过程中,施工单位施工工序不合理,主拱圈砌筑质量差,擅自变更原主拱圈施工方案,现场管理混乱,违规乱用料石,其中任何一种行为,都违背了作为土木工程共同体所需要肩负的伦理责任,每一个因素都会给工程造成重大的安全风险,归根结底,在于施工单位没有把人民至上、人民生命健康至上作为企业的发展理念和工程建设的首要目标;建设单位风大公司,项目管理混乱,对发现的施工质量问题未认真督促施工单位整改,未经设计单位同意擅自与施工单位变更原主拱圈设计施工方案,盲目倒排工期赶进度,越权指挥,甚至要求监理不要上桥检查,更是直接表明了建设单位对工程质量、工程造福人类的基本要求丝毫没有考虑,在明知有质量问题的情况下不仅不整改,还擅自更改设计,赶进度,阻止监理发挥监督保障作用。严重违背了作为工程活动中最重要建设者所应该具备的行业道德、建设伦理责任。对违规违法开展工程活动所产生的风险及危害没有引起足够重视。说到底还是以企业利益为重,在工程活动中没有坚持以人为本把人民生命安全作为首要目标导致。最后也受到了罚款、吊销安全生产许可等应有的处罚。

二、规范施工是工程质量的基础,要严格科学施工

建筑质量事故频繁发生,特别是出现了一批重特大事故,如案例中的堤溪沱江大桥坍塌,其他如重庆綦江虹桥垮塌、武隆滑坡、洪湖大堤严重质量事故等。分析这些质量事故,排除技术因素外,不难发现,这些事故的发生与工程的勘察设计、施工、监理等建设各方,特别是施工环节忽视工程质量不无关系。工程施工是项目建设过程中投入资金、消耗资源最大的阶段,也是控制工程质量最为关键的环节。"在施工过程中涉及施工、设计、监理等建设各方,其质量优劣的关键在于如何按工程规范实施控制,工程规范是参与工程项目建设各方,进行工程活动的共同准则。"[①]土木工程的质量是工程建设中最基本也是最重要的要求,只有符合建筑工程质量要求的验收合格的工程,才能更加放心地投入使用,才能保障人们的人身和财产安全。工程施工规范、标准也是施工阶段按客观规律从事工程活动的重要体现[②]。因此,在建设工程时一定要规范施工,严把质量关,严格按照工程施工规范和质量要求施工,一旦工程质量无法达到建筑工程质量要求可以按照相关规定进行处理。如果违反工程正常流程、使用不符合设计要求的施工材料等问题出现时,一定要及时制止采取有效措施。一旦不能按照施工要求,规范科学的施工,必然会对工程造成伤害。在本案例中,由于施工单位对拱桥上部构造施工工序不合理,在主拱圈未达到设计强度的情况下就开始落架施工作业,导致主拱圈砌筑质量差,降低了拱圈砌体的整体性和强度,一旦超过拱桥能承受的临界值时,大桥瞬间轰然倒塌。因此只有按照规范的施工程序进行科学施工,才能保障工程质量。工程现场具有相当强的复杂性,因此需要工程师周密

---

① 全国监理工程师培训教材编写委员会:《工程建设质量控制》,中国建筑工业出版社 2003 年版,第 3 页。

② 姚刚、郭平、林岚:《建筑工程项目施工质量控制系统》,载《重庆大学学报》2003 年第 2 期。

思考。工程施工规范、标准也是施工阶段按客观规律从事工程活动的重要体现。

三、工程设计是工程质量的灵魂，要精心设计

工程设计是为了达到工程目的在决策前对未来工程活动的规划，体现出极强的目的性，是工程活动的核心。工程设计包括设计师的思维、想象、目的、意图，既是决策思维活动，又是工程实践活动。作为连接工程决策与工程实施的中间环节，将头脑中的观念呈现在设计图纸上，使思想"视觉化"，变为可见、可触、可感的工程物的"化身"，是一切后续工程活动的指南。因此，对工程设计要有清醒的定位，对工程发挥预定功能，满足预设需求至关重要。其次，工程设计既关注工程技术方法设计和图像设计，也关切建造过程中手段与目的相统一，不仅要考虑选址如何确定、结构如何设计、材料如何选择、技术原理如何应用等，还要将工程活动中的各类问题尽量考虑在内。迪特·拉姆斯（Dieter Rams）提出了"设计十戒"，即设计要创新、实用、美观、易读、谦逊不张扬、诚实、耐久、精致、对环境友好、简洁，作为设计的重要原则之一。设计价值以人的需求为出发点，服务社会造福他人。一旦工程设计被确定，在工程活动中就要严格遵循，不能擅自变更。案例中，建设单位"凤大公司"未经设计单位同意擅自与施工单位变更原主拱圈设计施工方案，施工单位使用未达到设计要求的材料，都忽视了工程设计方案的重要性，没有考虑到随意修改设计或不按设计使用材料和施工所带来的重大风险。没有将设计作为工程质量的重要保障，以致在破坏原有工程设计的基础上，任意改变施工顺序，最终导致所建工程不仅不能达到预期目标，反而成为"豆腐渣工程"，给人民和社会带来重大生命和财产损失，这应引起工程师、建设单位、施工单位重视。

四、政府监督是工程质量的保证，要加强安全生产监管方式创新

政府主管部门作为工程质量和安全的监管主体，要建立健全以主管部门负责任人为第一责任人的责任制，充分发挥其的领导和综合协调作用。政府是企业安全生产的规划者、推动者、监督者，对土木工程活动尤其是大型土木工程要起到监督把关作用。政府要以法律为准绳，依法督促企业加强安全生产管理，对企业安全生产过程中可能出现的安全隐患加以严格监督，加强安全生产观念建设，提高安全审查监督公众的重要性，对发现排除的问题要尽快要求有关企业或单位排除威胁。大多数重大安全责任事故都是由于监督不力造成的。在案例中，湖南省、湘西州交通质量监督部门对大桥工程的质量监管严重失职。湘西自治州、凤凰县两级政府及湖南省有关部门对工程建设立项审批、招投标、质量和安全生产等方面的工作监管不力。为了将大桥竣工作为湘西自治州50周年庆典献礼，不仅不严格依法监督履职，反而导致施工单位不断超赶工期，随意颠倒工序，破坏了大桥原有的设计结构，最终因大桥受力结构被破坏而坍塌。试想，如果政府有关主管部门能依法履行监督职责，稳步有效规范推进工程建设，对存在的问题能及时督促施工单位和建设单位及时整治，势必能阻断事故发生的链条，避免重大事故。此外，政府有关主管部门要规范和完善法律法规监管机制，利用经济杠杆、社会化服务、大数据技术等方法手段进行监管创新，克服传统的安全监管方法存在体制机制不合理、技术方法落后、人员和装备不足等问题，提高监管效果和改善安全生产环境。

土木工程往往直接关系人民群众生活,事关经济社会发展的重大问题,与改善人民的物质条件紧密相连。因此,土木工程活动中一方面既要发挥科技提升工程质量、推动社会经济产业发展,同时也要坚持以人为本的建设理念,确保在建设发展过程中精心设计、严格科学施策、严格管理,加强保护人民的生命安全,让土木工程活动能更好地为社会发展服务。

思考题

1.土木工程活动常见的风险有哪些?

2.有哪些方法可以对工程风险进行分析?

3.在工程建设中如何有效地规避风险?

4.如何对土木工程活动进行安全监督?

5.工程师如何在工程决策中发挥作用?

参考文献

1.王进、彭妤琪:《土木工程伦理学》,武汉大学出版社 2020 年版。

2.陆小华:《土木工程事故案例》,武汉大学出版社 2009 年版。

3.王志新:《工程伦理学教程》,经济科学出版社 2018 年版。

4.李慧民:《土木工程安全生产与事故案例分析》,冶金工业出版社 2015 年版。

5.铁怀江:《工科大学生工程伦理观研究》,西南交通大学 2013 年博士论文。

<table>
<tr><td>案例十五</td><td colspan="2">网络非法外之地——虚拟
世界的责任与自制</td></tr>
</table>

提　　要	道德的基础是人类精神的自律。互联网构造了一个客观实在以外的虚拟世界,人们通过计算机、互联网技术的支撑连接在一起,虚拟的世界一旦生成便也是客观实在,是一种新的物质形态。随着社会信息化进程的不断推进,网络这片土壤也滋生了难以消除的诟病,在一定程度上引发了新的道德风险和伦理困境。因此,在互联网中也应该遵守一些社会道德准则和伦理规范。在互联网中应该遵守不伤害他人、不损害公共利益、不传播非法不道德内容等原则,践行网络使用责任、对网络不良文化坚决予以抵制。需要坚持以社会主义核心价值观为引领,加强网络伦理的约束力,加快相关法律规范体系建设的进程,从而构建良好的网络生态环境。
基本概念	网络工程伦理　虚拟世界　责任

案情简介

2006 年 2 月 26 日 22 点左右,一位网名为"碎玻璃渣子"的网民,在猫扑论坛上贴出了一个装扮性感的中年女人以高跟鞋残忍虐待一只被麻醉过的幼猫的图片。2 月 28 日,图片从猫扑传到天涯、淘宝、QQ、新浪、搜狐、网易等各大论坛与网站,网友群起愤怒,不少网友发愿捐出猫币、人民币悬赏捉拿凶手,并在网上对其进行漫骂攻击,发誓要追捕严惩图片中的恶妇与拍摄者。第一个挖出嫌疑人"Gainmas"的民间调查者是"鹊桥不归路",当时他可依据的线索只有一个"虐猫视频上的域名"。不久,Gainmas 的真实名字、身份号码、车牌号、地址,甚至照片都已经被公布在猫扑、天涯、PCPOP 等各大论坛上,其在易趣上购买高跟鞋的交易记录也被曝光。3 月 1 日,一个 ID 为"我不是沙漠天使"的网友,指出事件的地点不在杭州,而是黑龙江的一个小城,并公布了事件中女子的工作地点。随后又有网友补充了女子年龄、工作岗位、家庭情感生活等细节内容。3 月 2 日,虐猫事件的三个嫌疑人基本确定,距离"碎玻璃渣子"在网上贴虐猫组图不过 6 天时间,其效率之高可能不亚于警方的办案速度。

3 月 6 日,黑龙江媒体证实该女子为萝北县凤祥镇的一名药剂师王某。3 月 8 日,萝北县有关部门确认虐猫视频拍摄地点是该县名山镇名山岛公园,并称已对该事件的参与者王某、李某展开调查。3月9日,李某在东北论坛发布公开检讨书。3月15日,萝北县人民政府网站公布王某公开道歉信。萝北县人民政府网站也公布了该县广播局、县医院对虐猫事件当事人的处理意见。"立即停止王某药剂高工的工作,停发工资。"对李某"立即停止其工作,等待事情的调查和处理,免去其部门主任的职务"。3月15日,黑龙江萝北县人民政府网站公布踩猫女致广大网民及市民的一封公开道歉信,信中说不需要同情,但希望得到公众的理解,并称因此事她自己以及亲友均受到很深的伤害。

从报案、调查、分析、追踪并锁定嫌疑人,甚至引出幕后"一个神秘而恐怖的组织",都是由网友在网络上自发进行的。他们各自的调查工具只是最平常的网络搜索引擎,却形成了空前强大的"人肉搜索"阵容。在此过程中,如此规模的民间"缉凶"事件,在互联网历史上还是第一次。①

案情分析与结论

一、案例中虐猫事件反映的不仅仅是动物保护方面的问题,更值得关注的是事件背后的网络伦理

如果在没有网络的时代,案例中的新闻可能仅仅是普通的虐待动物的小新闻,甚至上不了主流媒体的版面。但是在互联网空间下,虐猫事件从单纯的虐待动物与保护动物的问题,扩展到涉及超出一般社会伦理问题,还折射出了网络伦理问题。比如,虐猫这种血腥图片该不该贴到网站上;揭发这种残忍行为,是否有必要将血腥的画面原封不动地公之于众;未经他人同意张贴涉事女主的照片是不是侵犯隐私;还有第一次被怀疑的肇事者Gainmas的真实名字、身份号码、车牌号、地址,甚至照片都已经被公布在猫扑、天涯、PCPOP等各大论坛上,就连其易趣上购买高跟鞋的交易记录也被曝光,这种过渡无节制地曝光个人隐私是否构成对无辜者的隐私权的严重伤害;对涉事者道德上的谴责能不能化作诅咒、谩骂这种语言暴力,网民自发的"追凶"行为是否可取等,都清醒地展示了互联网所带来的新的伦理问题。

二、案例反映了互联网对事件的影响具有两面性

案例中事件的发展过程可以清晰地展示出互联网的强大:在这个"视通万里"的网络时代,仅凭网上的一幅照片,就可以从茫茫人海中毫不困难地找出某个人来。一方面说明互联网具有盲目性、非理性很容易不受控制,造成其他负面影响。虐猫女子的年龄、籍贯、其丈夫是做什么的,都已经有人将线索提供到了网上。不仅如此,网民通过种种技术手

---

① 本案素材来源:百度百科:高跟鞋虐猫事件_百度百科,https://baike.baidu.com/item/%E9%AB%98%E8%B7%9F%E9%9E%8B%E8%99%90%E7%8C%AB%E4%BA%8B%E4%BB%B6/604091?fr=aladdin,2021-03-15。

段,将某个虐待动物网站的注册信息、域名注册公司的办公地址、办公电话、法定代表人联系方式,甚至连疑为法定代表人的车牌号码、私人手机、大学专业、中学所在地、通过网络购物的记录等等,都公之于众。在此过程中,让一个所谓"嫌疑人"在整个社会的所有信息都是透明的,这就损害了无辜的普通网民,对其形成了巨大的伤害。同时,这也给不相干的人带来了巨大的麻烦,这种伤害往往是不可逆的。另一方面,也反映了互联网技术的效率。如此规模的民间"缉凶"事件,在互联网历史上还是第一次。仅依靠一个"虐猫视频上的域名",不过 6 天时间,虐猫事件的三个嫌疑人基本被确定,对警方迅速侦破案件起到了极大的促进作用。

三、互联网不是法外地,涉事者都受到了相应的处罚

互联网所构造的虚拟世界只是一个场所,是一个平台,参与其中的主体还是现实的人。只要是现实社会中的人,就要遵守社会法律道德规范。因此,在互联网的虚拟世界中也应该同样遵守现实社会的法律道德,互联网不是法外之地。案例中涉事者之一药剂师王某,除了公开向网民和市民道歉外,还被立即停止工作,停发工资;李某除了公开做检讨之外,被立即停止工作,免去部门主任的职务,等待进一步调查结果。这充分说明了网络虚拟世界不是法外之地,违反了道德同样要受到谴责,违反了法律同样会受到惩罚。

相关概念索引

网络伦理

网络伦理是信息伦理的组成部分,"是人们在网络空间中应该遵守的行为道德准则和规范,是调节人与人、人与社会特殊利益关系的道德价值观念和行为规范"[1]。"同时也是人们在网络生态环境中处理各种关系的道德准则和系统化研究的义务学说。"[2]网络伦理主要是网络空间主体间行为的伦理规范。网络行为是网络社会所特有的社会交往行为,同现实社会行为相比,具有虚拟的特殊环境,可以构建一个虚拟的空间平台,在虚拟的空间中构建虚拟的人、人物、社会,甚至是虚拟的货币与感情。当然这种虚拟的存在,也是依托于现实的计算机设备与计算机技术,也受到技术和载体的束缚。尽管它是一种虚拟的存在,但同样也应受到相应的伦理道德的规范约束。网络社会中的交往以符号为媒介,通过介质传递模拟信号或将人的语言、语音、画面转化为数字存储传输,从"人—机—网—机—人"的过程,达到人与人的交流。这种社会交往最大的特点就是扁平化、匿名化,就是不存在现实社会中的等级观念,每个人都是平等的,达到了增加交往的随机性和不确定性,进而也对传统的伦理观念产生了巨大的冲击,以至于人们无法直接用传统的道德要求来判定网络交往方式。而且传统伦理道德与责任首先是明确主体,包括主体的社会地位、身

---

①　徐云峰:《网络伦理》,武汉大学出版社 2007 年版,第 64 页。

②　宋吉鑫:《网络伦理学研究》,科学出版社 2012 年版,第 6 页。

份、职业、年龄等,而在网络虚拟社会中主体可以是人,也有可能是人与机器的交互。因此,就需要扩展传统伦理的范围,为网络活动空间树立规范的伦理文化空间。

网络信息传播

网络信息传播从技术层面解释就是一种以多媒体为终端、以光纤为通道,将所有的受众群体和传播者紧密联系在一起,并且使他们能够相互传播信息交流的介质。

网络伦理的主要内容

网络伦理系统由两个子系统构成:"其一是网络生态伦理系统,主要讨论不同网络使用主体之间的交往关系和准则;其二是网络技术伦理系统,主要讨论信息技术主体与服务对象之间、技术主体与社会关系之间以及不同技术主体之间的关系和准则。"[①]

相关理论与制度释义

一、网络伦理原则

对于网络社会中伦理道德的基本原则,国内学者有不同的观点,从网络本身具有的特征看,网络伦理应该具有共享原则、兼容原则、互惠原则、无害原则、尊重原则、平等公正原则。无害原则要求人们在进行网络活动时,以公共利益为导向,不损害他人在网络活动中的权益和利益。尊重原则要求网络活动者既要尊重网络活动规范,又要尊重其他参与网络活动者。平等原则所反映的是在网络活动中,每个网民都有平等的参与权利,也是人人平等社会思想在网络活动中的延伸。共享原则是网络上的资源共享源于信息共享,如在使用搜索引擎查找资料的过程中,计算机所反馈的资源就是大量免费的,当然免费的主要集中体现在大量公共资源这一块。当然网络中的免费搜索、免费服务、免费信息等所体现的并不同于现实社会中的普通商品,如果共享的内容或服务超出一定的范围,就不再适用了。比如,涉及软件版权、知识产权、著作权等,为了互联网的健康发展一方面对于公共资源要遵循共享原则,而涉及版权、著作权等个人利益方面时就要遵循尊重创作者劳动原则,不能随意下载和传播未经他人或所有机构允许的资源。互惠原则是指在网络活动中,网民有义务为网络提供有价值的信息,遵守网络规范以推动网络社会健康稳定发展。

从网络主体出发应该遵循自由与监管原则、公平与正义原则、权利与义务对等原则、自律与他律原则、全民原则和个体原则。在网络社会中,由于人具有充分的自由,而缺少约束,这就要求人们在进行网络活动时,一方面在享受互联网带来的自由的同时,也要自觉接受监管。公平与正义原则强调网络不因网民政治、经济和文化地位存在差异而实行区别对待,网民在网络上是平等的,有平等的信息交流机会。个体处于不同的位置,拥有

---

① 田鹏颖、戴亮:《大数据时代网络伦理规制研究》,载《东北大学学报(社会科学版)》2019 年第 3 期。

不同的话语权,在网络社会中,尤其在网络舆情治理过程中,每一个网民都具有平等参与舆论的权利。同时,在网络世界中也强调权利与义务的对等统一。在符合网络规范的条件下,"网络人可以获取网络公共资源使用权,同时也要遵守各类网络规范,避免网络人的权利与义务相割裂"[①]。自律与他律原则要求网民在进行网络活动时应该具有自制的美德,以网络人的自律来维系和强化网络社会的秩序与环境。

二、网络暴力

网络暴力是网络舆论发展扩大化的极端表现。在某些具有影响性的事件中,网民的意见很容易情绪化,并且迅速被煽动。中国社科院发布的《社会蓝皮书:2019 年中国社会形势分析与预测》显示,青少年在上网过程中遇到过暴力辱骂信息的比例为 28.89％。其中,暴力辱骂以"网络嘲笑和讽刺"及"辱骂或者用带有侮辱性的词汇"居多,分别为74.71％和 77.01％;其次为"恶意图片或者动态图"(53.87％)和"语言或者文字上的恐吓"(45.49％)[②]。由于网络用户的匿名性与隐蔽性特征,网络暴力已成为威胁互联网环境的一大毒瘤。当一种意见、态度、观点在网络上被广泛传播的时候,很容易演变成网络暴力事件,尤其是像"虐猫事件"成为众所周知的具有轰动效应的网络暴力事件。一方面表现出网络暴力事件的产生往往具有偶然性。只有当这一事件被某一传播者带入网络这个公共讨论领域当中,进入诸多网民的视野才可能引发网络暴力的产生。或许是一个阴差阳错,一个事件被偶然地带到网络的公共领域中被评说,从此它的命运就发生了彻底的改变,在网络上刮起一阵狂风,网络暴力事件就此孕育而生。网络暴力事件产生的具体标志,即发起者在网络上将某一能够引起人们共鸣的事件的相关真相进行发掘、曝光甚至散播一些不负责任没有事实依据的谣言等,以期能够吸引更多的眼球。社会矛盾与事件本身在网络上相遇时,会一触即发,迅速在网络上进行传播,此刻网络暴力事件就进入了发展阶段。顷刻间,关于事件的点击率直线上飚,数以万计的网民蜂拥而至,争相了解事实的真相,发表言论。由于网络暴力事件在法律上、道德上本身就很具有争议性,而在好奇心和猎奇性的驱使下,诸多网民更是失去了理性,迫不及待地想要对当事人进行审判,无形当中将事件推向了一个更高的高度。可以说,在网络暴力的发展阶段,诸多网民有意无意地参与、传播,是整个事件扩大的催化剂和助推器。当第一个"意见领袖"带头对事件当事人进行批评、审判的时候,整个事件的性质就发生了改变。由于参与事件的人数已经形成一定规模,这样个人意见就很容易扩散,而且会有越来越多的人参与其中争相发表意见、观点,网民就处在一种沉浸在群体暴力亢奋的状态当中。网络暴力还具有一些显著特征:

第一,网络暴力首先是发布网络信息的具体的某个人的不良情绪的集合,网络信息本身不具有暴力性,但是发布网络信息的人在评论人或事物时,本身就是不良情绪的集合体,丧失理性,以一种极度偏激的热情和无所畏惧的不怕惩罚式的斗志,对一个人或事进行忘我的抨击和鞭笞,显现出一种无理性的偏激情绪倾向。第二,明显的攻击性,实施网

---

① 徐云峰:《网络伦理》,武汉大学出版社 2007 年版,第 85 页。

② 国家信息安全漏洞库:http://cnnvd.org.cn/web/xxk/yjxwById.tag? id＝11,310,2021-02-24。

络暴力行为的人往往都有一个特定、固定的目标,实施者不是漫不经心,而是具有很强的针对性,针对选好的目标来势汹汹,直接面对当事人,并表现出攻击倾向。第三,以"执法者"自居的形象出现。实施网络暴力的人经常忽视自己的地位,网络信息平台上的所有人都是平等的,但是他们却经常忽视,经常自己赋予他们自己超越法律的特权,以自己的价值观点,主观臆断地去评判他认为不对的人或事物,进而把他们的个人处罚随意强加在当事人的身上。第四,对当事人进行非法的伤害,法律是最低的道德准则,实施网络暴力行为的人不但无法保持道德水平要求自己,反而屡屡突破下限,违反法律,对他人进行所谓的正义惩罚,殊不知已经违法了法律,任何人都不能突破法律的底线,即使是虚拟的网络平台,因此网络平台更不能是法外之地,任何实施网络暴力行为的人并对他人造成伤害的,已经触犯了法律的底线。网络暴力行为本身已经是违法行为,有时伤害往往非常大,有的甚至会造成死亡。

三、网络伦理规范

规范是调控人们行为的、由某种精神力量或物质力量来支持的、具有不同程度的普适性的指示或指示系统。[①] 在现实的社会生产、生活、交往过程中,总是会受到法律法规、规章制度、道德伦理、公序良俗的约束和指导。与现实世界一样,在互联网中人们的行为活动也受到规范的调整、指导和约束,这些调整、指导和约束人们在互联网中行为活动的规范就是网络规范。网络规范是调整网络主体之间、网民之间、网民与网络组织之间关系的基本准则要求,保证人们在互联网中的行为活动合理有序,维护互联网的健康运行。网络规范对网络主体的网络行为进行约束规范。网络主体包括接入和使用互联网的个人、组织或机构、计算机软件或硬件制造商、互联网基础设施与网络服务提供商、网络运营商,以及制定和实施计算机与互联网政策或法律的各种组织和各级政府机构。网络主体的网络行为指的是网络主体与互联网相关的一切行为,包括个人或组织在互联网中的行为活动、计算机硬件和软件的设计和生产、互联网基础设施的建设、网络服务的提供,以及计算机和互联网的相关政策和法规的制定和实施等等。网络主体的行为是网络规范调整和约束的对象。例如,网民的聊天、发帖、浏览网页、收发邮件等行为;网站的建设和维护,网页内容的发布与更新;网络规范也是由精神力量和物质力量来支持的。网络主体不是一个虚幻的行为主体,互联网并没有将一个网络主体二分化,在线和离线的网络主体都是主体的。与现实世界中相对应的物质实体一样,每个网络主体都是一个道德主体或法律主体。网络规范也不是毫无根基的空话,违背网络规范的网络主体必然受到来自精神力量和物质力量两方面的惩罚。由精神力量和物质力量支撑的网络规范是每个网络主体所敬畏的东西。首先,这种精神力量主要包括网络舆论的谴责、网络社区的疏离、其他网络主体的拒绝等等。例如,一个在论坛中经常发表不实言论或散布谣言的网民,会引起其他论坛成员的集体谴责。

---

① 徐梦秋:《规范通论》,商务印书馆 2011 年版,第 15 页。

案例启示

一、加强网民道德建设，自觉遵守网络伦理规范，维护网络生态健康发展

当今网络活动作为人们生产生活中不可或缺的一部分。在信息化时代，网络成为必不可少的纽带，连接至世界各类信息快速交换和传播。人们在进行网络活动时应该考虑除了自己以外的人的感受，不能觉得在互联网上，一切都是虚拟的，认为既然是虚拟的就不是真实的，就不用遵守现实的法律和规章制度，就不需要接受道德伦理准则的约束规范，就不加强自身道德建设，导致在网络中进行网络活动时作出违背公序良俗、不道德甚至是违法的行为。案例中，网名为"碎玻璃渣子"的网民，将血腥残暴的图片不加处理地放到网络上，没有考虑到网络的受众面，可能会对一些人造成不适；将事件当事人的个人信息泄露公之于众，也侵犯了无辜受害者的隐私；包括利用网络手段和网络语言在互联网上对真正的"凶手"进行语言攻击，都反映了网民的道德有待加强，网络伦理规范不足的一面。网络伦理道德建设是精神文明建设的重要环节，只有提高网民的思想道德水平和自律意识，才能够从根本上纯洁网络生态，维护网络生态健康发展。

二、网络伦理要加强人文关怀，避免网络暴力伤害无辜

"网络既是一个技术概念，也是一个更为广泛的社会文化概念。"[①]网络技术发展的终极目标是为了人，用于帮助人们实现更好的发展和生活。网络伦理的无害原则要求人们在进行网络活动时，以不伤害他人为最基本的底线原则。尊重自我与他人，在利用网络技术带来的人与人沟通便捷、高效的同时，要避免侵害他人利益。网络伦理也是人类道德精神在网络世界中的一种体现，拓展了伦理的新领域，但这一领域的伦理也应以人的社会伦理为基础，毕竟人是作为社会化的人而存在的，正如马克思所言：人是社会关系的总和。因此，互联网技术作为一种服务于人的技术，在参与网络活动过程中应该加强人与人之间的人文关怀，尊重他人隐私，网络面前人人平等。案例"高跟鞋虐猫"事件中，女子以高跟鞋虐杀小猫本身是不道德的，应该受到强烈谴责是毋庸置疑的，如果其行为触犯了法律，也应该由司法机关对其进行起诉审判，而不是网友的网络审判。网友对事件女主谩骂攻击、对其家人的伤害是不道德的，甚至侵害了他们的隐私权，严重影响了其本人及家人的正常生活。包括第一个被怀疑的嫌疑人"Gainmas"，其真实名字、身份号码、车牌号、地址，甚至照片都已经被公布在猫扑、天涯、PCPOP 等各大论坛上，无疑就是让其有如在现实社会"裸奔"一样，所有的信息都是透明的，在精神层面对其造成的伤害不亚于现实社会中的身体所受到的"暴力"。因此，对待网络中的事件要理性分析，对事件的判断要有理有利有节、对事件中的人物要客观公正地对待，避免网络暴力伤害无辜。

---

① 徐云峰：《网络伦理》，武汉大学出版社 2007 年版，第 84 页。

三、要加强优秀网络文化建设，传播正能量

人的伦理道德观念是在长期社会实践中形成的，反映了人类社会活动的一般规律，规范着人民的行为，在网络文化活动中一方面要加强网民的道德建设，通过自律来规范网络行为，同时也要通过他律，通过改善外部环境塑造良好的网络文化生态。正如网络技术是一个强有力的工具，它能给人幸福，也能给人带来灾难，这取决于人们如何使用网络技术。当我们利用互联网高效地传播效率时，如果是传播好的东西对社会就会产生积极的影响，如果是恶的、不好的方面就会对社会产生坏的、消极的影响。对网络是善的使用，还是恶的使用取决于人自身的价值观念和伦理道德程度。不道德不规范的网络行为，就会破坏网络社会秩序，从而失去造福人类的功能。随着社会信息化程度的增加，在万物互联的今天，互联网与现实生活的人联系得越来越紧密，网络成为人类社会不可或缺的组成部分。因此，要加强优秀网络文化建设，塑造良好的网络伦理规范和丰富的网络文化资源。2019年10月，中共中央和国务院共同颁布的《新时代公民道德建设实施纲要》强调要抓好网络空间道德建设、加强网络内容建设、培养文明自律的网络行为。网络信息内容广泛地影响着人们的思想观念和道德行为。要深入实施网络内容建设工程，弘扬主旋律，激发正能量，让科学理论、正确舆论、优秀文化充盈网络空间。发展积极向上的网络文化，引导互联网企业和网民创作生产传播格调健康的网络文学、网络音乐、网络表演、网络电影、网络剧、网络音视频、网络动漫、网络游戏等。加强网上热点话题和突发事件的正确引导、有效引导，明辨是非、分清善恶，让正确道德取向成为网络空间的主流。因此，在人们的网络活动中，要加强优秀网络文化建设，增强自觉传播正能量的自觉意识，形成主动传播正能量的氛围，传播正能量，避免如"虐猫"等暴力、血腥的低俗的东西冲击网络。在网络文明建设过程中，充分吸收现实社会中优秀的文化成果，加强网络文化资源的多样性建设，让更多的正能量通过互联网进行传播。

四、加强完善网络立法执法建设，营造风清气正的网络生态

网络世界是自由的，但绝不是没有边界的，毕竟网络活动的主体还是人。因此作为主体的现实人，在互联网这个虚拟的信息社会中，还需要遵守相应的网络伦理规范，受到法律约束。目前还没有形成强有力的法律约束和道德规范，往往是按照现实社会中的道德规范与法律约束网络行为。在这种新的虚拟环境中，网上的道德规范是非强制性的，不像现实社会中的道德，网络伦理规范建设与法律建设界定不明。由于我国的网络伦理研究起步较晚，目前尚未形成较为成熟和完善的网络伦理规范体系。[①] 因此，要加强网络伦理规范和网络法律制度建设，避免对网络社会中的犯罪行为和许多严重的社会问题，出现网络道德规范无力、法律约束不到的尴尬境地。正如波普尔说："我们需要的与其说是好的人，不如说是好制度。"[②] 良好的网络道德建设，离开制度的保障是难以想象的，因此要加强对网络道德规范、网络犯罪等网络行为制度的建设。为此，国家为了保障网络安全，

---

① 屈文锦、李玉琴：《中国网络伦理发展研究述评》，载《哈尔滨师范大学社会科学学报》2020年第1期。

② ［英］波普尔：《猜想与反驳》傅季重译，上海译文出版社1986年版，第491页。

维护网络空间主权和国家安全、社会公共利益,保护公民、法人和其他组织的合法权益,促进经济社会信息化健康发展。2016 年 11 月颁布了《中华人民共和国网络安全法》,于 2017 年 6 月 1 日开始执行。网络安全法强调要依法惩治网络违法犯罪活动,维护网络空间安全和秩序。国家倡导诚实守信、健康文明的网络行为,推动传播社会主义核心价值观,采取措施提高全社会的网络安全意识和水平,形成全社会共同参与促进网络安全的良好环境。如案例中,用高跟鞋虐猫虽然不道德,可能本身够不上触犯法律,但是如果将虐猫有关的图片在网络上用于宣传并私下出售视频光盘这就违反了法律。与我们倡导的健康文明网络行为,推动传播社会主义核心价值观相违背,破坏了良好的网络生态。因此,虐猫事件当事人受到了应有的惩罚,"立即停止王珏药剂高工的工作,停发其工资",对李跃军"立即停止其工作,等待事情的调查和处理,免去其部门主任的职务"。相信随着技术的发展,会不断出现新的网络伦理问题,但同时社会也会加强网络伦理规范,进一步加强完善网络立法,营造风清气正的网络生态环境。

五、网络工程师应该加强网络应用技术安全,保护个人隐私不被随意使用和扩散

"隐私是一种与公共利益无关、群体利益无关,当事人不愿意他人侵入或他人不便侵入的个人领域。"[①]我国法律规定,任何组织和个人不得非法收集、利用他人的个人信息,如需要获取他人个人信息的,应当依法取得并确保信息安全。我国《网络安全法》对隐私的保护的目的是保护个人的安宁与安全感,维护自然人的人格尊严,使其免受精神痛苦,实现良好的人与社会的和谐发展和社会的安定。随着网络的发展,网络个人的数据、网页浏览痕迹、网购账号及记录等都属于个人敏感信息,互联网技术的进步给人们带来了便利,也给个人信息和隐私保护带来了巨大挑战。如案例中,民间调查者"鹊桥不归路"等网民,当时他依据的线索只有一个"虐猫视频上的域名",只是用最平常的 Google 和百度搜索引擎,进行调查分析,却形成了空前强大的"人肉搜索"阵容。就能分析出第一个嫌疑人,Gainmas 调查工具的真实名字、身份号码、车牌号、地址,随后其照片被公布在猫扑、天涯、PCPOP 等各大论坛上,其在易趣上购买高跟鞋的交易记录也被曝光。说明互联网在保护网民隐私方面还存在一定的漏洞,让网民可以通过简单的技术手段就能查找出其他人的大量个人隐私信息。这也说明了,在网络环境下个人信息与隐私"毫无藏身"之地,如果网络工程师不在网络隐私保护方面加强安全技术改进,让个人随意获取未经其他网络用户本人同意的个人信息,势必会导致人民对网络安全产生信任危机,因担心个人信息和隐私泄露而拒绝使用互联网技术,从而远离网络服务,最终损害网络技术的健康发展。所以我国《网络安全法》规定,"网络运营者收集、使用个人信息,应当遵循合法、正当、必要的原则,公开收集、使用规则,明示收集、使用信息的目的、方式和范围,并经被收集者同意。网络运营者不得收集与其提供的服务无关的个人信息,不得违反法律、行政法规的规定和双方的约定收集、使用个人信息,并应当依照法律、行政法规的规定和与用户的约定,处理其保存的个人信息"。因此,在网络活动中,网络工程师要加强对网络应用技术的安全保

---

① 梁慧星、廖新仲:《隐私的本质与隐私权的概念》,载《人民司法》2003 年第 4 期。

障,保护用户的隐私安全,采取技术措施终止侵犯用户隐私的行为,防止网民所受损失的进一步加深。

- -

思考题

1.简述网络伦理的成因。

2.简述网络伦理应遵循的原则。

3.如何看待网络暴力现象?应该如何避免?

4.如何看待网络技术的双面性?

5.结合自身实际,在生活中该如何塑造良好的网络生态环境?

参考文献

1.马克思、恩格斯:《马克思恩格斯全集》(第 1 卷),人民出版社 1995年版。

2.[美]迈克尔·J.奎因:《互联网伦理》,王益民译,电子工业出版社 2016年版。

3.徐云峰:《网络伦理》,武汉大学出版社 2007 年版。

4.李正风、丛杭青、王前等编:《工程伦理》,清华大学出版社 2019 年版。

5.王凤民、杨开新:《工程法律与伦理》,厦门大学出版社 2020 年版。

6.王章豹:《工程哲学与工程教育》,上海科技教育出版社 2018 年版。

案例十六 "棱镜门"——加强技术创新,掌握信息安全

提　　要　"棱镜门"事件反映了信息时代信息安全对国家社会个人发展带来的"双刃剑"效应。信息技术的进步为社会发展带来福祉,大大提高了社会工作效率,但也在个人数字身份、个人信息隐私、国家信息安全等方面造成了负面影响。因此,应加强技术创新、国际交流合作和完善制度监管巩固信息技术带来的有益一面,克服技术垄断和绝对优势带来的不利影响。倡导从国家、企业到个人层面都应该遵循信息伦理准则,更好发挥信息技术为人类谋幸福的有益一面;同时也要加强信息技术自主创新,保护国家和公民信息安全。

基本概念　信息工程　信息安全　大数据　环境伦理

案情简介

　　2013 年 6 月 6 日,前美国中情局职员斯诺登披露美国的"棱镜计划"(PRISM)在国际社会引起巨大震动,称为"棱镜门"事件。英国《卫报》和美国《华盛顿邮报》报道指出,棱镜门计划是美国国家安全局和联邦调查局自 2007 年小布什时期开始实施的绝密电子监听计划,正式命名为"US-984XN"。代号为"棱镜"的秘密监控项目,是美国以反恐为旗号,通过谷歌、微软、雅虎、Facebook、PalTalk、YouTube、Skype、AOL、苹果 IT 等 12 家巨头企业,挖掘各大技术公司的数据。美国国家安全局在"棱镜计划"中可以获得电子邮件、视频和语音交谈、影片、照片、文件传输、登入通知,以及社交网络、存储数据、视频会议的细节。通过棱镜项目,美国国安局甚至可以实时监控一个人正在进行的网络搜索内容。情报部门既可以直接获取公民的通话和网络活动具体内容,也可以借助先进的大数据推断出个人的性格、习惯、爱好、犯罪倾向等信息。从欧洲到拉美,从传统盟友到合作伙伴,从国家元首通话到日常会议记录都在监控范围内。综合情报文件"总统每日简报"中 2012 年内在 1477 个计划中使用了来自"棱镜计划"的资料。美国中情局局长美国网络司令部司令基斯·亚历山大 2013 年 6 月 18 日在国会作证时称,得益于"棱镜计划"的实施,过去数年,已经协助挫败了 50 多起恐怖阴谋。随着棱镜门计划细节逐渐曝光,国际舆论和许

多国家政府都公开反对"棱镜计划"。[①]

案情分析与结论

一、强大的信息安全产业基础,对国家安全的重要作用

棱镜门事件将大数据热潮中如何尊重以及保护个人隐私的伦理问题,摆在世人面前。其展示了强大的信息安全产业基础,对国家安全的重要作用。美国凭借其在信息技术上的巨大优势,掌握了国际网络空间的实际控制权。在美国的掌控下,信息网络充满风险,近几年美国实现了新兴技术的快速发展,持续采取多种政策措施对云计算和大数据等新兴技术进行支持。在云计算方面,美国将其定位为国家核心竞争力的重要手段之一。在大数据开发方面,美国将其提高到国家战略的层面,形成动员格局。美国的棱镜计划反映了当前信息安全问题,事关国家和社会发展,事关广大人民群众的工作和生活。在棱镜门中美国以反恐为旗号,通过谷歌等 12 家 IT 企业,在未作公告更不可能告知本人的情况下,监听了遍布全球、本应属于公民个人隐私的海量网络活动记录。由此,情报部门可以直接获取公民的通话和网络活动具体内容,也可以借助先进的大数据分析推断出个人性格、习惯。因而,"在互联网快速发展的今天,我们必须认真对待网络世界所出现的新现象以及所产生的新问题。在新时期,作为世界最大的发展中国家和最大发达国家,中美网络安全问题逐渐演变成为影响中美关系大局的重要因素"[②]。信息安全作为国家安全的重要组成部分,没有强大信息安全产业作基础,国家信息安全也将不可避免地受制于人。因此,要重视国家信息安全,促进信息安全产业技术发展,保障国家安全。

二、大数据时代个人信息收集与滥用问题突出

"棱镜计划"的曝光,让我们不得不重视和重新审视大数据时代的信息安全。"棱镜门"事件将大数据热潮中如何尊重以及保护个人隐私的伦理问题,摆在世人面前。长久以来,许多国家打着维护国家安全和反对恐怖主义的旗号,安排有关情报部门对普通公民或组织甚至包括本国以外的个人和组织进行信息监控。"棱镜计划"之所以引起全世界的关注,是因为人们通过此事件,才真正意识到,美国的监控计划已经悄无声息地部署到人们工作生活的各个角落,就连国外国家元首通话到日常会议记录都在监控范围内,更别说普通人的个人信息被监听和滥用的程度了。大数据给信息安全带来巨大的威胁,因为人们往往对自己的信息被窃取毫不知情。情报部门既可以直接获取公民的通话和网络活动具体内容,也可以借助先进的大数据推断出个人的性格、习惯、爱好、犯罪倾向等信息。说明企业在收集个人信息过程中并没有尽到保护使用者信息安全的责任。甚至有些信息收集

---

① 资料来源:棱镜门_百度百科,ttps://baike.baidu.com/item/％E6％A3％B1％E9％95％9C％E9％97％A8/6006333,2021-10-27。

② 薄澄宇:《网络安全与中美关系》,中共中央党校 2015 年博士学位论文,第 27 页。

是在当事人毫不知情的情况下就被收集了，随后就会被相关企业滥用，就如案例中的那些IT企业将收集到的信息用于情报部门的监听。这一问题应该引起人们的重视，在使用一些软件和注册某些平台时要注意加强对自身敏感数据的保护，避免被轻易窃取，给自己造成重大损失。

三、合理地利用大数据技术等信息技术手段有利于维护国家社会安全

大数据技术可以从大量的数据中通过算法搜索提取隐含在其中潜在有用的信息，可以让分析员更好地理解数据，并对数据分析结果作出预测性的判断，为人类社会活动提供有利参考依据，大大提高了数据收集、处理、分析的效率。如果大数据技术能被合理地运用于反恐、阻止信息诈骗等将极大地提升社会安全和保障社会经济健康发展。正如案例中，美国中情局局长美国网络司令部司令基斯·亚历山大2013年6月18日在国会作证时所指出的，"得益于棱镜计划的实施，过去数年，已经协助挫败了50多起恐怖阴谋"。这表明，对大数据等信息技术的使用能在一定程度上保护社会公共安全，预防恐怖阴谋。

相关概念索引

信息伦理

"信息伦理"是一个动态的概念，其内涵随着信息社会的变化而变化[①]。"信息伦理"的概念最早可以追溯到1988年，由美国学者罗伯特·豪普特曼（Robert Hauptman）首先提出。他认为信息伦理可以被理解为是"所有对与信息生产、信息存储、信息访问和信息发布伦理问题相关的问题的研究"[②]。这一定义把信息伦理的研究囿于信息技术的范围，只能算是狭义上的信息伦理。随着信息技术的飞速发展，以5G、云计算、大数据、人工智能等为代表的现代信息化智能化技术，将技术与万物互联，技术触及人类生活的每一个角落甚至是每一件物品，由此，促使信息社会的信息活动领域再次产生一些新的伦理问题，超出了传统的计算机伦理和网络伦理的研究范围。美国国际信息伦理学中心认为，广义的信息伦理学是研究大众传媒、计算机科学和作为平等媒体的互联网中的伦理问题的应用学科。广义上的信息伦理学不仅仅局限于计算机伦理问题和网络伦理问题，还包括整个信息领域中的伦理问题。"以数字化信息为中介的或涉及信息技术的伦理关系，不仅囿于人机关系和网络之中，同时存在于非人机和非网络的人伦关系之中。"[③]因此，信息技术的推进和信息化程度的加深，促使信息伦理学的研究范围不断向外拓展，已经深入与信息领域有关的所有伦理问题，超出了传统计算机伦理与网络伦理的边界。总的来看，信息伦理的内涵经历了计算机伦理、网络伦理到大数据时代信息伦理的历史演变过程。

---

① 严丽：《信息伦理析义》，载《情报科学》2006年第6期。
② 杨晶晶、谷立红、田红：《信息伦理研究综述》，载《电子政务》2011年第7期。
③ 吕耀怀：《信息伦理学》，中南大学出版社2002年版，第11页。

大数据

大数据是一个宽泛的概念,国家标准和技术协会都没有一个明确公认的定义。尽管对大数据定义很难达成完全一致,但对大数据的一些基本特征的认识是一致的。有一种被广泛认可和传播的说法,是由 IBM 公司提出的 4 个"V",即数量大(volume)、种类多(variety)、速度快(velocity)、真实性(veracity)。大数据与以往数据处理的不同之处在于:第一,可以获取全体数据而非采样数据,这决定了大数据算法原理与样本分析方法明显不同;第二,允许获取数据呈现混乱、复杂状态而不再强调精细准确干净的数据,即只要把握大方向;第三,重在分析和发现事物的关联性而非必然的因果性,避免在因果性上劳而无获[①]。

大数据伦理

大数据时代对社会伦理的新挑战表现在网络、信息与现实社会伦理的价值冲突上。从大数据使用方来说,面临的身份困境:数字身份与社会身份是必须关联还是可以分离的? 隐私安全问题"相比遭遇恐怖袭击、破产和财产被盗,美国人更担心网络在不经意间泄露自己的隐私"[②],"大数据带来最大伦理问题就在于数据的安全与个人隐私"[③]。

国家安全

在国际政治中,国家安全从"安全"的定义引申,可以理解为使主权国家的生存处于不受威胁和没有危险的状态以及维持这种状态的能力,而国家实力是主权国家赖以生存的基础。它由两大部分组成:一部分是由地理条件、人口、自然资源、经济实力、军事实力等有形要素构成的硬实力,另一部分是由社会制度、政治体制、科学技术、社会文化等无形要素构成的软实力。也就是说,国家安全是通过国家实力的组成要素的安全表现出来的,因此,国家安全实际上就是指组成国家实力诸要素的安全。其中,国家的安全利益是一国生存和发展的基本条件,是一国最核心的利益。国家安全根据发展历史来分,又可以分为传统安全与非传统安全。所谓的传统安全主要是指维护国家的主权,战争是国家最大的安全问题,最直接的维护方式是加强军事力量。因此,国家的主权是否受到侵犯就是判断国家安全最主要的标准。当国家主权受到侵犯时,军事力量就是保护主权的最重要的手段,军事安全是传统安全中最主要的领域。非传统安全是近几十年新出现的安全问题。与传统安全相比,非传统安全在对安全认识的视角、内涵、主体、性质,安全问题产生的原因、方式以及影响范围上有所不同。非传统安全主要指的是由非军事因素造成的,会影响、波及国家稳定、发展的问题。非传统安全关注的问题多种多样,是一个逐渐泛化的概念,体现了安全现实的变化和对安全问题研究的扩展。从非传统安全研究的角度看,信息时代非传统安全的重大议题是网络安全,它的重要性随着互联网技术的不断发展和迅速普及正

① [英]维克托·迈尔-舍恩伯格(Viktor Mayer—Shonberger)、肯尼思·库克耶(Kenneth Cukier):《大数据时代:生活、工作与思维的大变革》,盛杨燕、周涛译,浙江人民出版社 2013 年版,第 8 页。
② 李正风、丛航青、王前等编:《工程伦理》,清华大学出版社 2019 年版,第 248 页。
③ 王芳:《大数据带来的伦理忧思》,载《香港经济导报》2001 年第 14 期。

在逐步上升。网络信息安全不仅涉及网络安全技术，更为重要的是，它已经转变成关系国家主权和安全甚至全球安全的重要问题，是各个国家维护国家安全必须处理的基本问题。

相关理论与制度解读

一、大数据伦理责任

大数据伦理责任是现实社会伦理责任在大数据时代的具体化，因此，既具有一般伦理的特征，同时，由于数据管理和网络社会自身的自由性、开放性和虚拟性等特点表现出自律性、广泛性和实践性等特点。过去一些毫无价值的数据和个人信息，在大数据时代下，通过大数据技术采集加工、开发就变成了有价值的信息。因为数据的自由、公开与共享，数据商能够从众多毫无联系的数据中通过关联分析形成有价值的信息，通过泄露及买卖个人数据信息获利。大数据伦理责任首先要求企业或机构要合理合法收集数据。在收集使用数据时要明确地提示和询问使用者，不应该让使用者默认直接授权收集；其次，在使用过程中应该遵循互利原则，避免滥用导致单方受益和损害用户利用；最后，要遵循权责一致。做到数据谁使用谁采集，谁采集谁管理，谁管理谁负责，做好数据收集、存储使用责任明晰，避免出现数据安全问题，防止数据被泄露或滥用。

二、信息伦理功能

信息伦理是指在信息活动过程中的伦理要求、伦理规范、伦理准则，以及与信息相关的所有伦理问题。它肇始于计算机伦理，而后演变为互联网时代的网络伦理，最终演变为大数据信息伦理。信息伦理具有规范和调节社会信息活动、价值引导和维护公平正义的功能。

首先，信息伦理能规范与调控在人们遵守相关活动准则中具有重要作用。尽管法律在规范信息活动和信息关系、维护良好信息秩序等方面发挥着举足轻重的作用，但法律在信息活动中的作用不是万能的，具有一定的局限性；其一，法律管控的信息活动范围有限，信息活动具有多样性、隐蔽性、随机性，法律无法将所有的信息活动全部纳入监管范围，只有作为法律明确规定禁止的信息活动才能受到法律制约；其二，信息立法程序滞后，不能及时有效地约束所有信息行为；其三，信息社会中，信息活动主体的匿名性与虚拟性，致使法律制裁缺乏明确对象。由此可见，法律在约束和应对信息活动失范问题上存在不足，这就需要发挥信息伦理在信息活动中的规范协调作用，使信息法律和信息伦理共同作用，形成合力，维护稳定、和谐的信息活动秩序。因此，"信息伦理作为人们信息活动中是非善恶的评判标准，对社会具有规范和调控功能"[1]。

其次，信息伦理作为信息活动中人们普遍认同和遵守的道德观念、道德准则和道德标准，是调整信息活动中人与人之间、人与社会之间信息关系的行为规范的总和，具有价值

---

[1] 梁宇、郑易平：《大数据时代信息伦理问题与治理研究》，载《图书馆》2020年第5期。

导向作用。信息哲学的创始人弗洛里迪在信息动力学中,引入道德主动体(Agent)、道德受动体(Patient)、讯息(Message)、壳(Shell)、实际信息(Factual Information)、信封(Envelope)、信息域(Infosphere)7个方面的要素,并且指出"伦理学在信息活动中对人的道德规范作用"[①]。在信息泛滥的现代社会,人们无时无刻不在接触种类繁多的爆炸式信息,在开发、管理、利用和传播信息的过程中,信息伦理明确告诉人们,哪些信息行为是合理的,哪些信息行为是不道德的。信息伦理从人性出发,把公平、平等、无害、尊重等价值取向内化于人的行动中,塑造有道德、有良知、有责任感的现代信息人员,有效地减少信息行为主体非伦理行为的发生,从而对信息人员起到正向积极的价值引导。

最后,在信息全球化的深入方面,西方国家在信息技术和文化传播方面的垄断及强势地位,造成了文化帝国主义、文化殖民主义现象通过信息活动的渗透越演越烈。西方发达国家利用其在互联网等信息技术上的优势地位,控制国际舆论,占据国际话语权的制高点,甚至将本国的意识形态和价值观念推广到全球,导致发展中国家的文化在信息全球化过程中受到强烈冲击,面临被侵蚀的危险。而信息伦理作为信息活动主体普遍遵从的道德标准,要求各国家、各民族、各类文化应该被平等对待,各类交往,包括文化交流,都应该立足在平等互利的基础上,遵循公平正义原则,不搞技术霸权主义和文化欺凌。信息伦理能促使信息活动主体根据伦理规范有意识地维护信息交流中各国文化地位的平等,从而起到保障平等交流、自觉遵守公平正义原则。

三、大数据信息伦理规范原则

大数据信息伦理规范的主体对象包括国家、企业、个人。国家层面的大数据伦理规范要求在各国公共治理领域中合理合法地利用大数据技术,以增进各国人民福祉为首要原则。在大数据信息技术发展和使用过程中要避免因"数字鸿沟"而阻碍大数据信息技术对人类整体福利的增进。所谓"数字鸿沟"是指在信息社会背景下,不同的国家地区和不同群体在信息技术使用和信息获取存在巨大差异,从而带来了信息落差,造成人们无法公平分享先进技术的成果,产生信息"贫富分化"的状况。当今大数据信息技术快速发展,"数字鸿沟导致的价值鸿沟日渐突出,在全球各地男女、贫富、有无受教育的人群之间导致资源应用、价值区隔和信息可及等方面的不公平和不平等"[②]。"鸿沟"将会长期存在,如何缩小价值鸿沟成为日益凸显的问题,不仅是大数据面临的人类性价值伦理难题,也已经上升到世界性的伦理学问题,这个全球性大数据伦理难题需要全世界共同研究。

从企业方面而言:首先要履行安全责任。大数据储存方不论其性质,即不管是公司还是政府,在储存、传输和使用过程中都应该有安全责任意识,为数据提供者履行安全义务。一旦大数据受到侵害,将会造成大量数据所有者的损失,甚至是难以估量的后果。其次应落实好保护原则。个人隐私安全与数据共享间的平衡隐私是将他人排除在知悉某人的信息或数据的某些方面之外,大数据时代的隐私被侵犯是易发事故。同时,日常生活中需要

---

① Floridi L. Information ethics: on the philosophical foundation of computer ethics, *Ethics and Information Technology*, 1999, Vol, No.1, pp: 37-56.

② 邱仁宗、黄雯、翟晓梅:《大数据技术的伦理问题》,载《科学与社会》2014年第1期。

提供信息的行为司空见惯，如医院诊疗、教育咨询、商业信息等，也就是说在社会生活的政治、经济、教育、医疗等诸多领域共享中都使用大数据技术就需要共享和信任精神的支撑。如何安全地共享个人数据，是大数据时代需要研究的个人隐私保护和安全的新命题。这既要不断研发大数据新技术，也要不断更新完善法律体系，在这两者的发展速度尚不能同步的情况下，不断提高企业和全民大数据道德素质，提高大数据伦理防范意识则显得尤为重要。最后应遵循合作共享原则。大数据伦理规范影响社会发展平衡共享和隐私是大数据伦理规范的核心。大数据的优势在于集合尽可能多的数据甚至穷尽所有数据进行开发使用，在实际应用中支撑公共治理的有效性就需要庞大的数据库，甚至是平行使用各空间、多领域的数据库，尤其是国际合作，如世界金融危机、联合反恐行动、国际救援行动等。

个人而言，要遵循诚实无害原则。要求尊重人的自主性和自我决定权，必须坚持知情同意或知情选择原则。要求有限资源的公平分配，防止因不适当地泄露个人信息而产生污名和歧视。收集个人信息、将个人信息再使用于另一目的时，必须获得同意。降低数据身份的可靠性对促进公共善时的影响。所谓数字身份，是大数据时代的新概念，指描绘一个人的数据集合。数字身份在便利的同时，也会带来一些风险。一个人有几个有效的数据身份角色，特征受到多方面的影响，依据具体情景、应用目的以及所获服务种类不同存在差异。数字身份有别于现实世界，具有流动的特性，会随着时间发生变化。因此，数字身份具有非唯一性、动态性和非永久性特征，通过提供虚假信息甚至直接退出网络空间或在线世界等方式，可以借其谋取利益。由此引发了维护数字身份的公共政策问题和对数字身份管理的社会性公益政策问题。量化世界因为大数据成为可能，自然、人类以及社会的所有状态与行径都能数据化记录、存储与传播，构成了与实体化性质物理痕迹相对应的"幽灵化"数据足迹。同时，潜在的"无法摆脱的过去"的伦理风险给人们的生存带来了压迫。假如"数据足迹"在人类的职业生涯与未来生活方面带来不利影响，产生一些负面功效，则他们可能会通过采用非公开、隐匿或者提供大量不真实的数据来"玩弄数据系统"①。因此，个人在享受大数据信息技术带来的便利的同时，要诚实守信，不滥用数字资源尤其是自身的数字身份信息，使其尽量保持较高的有效价值，避免伤害到整个社会的数字化发展。

案例启示

一、发挥大数据技术在治国理政中的重要作用，保障国家信息安全

数字化、信息化成为现代社会的一个重要标识，托夫勒提出了"谁掌握了信息、控制了网络，谁就拥有了整个世界"②。国家安全，在不同的历史时期，所呈现的内容不尽相同。

① ［英］迈尔·舍恩伯格、肯尼思·库克：《与大数据同行学习和教育的未来》，赵中建、张燕南译，华东师范大学出版社2015年版，第132页。
② 石中英：《论国家文化安全》，载《北京师范大学学报》2020年第5期。

冷战前,各国注重军事安全,以武强国;美苏争霸结束后,各国开始认识到经济强大才是国家安全的保障。随着信息技术的发展,人们进一步深化了对国家安全的认识,从传统的军事安全、政治安全拓展延伸到非传统安全。当前,对人类威胁最大的有四类武器,即原子武器、生物武器、化学武器和数字武器。数字武器即信息武器对一个国家的政治、经济、文化和社会意识形态具有重大的攻击力和影响力,其对国家安全造成的破坏力和危害性是全方位的,有时甚至会是颠覆性的。以信息安全为代表的非传统安全将成为国家安全的重要方面,在社会生活中发挥着越来越重要的作用。与此同时,我国面临和受到的信息安全攻击和安全威胁,面临的形势也相当严峻,甚至对社会经济和国家安全造成了威胁和挑战。信息安全受到威胁的表现主要有:第一,基础网络信息系统仍存在较多的安全风险。2020 年,国家信息安全漏洞共享平台发布的《2020 年上半年公共互联网网络安全态势及威胁监测处置报告》中显示,2020 年上半年,平台共收集威胁约 616 万个,其中恶意网络资源数量约 601 万个,占比为 97.57%;安全事件数量约 12.5 万起;安全隐患数量约 1.6 万个;恶意程序数量为 8492 个[①]。部分企业的接入层网络设备被攻击控制,网络单元稳定运行以及用户数据安全受到威胁,我国基础网络整体防御国家级有组织攻击风险的能力仍较为薄弱。第二,网络设备后门、个人信息泄露等事件频繁出现。"CNVD 分析验证 D-LINK、Cisco、Linksys、Netgear、Tenda 等多家厂商的路由器产品存在后门,黑客可以由此直接控制路由器,进一步发起信息窃取、网络钓鱼等攻击,直接威胁数据存储安全,其安全不仅影响网络正常运行,而且可能导致企业和个人信息泄露。"《2020 年上半年安全隐患情况分析报告》显示:"产品安全方面,2020 年上半年收录的产品漏洞数量为 8358 个,较2019 年下半年收录的产品漏洞数量 8222 个,环比增长 1.7%,呈平缓上升趋势;系统安全方面,2020 年上半年收录的系统漏洞数量为 7920 个,较 2019 年下半年收录的系统漏洞数量 4338 个,环比增长 82.6%,呈较大幅度上升趋势;开源项目安全方面,2020 年上半年收录开源项目漏洞数量为 1352 个,从开源项目漏洞隐患来看,涉及 SQL 注入漏洞、权限提升漏洞和缓冲区溢出漏洞等传统数据居多。典型漏洞案例,如:谷歌产品存在的安全漏洞,攻击者利用获取敏感信息,提升权限,导致缓冲区溢出或堆溢出等;甲骨产品存在的安全漏洞,攻击者利用影响数据的保密性、完整性和可用性;Linux 产品存在的安全漏洞,攻击者利用获取敏感信息,提升权限,执行任意代码,导致拒绝服务。"[②]第三,国家级有组织攻击频发,我国面临大量境外地址攻击威胁。据国家互联网应急中心(CNCERT/CC)监测,"大量来自境外地址的网站后门、网络钓鱼、木马和僵尸网络等正在攻击我国"。2013年 6 月以来,根据斯诺登曝光的"棱镜计划",我国属于其重点监听和攻击的目标,国家安全和互联网用户隐私安全面临着严重威胁。试想,从欧洲到拉美,从传统盟友到合作伙伴,从国家元首通话到日常会议记录都在监控范围内,更不用说,作为与美国在社会制度、意识形态等完全不同的国家,更是美国监听、攻击的对象。因此,我们在鼓励科技合作的

---

① 《2020 年上半年公共互联网网络安全态势及威胁监测处置报告》,https://www.cstis.cn/post/d5dfa887-d141-2464-5975-7b765830c8dd,2021-03-15。

② 《2020 年上半年安全隐患情况分析报告》,https://www.cstis.cn/post/5d36b5e0-5da6-80bd-11d4-2263495536ff,2021-03-15。

同时，也要在高技术领域、核心科技方面保持独立自主，加强信息技术科技研发，把信息安全牢牢掌握在中国自己手中。

二、走自主创新之路，维护国家信息安全

"棱镜门"事件足以让世界各国对自身的网络信息安全进行深刻的反思和检查，同时这也暴露出了当今很多国家在大数据的网络信息安全方面与美国的差距。我国的政府和企业一直和参与监控的美国企业有紧密的合作，如苹果、微软、谷歌等。而这些美国的企业，完全可以把我国的机密透露给美国的安全机构，这反映出了我国网络信息安全保护方面的不足。为了提高国家的网络信息安全，我们在使用美国 IT 企业产品的时候，就必须提高警惕，在涉及国家机密的时候，我们必须用自主开发的网络信息产品，同时加强相关的法律法规建设，对国内企业尤其是一些关系国家秘密的企业使用的计算机系统进行规定。而这一切的基础在于我国必须"从根本上构建自主可控的信息安全产业体系"，以此来扭转我国网络信息安全的被动局面。相关的数据统计表明，中国是世界上遭受网络攻击最严重的国家之一，受到攻击的范围前所未有。过去，安全威胁往往只是某一方面的，在信息安全领域下，国家社会经济安全受到的影响将是方方面面的。中国工业和信息化部网络安全威胁和漏洞平台公布的《2020 年上半年安全隐患情况分析报告》显示："2020年上半年，平台收录产品漏洞按所属行业划分，涉及信息传输、软件和信息技术服务业1195 个，交通运输、仓储和邮政业 37 个，制造业 36 个，居民服务、修理和其他服务业 30个，水利、环境和公共设施管理业 29 个，科学研究与技术服务业 6 个，农、林、牧、渔业 6个，卫生和社会工作 4 个，电力、热力、燃气及水生产和供应业 3 个，批发和零售业 2 个，金融业 1 个，公共管理、社会保障和社会组织 1 个，教育 1 个。"[①]在互联网这个没有硝烟的战场上，之所以会出现"棱镜门"的事件，归根结底是各国之间的矛盾和分歧始终存在，并把国家间竞争的场所逐步延伸到了网络空间之上，因此美国才会利用互联网这个载体对一些关系国家利益的重要机密信息进行窃取和监控。只有完全建立起自主的、可控的计算机网络系统，才能够真正维护网络信息安全。中国在网络信息安全的维护上要走出自身的特色，走适合自身经济发展和国家安全的道路，因此中国要进行自主创新，避免网络信息核心技术受制于人，达到"技术先进、产业领先、安全可靠、自主可控、不受制于人"的目标。

三、完善监管制度，加强国际合作，维护自身数据权利

在大数据的网络化、信息化、智能化时代，大数据不仅为我国的经济发展带来了强有力的数据支持，同时也考验着国家对数据的管理能力。如果对数据管理不当，出现数据的泄露或者被国外（境外）反对势力监控，将会严重威胁我国的国家安全。因此对于互联网数据的管理需要多个政府部门的配合和全程监管，各部门要各司其职，加强协调。政府可以采取运用包括数据的产生、计算、传输、应用等整个大数据的过程中的数字化监管，使大

---

① 2020 年上半年安全隐患情况分析报告，https://www.cstis.cn/post/5d36b5e0-5da6-80bd-11d4-2263495536ff，2021-03-15。

数据发生变化的整个过程中都要有从上至下、从始至终的完善的相配套的管理措施。国家还必须建立与大数据信息安全运行相关的监督体系，做到随时监督，随时完善，督促企业对相关设备及安全使用数据的流程与权限进行严格控制，对公民则应加大对网络信息安全防范意识的教育，不断扩大国家网络安全宣传周的影响力。从国家到企业、从整体层面到公民的个体层面，通过科学的管理制度，使整个网络信息数据流程处于可防、可管、可控状态。加大对国际法规制定活动的参与程度，构建互联网治理体系，促进公平正义。国际网络空间治理，应该坚持多边参与、多方参与，由大家商量着办，发挥政府、国际组织、互联网企业、技术社群、民间机构、公民个人等各个主体的作用，不搞单边主义，不搞一方主导或由几方凑在一起说了算。各国应该加强沟通交流，完善网络空间对话协商机制，研究制定全球互联网治理规则，使全球互联网治理体系更加公正合理，更加平衡地反映大多数国家的意愿和利益。互联网是没有国界的，因而网络信息安全问题不只是一个国家的问题，需要各个国家进行合作交流。我国要加深国际法规制定的参与程度，共同保障国际网络安全。在与各国的合作交流中要本着和平友好、公正公开公平的原则，在切实维护国家网络信息安全的利益基础上，积极进行国际相关规章制度的制定。同时在一些侵犯合作国家网络信息安全的事件中要坚定正确的立场，运用国家的相关法律法规和国际规章制度维护相关国家的主权和利益，要以负责任的态度和实际行动来维护网络空间的世界和平和健康发展，让世界人民共享信息技术发展的成果，而避免成为部分国家和行业控制别国和其他行业的特权。

党的十八届三中全会通过的《中共中央关于全面深化改革若干重大问题的决定》中提出了坚持积极利用、科学发展、依法管理、确保安全的方针，加大依法管理网络力度，加快完善互联网管理领导体制，确保国家网络和信息安全[①]。因此，不管是个人，还是企业，尤其是信息技术相关人才和企业都应该将保护国家信息安全作为自身的责任，共同防范和保护好国家网络和信息安全。

思考题

1.大数据涉及哪些伦理？
2.如何加强个人信息安全？
3.如何从个人层面加强遵守信息伦理规范？
4.在日常生活中应该如何保护个人数字信息？
5.结合自身专业谈谈如何加强国家信息安全建设。

---

① 新华社：《中共中央关于全面深化改革若干重大问题的决定》，http://www.sn.xinhuanet.com/2013-11/16/c_118166672.htm，2013-11-16.

参考文献

1.[美]科德·戴维斯、道格·帕特森:《大数据伦理——平衡风险与创新》,赵亮、王建译,东北大学出版社 2016 年版。

2.王群:《信息伦理研究》,电子科技大学出版社 2016 年版。

3.田维琳:《大数据伦理意识及其培育研究》,北京科技大学 2020 年博士学位论文。

4.王晓林:《"棱镜门"背景下的网络安全问题与我国的应对》,东北师范大学 2015 年硕士学位论文。

5.柏添:《大数据时代的国家安全管理研究》,东南大学 2016 年硕士学位论文。

6.[英]迈尔·舍恩伯格、肯尼思·库克:《与大数据同行学习和教育的未来》,赵中建、张燕南译,华东师范大学出版社 2015 年版。

7.薄澄宇:《网络安全与中美关系》,中共中央党校 2015 年博士学位论文。

案例十七　整治塑料污染——创新发展,和谐共生

提　　要　塑料的优点使其成为工业产品和日常用品的理想材料,但对环境产生了大量污染,对生物体和人类健康也存在潜在危害,治理塑料污染刻不容缓。2020 年,国家下发了《关于进一步加强塑料污染治理的意见》(简称"2.0 版限塑令"),再次展示了治理塑料污染的决心与信心。治理塑料污染应坚持新发展理念,推进绿色产业;应坚持社会多元共治,实现共赢;应以科技创新为突破点,推动绿色材料产业发展;应强化循环利用,实现资源减量化、再利用与资源化的目标。

基本概念　塑料污染　新发展理念　社会多元共治　科技创新　循环利用

案情简介

自 20 世纪 40 年代,塑料开始在发达国家大量投入使用。其在给人类生活带来便利的同时,也成为地球"超级垃圾"、头号污染。相关数据显示,从 2004 年到 2014 年,全球塑料产量增加了 38%。近些年,全球每年产生约 3 亿吨塑料垃圾,平均有 500 万～1300 万吨的塑料垃圾直接倾倒入海;预计到 2050 年,海洋中塑料垃圾重量加起来将超过鱼类总重量。德国和瑞士研究人员在德国多地、瑞士阿尔卑斯山区以及北极地区采集雪样并检测,发现微塑料在这些地区的雪样中均大量存在,其中德国南部某乡村公路雪样中微塑料最多,浓度达到每升 15.4 万个;北极雪样中的微塑料浓度达每升 1.44 万个。英国普利茅斯大学对英国捕捞的鳕鱼、黑线鳕、鲭鱼和贝类等海产品进行研究,发现其中 1/3 的海产品体内都含有塑料垃圾。澳大利亚纽卡斯尔大学一项研究显示,塑料污染已侵入人类体内,全球人均每周仅通过饮用水就会摄入 1796 个塑料微粒,按重量算这些塑料微粒约为 5 克,等同于一张信用卡所用塑料材料。

我国塑料制品尤其是塑料购物袋使用惊人,造成了严重的资源浪费和环境污染。为遏制"白色污染",2007 年 12 月 31 日国务院发布《关于限制生产、销售、使用塑料购物袋的通知》(简称《通知》,又称"限塑令"),但该《通知》的实施效果却极不理想。2020 年 1 月 16 日,为进一步加强塑料污染治理,建立健全塑料制品长效管理机制,经国务院同意,国

家发展改革委、生态环境部联合发布了《关于进一步加强塑料污染治理的意见》（发改环资〔2020〕80 号）（简称《意见》），又称为"2.0 版限塑令"。该《意见》深入贯彻落实习近平生态文明思想，遵循"突出重点、有序推进，创新引领、科技支撑，多元参与、社会共治"的原则，按照"禁限一批、替代循环一批、规范一批"的思路，提出了塑料污染治理分阶段的任务目标，对不同类别的塑料制品提出了相应的管理要求和政策措施，即有序禁止、限制部分塑料制品的生产、销售和使用；推广可循环、易回收、可降解的替代产品，培育形成塑料减量、绿色物流和循环利用新模式；规范塑料废弃物的回收利用和处置，降低塑料垃圾填埋量。通过系统性治理，推动完善塑料制品生产、流通、消费和回收处置各环节的管理制度，形成塑料污染多元共治体系。目标是到 2020 年，率先在部分地区、部分领域禁止、限制部分塑料制品的生产、销售和使用；到 2022 年，一次性塑料制品消费量明显减少，替代产品得到推广，塑料废弃物资源化能源化利用比例大幅提升；在塑料污染问题突出领域和电商、快递、外卖等新兴领域，形成一批可复制、可推广的塑料减量和绿色物流模式；到 2025 年，塑料制品生产、流通、消费和回收处置等环节的管理制度基本建立，多元共治体系基本形成，替代产品开发应用水平进一步提升，重点城市塑料垃圾填埋量大幅降低，塑料污染得到有效控制。

2020 年 2 月，农业农村部等六部门联合发布了《关于加快推进农用地膜污染防治的意见》，明确提出到 2020 年建立工作机制，明确主体责任，回收体系基本建立，农膜回收率达到 80% 以上，全国地膜覆盖面积基本实现零增长。到 2025 年，农膜基本实现全回收，全国地膜残留量实现负增长，农田白色污染得到有效防治。2020 年 7 月，国家发展改革委等九部门联合印发《关于扎实推进塑料污染治理工作的通知》，对进一步做好塑料污染治理工作，特别是完成 2020 年年底的阶段性目标任务作出部署。2021 年 9 月 8 日，国家发展改革委、生态环境部下发《关于印发"十四五"塑料污染治理行动方案的通知》（发改环资〔2021〕1298 号），提出到 2025 年，塑料污染治理机制运行更加有效，地方、部门和企业责任有效落实，塑料制品生产、流通、消费、回收利用、末端处置全链条治理成效更加显著，白色污染得到有效遏制。同时间，国家发展改革委和生态环境部还联合下发了《一次性塑料制品使用、报告管理办法（征求意见稿）》，国家发展改革委印发《"十四五"循环经济发展规划》（发改环资〔2021〕969 号），部署了"十四五"时期循环经济领域的五大重点工程和六大重点行动，其中包括"塑料污染全链条治理"专项行动。[①]

---

① 澎湃网：《地球微塑料污染报告：人均每周饮水摄入量相当于一张信用卡》，2019 年 9 月 1 日；金羊网：《塑料，这个污染全球的"超级垃圾"到底有多严重？》，2018 年 3 月 26 日；国家发改委官网：https://www.ndrc.gov.cn/xxgk/jd/jd/202001/t20200119_1219294.html? code=&state=123，2021-02-21；国家生态环境部官网：https://www.mee.gov.cn/xxgk2018/xxgk/xxgk10/202109/t20210916_945621.html，2021-02-20。

案情分析与结论

一、减少塑料材料使用数量与范围刻不容缓

塑料的耐用、质轻和易成型等特性使其成为工业产品和日常用品的理想材料。日常生产与生活中，从平民百姓的锅碗瓢盆，到航空航天顶级器件，都充斥着塑料材料的身影，塑料制品也随处可见。据统计，1950—2017 年，人类共生产了 92 亿吨塑料，人均塑料使用量约达 1 吨以上。我国是世界上最大的塑料制品生产和消费国之一。1995 年，中国塑料产量为 519 万吨，进口塑料近 600 万吨，当年全国塑料消费总量约 1100 万吨，其中包装用塑料达 211 万吨；2008 年，全国每天塑料袋使用量高达 30 亿个，其中仅用于买菜就达 10 亿个；2017 年，全国塑料制品行业总产量 7515.54 万吨；2020 年，我国塑料制品年产量 7603.2 万吨。近年来，随着电商、快递、外卖等新业态的发展，塑料餐盒、塑料包装等消耗量快速上升，又助推了塑料材料使用数量、范围的增长与扩大。相关数据显示，截至 2020 年 12 月，我国网上外卖用户规模达 4.19 亿，手机网上外卖用户达 4.18 亿；外卖市场交易规模达 8 352 亿元，同比增长 14.8%[①]，外卖每天消耗餐盒超过 6000 万个，一年至少消耗 73 亿个塑料包装。1990—1995 年，我国塑料包装材料年平均增长率为 8.9%；我国快递业 2015 年、2016 年分别消耗塑料袋 82.68 亿个、147 亿个，一年间增长了近 1 倍，2018 年快递包裹量则突破了 500 亿个。

据统计，目前全球每年生产近 3 亿吨塑料制品，产生 2.6 亿吨塑料废品，其中只有 16% 被机械回收，3% 被填埋，25% 被焚烧，近 20% 被丢弃；据估算，每年有 2400～3800 吨的微塑料通过珠江流域水体进入南中国海。大部分塑料在环境中很难降解，不仅可以直接进入水、土、大气等介质，还能够在各介质之间相互迁移，形成塑料循环。塑料污染是一种复合污染，塑料不仅能够作为重金属等污染物的载体或源头，还能够被有机肥、污泥吸附并随之迁移，也能够参与成岩过程。塑料尤其是微塑料对生物体和人类健康存在潜在危害，人类可通过多种途径摄入微塑料，由此产生的相关风险还存在诸多未知性。因此，减少塑料材料使用数量与范围刻不容缓。

二、导致 2007 年"限塑令"实施效果不佳的原因是多方面的

2007 年年底，国务院《关于限制生产销售使用塑料购物袋的通知》下发，规定自 2008 年 6 月 1 日起即在全国范围内禁止生产、销售、使用厚度小于 0.025 毫米的塑料购物袋，商品零售场开始实行塑料购物袋有偿使用。但是相关数据表明，《通知》下发后，包装材料等塑料制品使用数量与范围不仅没有减少，反而急剧增加、扩大。政策导向意愿与现实发展反差如此强烈，说明"限塑令"政策实施效果并不理想，遇到了极大阻力，并没有实现、满足人民群众的美好生活向往。

---

① 数据来源：中国互联网络信息中心《第 47 次中国互联网络发展状况统计报告》。

实事求是地分析,"限塑令"实施遇阻是新老问题叠加,政策执行性不强所致,"从政策执行的影响因素来看,其原因除了政策本身因素之外,还受到了政策以外因素,包括目标团体、政策执行机构之间的沟通与协调等因素以及整个政策环境的影响"[①],具体包括以下方面:一是"限塑令"无力改变消费习惯与依赖,难以限制消费需求与产品供给,这是塑料制品有增无减的根本原因;二是"限塑令"存在明显的政策盲区,未将塑料预包装袋(如裸装食品、蔬菜包装)纳入有偿使用范畴,未能覆盖新业态(如电商、快递、外卖等)的趋势发展;三是塑料替代品发展尚不成熟,可降解塑料袋、纸袋和无纺布袋等成本高,无法激励生产者生产,也无法促进消费者使用;四是政府单一决策,社会公众、消费场所及从业者、塑料制品生产商以及环保公益组织等参与不足,形成政策执行阻力,导致政策失灵;五是执行监管机制设计存在明显弊端,多头执法和重复执法削弱了执法效能,政策执行主体专业性不足,致使大多监管流于形式;六是有偿使用制度存在明显缺陷,商场超市成为塑料袋收费主体,不仅无法将收取费用用于环保领域,实践中更是对商场超市产生负激励,由"送袋"变成"卖袋",减轻成本、增加收入[②]。由此可见,2007 年推行"限塑令"的条件尚不成熟。

三、国家持续应对和治理塑料污染的决心和信心坚定不移

囿于主客观原因,2007 年"限塑令"的实施效果并不理想,但国家应对、治理塑料污染的决心坚定不移。习总书记在主持浙江工作期间,就形成了以绿色为基调的生态文明思想,体现为以人为本、人与自然和谐为核心的生态理念和以绿色为导向的生态发展观。以绿色为导向的生态发展观,"包括绿色发展观、绿色政绩观、绿色生产方式、绿色生活方式"等内涵"绿色生产方式有绿色产业、绿色制造、循环经济、清洁能源、低碳经济等具体措施""绿色制造指生产全程控制,形成资源节约型、生态环保型的制造业发展新格局"[③]。2015年,总书记提出了"创新、协调、绿色、开放、共享"新发展理念,其中的绿色发展注重解决人与自然和谐共生的问题。总书记的绿色发展观和生态文明思想为塑料污染治理提供了理论与精神的坚实指导。

案例中提及的《关于进一步加强塑料污染治理的意见》《关于加快推进农用地膜污染防治的意见》《关于扎实推进塑料污染治理工作的通知》《关于印发"十四五"塑料污染治理行动方案的通知》《一次性塑料制品使用、报告管理办法(征求意见稿)》和《十四五循环经济发展规划》等文件中都出现了"积极应对塑料污染,事关人民群众健康,事关我国生态文明建设和高质量发展""推动白色污染治理取得明显成效""塑料垃圾向自然环境泄漏现象得到有效控制""禁止、限制、减少使用一次性塑料制品""节约资源,保护环境""以回收利用、减量使用传统地膜和推广应用安全可控替代产品为主要治理方式,健全制度体系,强化责任落实,严格执法监管,加强科技支撑,全面推进地膜污染治理,加快构建农业绿色发

---

①　马明凯:《"限塑令"难执行的原因与对策研究》,载《管理观察》2018 年第 8 期。

②　刘松涛、罗炜琳、林丽琼、王林萍:《我国公共环境政策困境破解研究——以"限塑令"实施遇阻为例》,载《生态经济》2018 年第 12 期。

③　人民网《习近平生态文明思想》,:http://theory.people.com.cn/n1/2017/0117/c352499-29030443.html,2022-01-28。

展新格局,为全面建成小康社会提供有力支撑""开展塑料污染全链条治理专项行动:科学合理推进塑料源头减量,严格禁止生产超薄农用地膜、含塑料微珠日化产品等危害环境和人体健康的产品,鼓励公众减少使用一次性塑料制品。深入评估各类塑料替代品全生命周期资源环境影响。因地制宜、积极稳妥推广可降解塑料,健全标准体系,提升检验检测能力,规范应用和处置。推进标准地膜应用,提高废旧农膜回收利用水平。加强塑料垃圾分类回收和再生利用,加快生活垃圾焚烧处理设施建设,减少塑料垃圾填埋量。开展江河、湖泊、海岸线塑料垃圾清理,实施海洋垃圾清理专项行动。加强政策解读和宣传引导,营造良好社会氛围"等表述。这些都展示出国家和政府持续应对和治理塑料污染的决心与信心坚定不移。

相关概念索引

塑料

塑料是一种以合成的或天然的高分子聚合物,总体具有抗腐能力强、制造成本低、易塑形、耐用、防水、质轻、绝缘功能好等优点,具有回收成本高、易燃并产生有毒气体、生产资源有限、无法自然降解、耐热性差、易老化等缺点。目前,我国现有塑料制品材料主要分为七类,即聚对苯二甲酸乙二醇酯(PET)、高密度聚乙烯(HDPE)、聚氯乙烯(PVC)、低密度聚乙烯(LDPE)、聚丙烯(PP)、聚苯乙烯(PS)和其他(主要包括丙烯腈-丁二烯-苯乙烯塑料 ABS)。

微塑料

2004 年,英国普利茅斯大学的汤普森等人在《科学》杂志上发表了关于海洋水体和沉积物中塑料碎片的论文,首次提出了"微塑料"概念。"微塑料是指粒径小于 5 毫米的塑料颗粒、纤维、薄膜、碎片等,包括原生微塑料和次生微塑料。"[①]原生微塑料是指工业生产的小粒径塑料产品,如化妆品等含有的塑料微珠以及作为工业原料的塑料颗粒和树脂颗粒;次生微塑料是指大的塑料垃圾经过物理、化学和生物风化过程造成分裂或体积减小而形成的粒径较小的塑料。微塑料具有尺寸小、比表面积大、疏水性强等特点,是众多疏水性有机污染物和重金属的理想载体。微塑料性质稳定,进入环境中后很难被降解,并且可在风力、河流等外力作用下进行长时间、远距离的传输。与一般不可降解塑料相比,微塑料对环境的危害程度更深、更广泛、更持久。

一次性塑料制品

一次性用品是指只能使用一次、不可反复或多次使用的物品,一般为工业制成品。一

---

① 骆永明、周倩、章海波等:《重视土壤中微塑料污染研究 防范生态与食物链风险》,载《中国科学院院刊》2018 年第 10 期。

次性用品优点在于卫生,具有一定的可回收性(如纸类),有益于人体健康(如医疗用品);缺点主要是有些制品会对人体造成直接危害或对环境造成二次污染(如一次性塑料餐具)、消耗浪费资源、破坏环境等。2021 年 7 月 16 日,我国商务部出台《一次性塑料制品使用、报告管理办法(征求意见稿)》,其中规定"一次性塑料制品,是指在本办法涉及的经营活动中向消费者提供的、由塑料制成的、不以重复使用为目的的制品。包括塑料购物袋、连卷袋,一次性塑料编织袋、塑料包装袋,一次性塑料餐盒,一次性塑料餐具(刀、叉、勺)、一次性塑料吸管,住宿行业一次性塑料用品等。其中一次性塑料编织袋、塑料包装袋是指在网络零售环节用于寄递商品的塑料包装物"。

塑料污染

塑料污染,又称"白色污染",是指聚苯乙烯、聚丙烯、聚氯乙烯等塑料高分子化合物制成品使用后,被弃置成为固体废物,由于随意乱丢乱扔,难于降解处理,给生态环境和景观造成污染,并成为极大的环境问题。塑料污染主要来源于食品包装、泡沫塑料填充包装、快餐盒、农用地膜等。塑料污染的主要危害体现为视觉污染和潜在危害两个方面。视觉污染是指丢弃的废旧塑料包装物给人们的视觉带来的不良刺激,影响环境整体美感。潜在危害主要体现为不可降解,处理难度大;污染空气、水体;存在或引发火灾隐患;影响农作物吸收养分和水分;引起牲畜消化道疾病,甚至死亡;危害人体健康等。

替代产品

替代产品是指那些同该行业生产的产品一样可以满足相同需求的物品。目前,塑料替代产品主要可分为纸制品、竹木制品和生物可降解塑料。纸制品与竹木制品具备环保、轻量化且成本较低的优势,但会导致大量森林被砍伐和随之而来造纸行业巨大的二氧化碳排放。生物可降解塑料是指在生物或生物化学作用过程中或自然环境中可发生降解的塑料。生物基可降解塑料是使用生物大分子材料如淀粉、纤维素、蛋白质、动物中的壳聚糖、聚氨基葡萄糖、动物胶以及海洋生物的藻类等为原料,通过添加助剂使之加工成型,可制造有价值的生物基可降解塑料。其中淀粉基塑料是目前国内外研究较多的一种生物降解塑料,可完全降解,且耐热性及耐水性高,生产成本低,并且有望实现工业化生产。[①] 依据《一次性塑料制品使用、报告管理办法(征求意见稿)》的规定,"环保替代产品包括布袋、提篮,可重复使用的餐具,纸袋、纸箱等可循环、易回收、可降解的制品。环保替代产品应符合相关卫生、安全、质量标准。其中,可降解制品是指以可降解材料为原料制成,符合相关国家标准的制品"。这些塑料替代产品中,可降解塑料材料是有价值、可期待发展方向。

---

① 韦丽娟、李宁杰:《限塑令与塑料替代品的发展现状》,载《广东化工》2021 年第 17 期。

相关理论与制度解读

一、习近平生态文明思想

习近平生态文明思想是习近平新时代中国特色社会主义思想的重要组成部分。习近平生态文明思想的形成,既是时代要求的产物,也是习总书记绿色情怀使然,为生态文明建设理论注入了思想和实践的活力。全面准确地理解和认识习近平生态文明思想,有助于从整体上把握习近平新时代中国特色社会主义思想,更好地推进绿色发展,走生态文明的道路,构建生态文明社会。

习近平生态文明思想的核心内容可以概括为"六项原则"与"五个体系"。"六项原则"包括坚持人与自然和谐共生;绿水青山就是金山银山;良好生态环境是最普惠的民生福祉;山水林田湖草是生命共同体;用最严格的制度最严密的法治保护生态环境和共谋全球生态文明建设。"五个体系"包括生态文化体系、生态经济体系、目标责任体系、生态文明制度体系和生态安全体系。"六项原则"为新时代推进生态文明建设指明了方向。"五个体系"界定了生态文明体系的基本框架,其中生态经济体系提供物质基础;生态文明制度体系提供制度保障;生态文化建设提供思想保证、精神动力和智力支持;目标责任体系和生态安全体系是生态文明建设的责任和动力,是底线和红线。

习近平生态文明思想回答了生态文明建设的历史规律、根本动力、发展道路、目标任务等重大理论课题,是我们党理论和实践的创新成果。习近平生态文明思想不但是建设美丽中国的行动指南,也为构建人类命运共同体贡献了思想和实践的"中国方案"①。

二、新发展理念

"发展理念是发展行动的先导,是管全局、管根本、管方向、管长远的东西,是发展思路、发展方向、发展着力点的集中体现。"②2015 年 10 月 29 日,习总书记在十八届五中二次全会上提出了"创新、协调、绿色、开放、共享"的新发展理念,并指出新发展理念就是指挥棒、红绿灯。2018 年 3 月,"贯彻新发展理念"被写入宪法。新发展理念的科学内涵包括"创新、协调、绿色、开放、共享",是一个整体,是相互贯通、相互促进,具有内在联系的集合体。创新发展注重解决发展动力问题,协调发展注重解决发展不平衡问题,绿色发展注重解决人与自然和谐共生问题,开放发展注重解决发展内外联动问题,共享发展注重解决社会公平正义问题。习总书记在论述绿色发展时强调,"绿色发展,就其要义来讲,是要解决好人与自然和谐共生问题""生态环境没有替代品,用之不觉,失之难存""要坚定推进绿色发展,推动自然资本大量增值,让良好生态环境成为人民生活的增长点、成为展现我国

① 共产党员网:https://news.12371.cn/2018/05/22/ARTI1526964293882917.shtml,2022-01-29。
② 共产党员网:《习近平关于〈中共中央关于制定国民经济和社会发展第十三个五年规划的建议〉的说明》,https://news.12371.cn/2015/11/03/ARTI1446550829798309.shtml,2022-01-29。

良好形象的发力点,让老百姓呼吸上新鲜的空气、喝上干净的水、吃上放心的食物、生活在宜居的环境中、切实感受到经济发展带来的实实在在的环境效益,让中华大地天更蓝、山更绿、水更清、环境更优美,走向生态文明新时代"[①]。

三、社会多元共治

"社会多元共治"源于西方"多中心治理理论",该理论是由美国政治经济学家埃莉诺·奥斯特罗姆夫妇于20世纪90年代共同提出的。"多中心治理理论"认为"公共事务的治理应该摆脱市场或政府'单中心'的治理方式,建立政府、市场、社会三维框架下的'多中心'治理模式,以有效地克服单一依靠市场或政府的不足。"多中心治理理论的核心是"采用分级别、分层次、分阶段的多样性制度设置,加强政府、市场、社会之间的协同共治"。该理论的价值在于"通过社群组织自发秩序形成的多中心自主治理结构、以多中心为基础的新的'多层级政府安排'具有权力分散和交叠管辖的特征,多中心公共论坛以及多样化的制度与公共政策安排,可以在最大限度上遏制集体行动中的机会主义,实现公共利益的持续发展"。[②]

社会多元共治理论虽产生于西方,但我国的社会共治实践却早已开始,并取得了积极效果。2014年,李克强总理在《政府工作报告》中首次提出"要推进社会治理创新。注重运用法治方式,实行多元主体共同治理",这既是对我国社会多元共治实践经验的总结,也是对社会综合治理改革提出的新要求。社会多元共治主体包括中央和地方政府、企业和各种市场主体、社会组织、公民等,根据所治理问题的不同,可由多种不同主体跨界构成共治体系。社会多元共治蕴含了法治、协商和自治理念,经过对话、竞争、妥协,各方主体形成合作机制,形成相互融合,共生、共存、共荣合作格局,共同解决社会问题。社会多元共治机制对于解决资源污染与资源约束矛盾,践行创新、协调、绿色、开放、共享新发展理念具有重要意义[③]。

四、循环经济

循环经济,就是指资源循环型经济。循环经济思想萌芽产生于环境保护兴起的20世纪60年代。当时,美国经济学家K.波尔丁提出"循环经济"一词,主张在人、自然资源和科学技术的大系统内,在资源投入、企业生产、产品消费及其废弃的全过程中,把传统的依赖资源消耗的线形增长经济,转变为依靠生态型资源循环来发展的经济。循环经济是以资源节约和循环利用为特征、与环境和谐的经济发展模式,强调把经济活动组织成一个"资源—产品—再生资源"的反馈式流程,其特征是低开采、高利用和低排放。我国《循环

①　人民网:《深入理解新发展理念》,http://theory.people.com.cn/n1/2018/0103/c416126-29743042.html,2022-01-29。

②　李平原:《浅析奥斯特罗姆多中心治理理论的适用性及其局限性——基于政府、市场与社会多元共治的视角》,载《学习论坛》2014年第5期。

③　王名、蔡志鸿、王春婷:《社会共治:多元主体共同治理的实践探索与制度创新》,载《中国行政管理》2014年第12期。

经济促进法》规定"循环经济是指在生产、流通和消费等过程中进行的减量化、再利用、资源化活动的总称。减量化，是指在生产、流通和消费等过程中减少资源消耗和废物产生；再利用，是指将废物直接作为产品或者经修复、翻新、再制造后继续作为产品使用，或者将废物的全部或者部分作为其他产品的部件予以使用；资源化，是指将废物直接作为原料进行利用或者对废物进行再生利用"。因此，循环经济包括"减量化、再利用和再循环（资源化）"三项内容。

随着工程活动持续、深入发展，人与自然矛盾突出显现为自然资源紧缺，甚至有的资源已经耗尽或即将耗尽，使人类发展难以持续。于是，工程活动如何减少自然资源消耗，如何使已经消耗的自然资源尽可能地重新利用、再生，成为工程师处理人与自然关系必须要思考的伦理命题。"发展循环经济追求的不是简单地降低资源消耗，而是使资源得到高效利用和循环利用，从源头预防环境污染，达到提高资源利用效率和减少废物排放的目的。原材料利用的减量化以及废物的回收利用，一直是中国资源节约的主要手段，也是循环经济的重要内涵之一。"[1]工程活动中减少资源消耗，要多进行减量化伦理思考，谨慎抉择工程材料；应注重资源循环利用，避免对环境产生再次污染与破坏。《十四五循环经济发展规划》，其中专项规定了"塑料污染全链条治理专项行动"，强调要科学合理地推进塑料源头减量，严格禁止生产超薄农用地膜、含塑料微珠日化产品等危害环境和人体健康的产品，鼓励公众减少使用一次性塑料制品；深入评估各类塑料替代品全生命周期资源环境影响，因地制宜、积极稳妥地推广可降解塑料，健全标准体系，提升检验检测能力，规范应用和处置。推进标准地膜应用，提高废旧农膜回收利用水平；加强塑料垃圾分类回收和再生利用，加快生活垃圾焚烧处理设施建设，减少塑料垃圾填埋量。

案例启示

一、改变消费习惯，推进绿色产业是"限塑令"的根本出路

"消费者的效用不是来自当前的绝对消费水平，而是来自相对于过去消费的相对消费水平。在习惯形成中，消费习惯可分为两类：一类是内部消费习惯，即消费者自身的过去消费水平，类似于相对收入假说中的'棘轮效应'；另一类是外部消费习惯，即周围相关人群的平均消费水平，类似于相对收入假说中的'示范效应'。消费习惯的棘轮效应之所以重要，是由于它会诱发行为人的预防性动机与因循守旧；消费习惯的示范效应之所以重要，是由于它会增强行为人的攀比心理与从众心理。"[2]目前，我国大部分尤其是中低收入消费者中存在着为满足幸福感、愉悦感和优越感短暂消费习惯，如专注于购买一次性用品，热衷于购买设计新奇、造型奇特、吸人眼球用品等；存在着崇简抑奢，重储蓄、轻消费，注重产品实用性消费习惯，如执着于购买价廉物美、物有所值甚至物超所值用品等。塑料

① 李广、李健：《循环经济模式下的资源利用问题分析》，载《天津理工大学学报》2006年第3期。
② 崔海燕：《习惯形成与中国城乡居民消费行为》，山西财经大学2012年博士学位论文，第51页。

制品恰好符合、迎合、满足了大部分消费者的消费习惯，并成为人们不可或缺或首选家庭生活、生产用品。因此，要坚决执行、贯彻"限塑令"，就必须从改变公众消费习惯入手，加大宣传力度，倡导、引导绿色消费，倒逼塑料制品生产与销售减少。要提升政策覆盖广度，做好"限塑令"宣传工作，培养公众政策参与意识，带动公众积极参与政策执行，使"限塑令"与人们切身利益联系起来，自觉改变消费习惯，倡导绿色消费。

消费源于生产，减少塑料制品生产是从源头上消除塑料污染的治本之策。减少塑料制品生产并不意味着相关企业"一关了之"，而应重在引导企业进行产业转型，发展绿色产业，减少塑料材料的使用，向社会提供绿色产品。绿色化产业是传统产业经过绿色化改造所形成的产业，通过利用低害或无害的现代生产技术，降低对资源能源和原材料的消耗，进而实现少投入、低消耗、低污染和高产出。绿色产业是"以环境保护和生态改善为核心，以绿色资源开发为基础，通过绿色技术创新实现自然资源充分高效的利用，向市场提供从设计、研发、生产、经营、销售和服务等全产业链和价值链创新的绿色产品，最终实现人类社会福利的持续改进和经济社会的可持续发展"[①]。如前所述，目前我国大部分，尤其是中低收入消费者依然保留对塑料制品强烈的消费习惯与冲动，这种习惯具有强大惯性，难以在短时间内改变。因此，减少塑料制品的源头供给，辅之以宣传指导，才是问题解决之良策。近些年，我国绿色产业发展早已列入国家规划，"绿色产业""绿色产品""绿色物流""绿色包装""绿色消费"等词汇也频频出现在相关文件中，产业发展也呈现出勃勃生机，成绩斐然。尽管如此，目前我国在塑料产品绿色生产方面仍存在一定问题，如企业没有从根本上意识到绿色消费的重要性，绿色产品供给数量不多，质量不高；绿色产品规范化、规模化与创新性不够，成本较高；相关部门或组织机构没有积极引导绿色消费，同时存在绿色标志滥发滥用现象；缺少相关法律法规，为绿色生产、绿色产品与绿色消费保驾护航等。因此，应大力推进绿色产业改良，让绿色观念普及到企业和市场中去，促使企业积极生产绿色产品，消费者认可并主动积极购买绿色产品；应推动绿色产业结构向合理化和高级化方向发展，提高资源配置效率，增加绿色产业产出数量；应强化绿色产业布局，促进产业可持续发展能力的形成，促进产业集聚及规模效应，降低产业成本；应进一步完善绿色产业法律法规，为绿色产业发展提供强力支持。

二、整治塑料污染重在多元共治，协作共赢

如前所述，2007 年"限塑令"之所以实施效果不理想，关键在于社会公众、商场超市等消费场所及从业者、塑料生制品生产商与销售者等主体普遍参与性不足、积极性不高，政府独唱角戏。因此，多元共治就成为减少塑料污染的必然选择，只有政府、企业和各种市场主体、社会组织、公众共同参与，构成多元共治体系，相互协作，才能完成"限塑令"攻坚任务，实现共赢；只有社会全员重视、积极参与，才能真正做到"限塑令"令行禁止，取得塑料污染防控实际积极成效。

塑料污染多元共治体系中，政府应起总负责、总引领的作用。现实中我们也看到了政

---

① 张芳：《中国绿色产业发展的路径选择与制度创新研究》，吉林大学 2020 年博士学位论文，第 7 页。

府相应决策转变和对社会多元共治的重视,无论 2020 年《关于进一步加强塑料污染治理的意见》("2.0 版限塑令"),还是 2020 年《关于扎实推进塑料污染治理工作的通知》《关于印发"十四五"塑料污染治理行动方案的通知》以及 2021 年《十四五循环经济发展规划》等相关文件中,都确定了"多元参与、社会共治""塑料污染多元共治体系""塑料制品生产、流通、消费、回收利用、末端处置全链条治理成效更加显著""塑料污染全链条治理专项行动"等内容。这些文件也明确了具体工作目标,提出了主要任务,构建了塑料污染治理工作支撑保障体系,并强化有关部门专项工作机制,这些均体现了政府的职责与作用。企业应积极参与塑料制品生产、流通、消费、回收利用和末端处置等产业全链条治理。塑料制品生产企业应加大研发创新力度,寻找替代材料,减少塑料材料的使用,减少塑料制品的供给;商品零售、电子商务、外卖、快递、住宿等重点领域,要大幅度减少一次性塑料制品不合理使用;固体废物回收企业要提高收集、运输、处理系统,塑料废弃物收集转运效率,增强塑料垃圾处理能力,减少环境污染;农村应提高农膜回收率,减少农膜残留量,大力推广使用可降解农膜。社会组织(如消协、企业或行业协会等)应制定行业规范,提供行业咨询、培训,开展专业研讨和志愿活动,加强宣传引导和行业自律,引导企业与从业者积极落实、不打折扣地执行"限塑令"。公众应提高对塑料污染危害性的认识和参与塑料污染治理的积极性,主动减少购买、使用塑料制品,积极参与垃圾分类,抵制过度包装,共同凝聚治理塑料污染的社会共识和正向力量。

三、整治塑料污染的突破点在于科技创新

基于塑料材料属性,要想从根本上解决其污染问题,积极寻找替代品是广泛共识,也是必然之趋势。目前,塑料材料替代产品主要可分为纸、竹木和生物可降解塑料等。纸与竹木具备环保、轻量化且成本较低的优势,但大量使用会导致森林被砍伐,造纸行业会产生巨大二氧化碳排放,造成二次污染,因此生物可降解塑料就成为当前最理想的替代选择,也是未来的发展方向。生物基可降解塑料是使用生物大分子材料如淀粉、纤维素、蛋白质、动物中的壳聚糖、聚氨基葡萄糖、动物胶以及海洋生物的藻类等为原料,通过添加助剂使之加工成型的。目前,已产业化的生物降解塑料类型主要包括聚乳酸、聚对苯二甲酸丁二醇酯、聚羟基链烷酸酯、聚碳酸亚丙酯等。近些年,随着全球环境污染问题日益受到重视,生物可降解塑料产业得到快速发展,生物降解塑料市场需求也快速增长。相关数据显示,2020 年全球生物降解塑料需求总量达到 322 万吨,年均需求增长速度超过 16%。2020 年,我国聚对苯二甲酸丁二醇酯、聚乳酸年产能分别约为 30 万吨、10 万吨,约占全球产能的一半。预计到 2025 年,我国聚对苯二甲酸丁二醇酯、聚乳酸年产能将在 700 万吨左右和 100 万吨以上,约占全球产能 2/3 以上。

尽管可降解塑料材料产业发展迅速,但仍无法完全满足塑料制品材料替代市场需求。因此,提高可降解塑料材料的产量与产能,成为亟待解决的问题。为从根本上解决塑料污染问题,快速提高可降解塑料材料产量与产能,突破点在于科技创新。"工程是现实的、直

接的生产力,是创新活动的主战场。"[1]2012 年,党的十八大提出"科技创新是提高社会生产力和综合国力的战略支撑,必须摆在国家发展全局的核心位置";2015 年,中共中央、国务院出台《关于深化体制机制改革加快实施创新驱动发展战略的若干意见》文件,指导全国深化体制机制改革,加快实施创新驱动发展战略。"创新是对已有创造成果的改进、完善和应用,是建立在已有创造成果基础上的再创造。就此而言,已有的创造成果可以是有形的事物,如各种产品;也可以是无形的事物,如理论、技术、工艺、机构等。无论是技术创新还是非技术创新,均是一个复杂且动态的非线性过程。"[2]只有不断在工程活动中跨越工程创新壁垒,躲避工程创新陷阱,才能实现内在创新能力的提升,才能在工程活动中求精求进、不断提升工程品质,并获得工程产品使用者的认可。当然,创新只有在符合规律性和目的性的基础上,才能尊重客观事物的客体尺度与工程主体的需求尺度,真正的创新目的才能得以实现;只有通过掌握和运用客观规律,来实现人的需求目的,创新才会得到现实的肯定。

塑料制品企业及从业人员应开展不同类型的可降解塑料降解机理及影响研究,科学评估其环境安全性和可控性;应加大可降解塑料的关键核心技术攻关和成果转化,不断提升产品质量和性能,降低应用成本;应重点研发高效低廉、可生物降解、可再生、可再加工重复利用的绿色环保食品包装材料,寻找低毒甚至无毒无害的增塑剂,用安全材料替代受限制或可疑材料;要加强对一次性塑料餐盒中各类化学品在食品中的迁移特征和毒性风险研究,科学全面地评估塑料餐盒使用及废弃全过程对生态系统和人体健康带来的潜在风险,特别是对胎儿和婴幼儿的暴露风险;要加强对塑料污染现状和迁移规律的系统研究,综合考虑真实环境中不同生物的生活习性、构造特征及复合污染,尤其是其生物毒性机制及食物链传递效应以探究生物体摄入的毒性机理。如此,才能突破可降解塑料材料产业的发展瓶颈,满足市场需求,实现产品材料替代,从根本上解决塑料污染问题。

四、强化循环利用,实现资源减量化、再利用与资源化目标

塑料的主要成分是合成树脂(早期以煤焦油产品和电石碳化钙为主,现多以石油和天然气产品为主),是合成树脂及填料、增塑剂、稳定剂、润滑剂、色料等添加剂,通过加聚或缩聚反应聚合而成的高分子化合物。也就是说,塑料的主要原料来源于自然资源。"自然资源,即在一定的技术经济条件下,自然界中可被人类利用的可用于生产和生活的一切物质"[3],生成塑料的自然资源如煤、石油、天然气等均是不可再生资源。不可再生资源因其不具备自我更新能力,随着不断使用,存量逐渐减少,甚至意味着枯竭。因此,治理塑料污染要具有理念和手段的综合性,既要加大科研创新力度,积极寻找替代品,也要在现有条件下积极倡导循环经济,节约资源,实现资源的循环利用。

循环经济,是"体现资源之高效优化及循环利用,是减量化下的低耗和低排,是再利用

---

①　辽宁省普通高等学校创新创业教育指导委员会:《创造性思维与创新方法》,高等教育出版社 2013 年版,第 7 页。

②　李伯聪:《工程创新:突破壁垒和躲避陷阱》,浙江大学出版社 2010 年版,第 29 页。

③　杨艳林:《资源经济发展》,科学出版社 2004 年版,第 2 页。

和资源化下的高效,是一种将末端污染物转变成可以再次充分利用之资源的一种经济发展模式,是一种充分体现和贯彻可持续发展观的经济发展模式"①。循环经济的主要内容包括对生产、流通和消费过程中的资源消耗进行减量化、再利用、资源化。为节约资源,践行循环经济理念,2020 年发布的"2.0 版限塑令"中强调,要"推动塑料废弃物资源化利用的规范化、集中化和产业化,相关项目要向资源循环利用基地等园区集聚,提高塑料废弃物资源化利用水平";《关于扎实推进塑料污染治理工作的通知》强调"加大塑料废弃物分类收集和处理力度,推动将分拣成本高、不宜资源化利用的低值塑料废弃物进入生活垃圾焚烧发电厂进行能源化利用,减少塑料垃圾的填埋量"。2021 年《关于印发"十四五"塑料污染治理行动方案的通知》中规定,要"加大塑料废弃物再生利用,引导相关项目向资源循环利用基地、工业资源综合利用基地等园区集聚,推动塑料废弃物再生利用产业规模化、规范化、清洁化发展。完善再生塑料有关标准,加快推广应用废塑料再生利用先进适用技术装备,鼓励塑料废弃物同级化、高附加值利用"。2021 年,《"十四五"循环经济发展规划》中指出,要"加强塑料垃圾分类回收和再生利用"等等。这些政策措施积极落地,会极大地强化资源循环利用,实现资源减量化、再利用与资源化目标,对治理塑料污染意义重大。

思考题

1.塑料材料的危害有哪些?

2.新发展理念的内容是什么?

3.塑料如何实现循环利用?

4.企业在塑料污染社会多元共治中如何发挥作用?

5.工程师如何助力科技创新,推动绿色材料发展?

参考文献

1.《关于进一步加强塑料污染治理的意见》(发改环资〔2020〕80 号)、《关于加快推进农用地膜污染防治的意见》(农科教发〔2019〕1 号)、《关于印发"十四五"塑料污染治理行动方案的通知》(发改环资〔2021〕1298 号)、《"十四五"循环经济发展规划》(发改环资〔2021〕969 号)、《一次性塑料制品使用、报告管理办法(征求意见稿)》(国家发改委、生态环境部 2021 年 9 月 8 日)。

2.杨艳林:《资源经济发展》,科学出版社 2004 年版。

3.李伯聪:《工程创新:突破壁垒和躲避陷阱》,浙江大学出版社 2010 年版。

---

① 李玉蕾:《论我国循环经济法律制度的完善》,河北地质大学 2016 年硕士研究生论文,第 5 页。

4.崔海燕:《习惯形成与中国城乡居民消费行为》,山西财经大学 2012 年博士学位论文。

5.张芳:《中国绿色产业发展的路径选择与制度创新研究》,吉林大学 2020 年博士学位论文。

6.李玉蕾:《论我国循环经济法律制度的完善》,河北地质大学 2016 年硕士研究生论文。

案例十八 人脸识别——保护个人信息，促进科技发展

提　要	近年来，人脸识别技术被广泛地运用到金融、保险、教育和电子商务等领域，在带来方便快捷的同时，也引发了隐私泄露、识别错误和人身财产安全等伦理风险。为减少技术应用风险，每个人都应积极主动地保护个人信息，阻止人脸识别技术滥用；企业要尊重个人信息，谨慎收集、使用个人信息，防止泄露；企业与从业人员应注重提高人脸识别技术精度，减少识别错误；政府机关与相关机构应严格履行自身个人信息保护义务，加强对人脸识别技术的监管，积极维护个人信息安全。
基本概念	人脸识别技术　个人信息　技术伦理　人身财产安全

案情简介

2019年4月27日，郭某与妻子向杭州野生动物世界支付1360.00元，购买"畅游365天"双人年卡，并确定指纹识别入园方式。事后，郭某与妻子留存了姓名、身份号码、电话号码等，并录入指纹、拍照。2019年7月和10月，野生动物世界两次向包括郭某在内的年卡消费者群发短信，通知要将入园方式由指纹识别变更为人脸识别，要求客户进行人脸激活，否则将无法正常入园。郭某认为人脸信息属于高度敏感个人隐私，一旦被泄露、非法提供或者滥用，极易危害人身和财产安全，故不同意接受人脸识别，并要求园方退卡。双方协商未果，2019年10月28日，郭某向杭州市富阳区人民法院提起诉讼。

2020年6月15日，法院开庭审理此案。郭某诉称被告在未经其同意的情况下，通过升级年卡系统强制收集个人生物识别信息，严重损害了其合法权益，要求退回年卡费用。野生动物世界表示指纹入园方式存在效率低和识别不准确等问题，他们是在综合考虑了成本和便捷度的情况下，才决定针对年卡用户启用人脸识别系统。庭审过程中，双方就动物世界是否向郭某告知了其他入园方式，郭某是否有权利要求动物世界删除自己的指纹信息，郭某是否可以要求动物世界对其进行赔偿等三个问题进行了辩论。

2020年11月20日，富阳法院作出一审判决，判令野生动物世界赔偿郭某合同利益损失及交通费共计1038.00元，删除郭某办理指纹年卡时提交的包括照片在内的面部特

征信息；驳回郭某的其他诉讼请求。一审判决后，郭某与野生动物世界均表示不服，分别向杭州市中级人民法院提起上诉。

2020年12月11日，杭州市中级人民法院受理该案，并于同年12月29日开庭审理。杭州市中级人民法院经审理认为，生物识别信息作为敏感个人信息，深度体现了自然人的生理和行为特征，具备较强的人格属性，一旦被泄露或者非法使用，可能导致个人受到歧视或人身、财产安全受到不测危害，应谨慎处理和严格保护。野生动物世界欲利用收集的照片扩大信息处理范围，超出事前收集目的，表明其存在侵害郭某面部特征信息之人格利益的可能与危险，应当删除郭某办卡时提交照片在内的面部特征信息。野生动物世界的人脸识别店堂告示并非郭某与野生动物世界之间的合同条款，对郭某不发生效力，故其单方变更入园方式行为构成违约。

2021年4月9日下午，鉴于野生动物世界已经停止使用指纹识别闸机，致使原约定入园服务方式无法实现，故二审在原判决基础上增判野生动物世界删除郭兵办理指纹年卡时提交的指纹识别信息。此案件被称为中国"人脸识别"第一案。①

案情分析与结论

一、人脸面部特征属个人生物识别信息，应严格保护

个人生物识别信息"是指自然人可识别的生理或行为特征，从中提取可识别、可重复的生物特征样本、模板、模型等识别数据或数据的聚合"②。个人生物识别信息是不能简单直接获取的，必须通过一定的技术手段（人脸识别技术）才能获取。运用特定设备，通过人脸识别技术，对人脸特定部位或整体特征（如虹膜、耳部形状、眼睛、鼻子、嘴巴、下巴等特定部位形状、间距，面部血管走向，面部皮肤面积，面部皮肤纹理，面部肤色，面部热成像，脸型等）进行提取，形成特定人的人脸特征，即构成个人生物识别信息。我国《民法典》规定，"个人信息是以电子或者其他方式记录的能够单独或者与其他信息结合识别特定自然人的各种信息，包括自然人的姓名、出生日期、身份证件号码、生物识别信息、住址、电话号码、电子邮箱、健康信息、行踪信息等"。《个人信息保护法》规定，"个人信息是以电子或者其他方式记录的与已识别或者可识别的自然人有关的各种信息，不包括匿名化处理后的信息"。因此，人脸面部特征属个人生物识别信息，属于个人信息范畴，应受法律严格保护。

本案中，被告野生动物世界在未经郭某同意的情况下，通过升级年卡系统强制收集个

---

① 案件来源：中国青年网：https://baijiahao.baidu.com/s? id＝1696891428273703244&wfr＝spider&for＝pc；潇湘晨报：https://baijiahao.baidu.com/s? id＝1696555604522610216&wfr＝spider&for＝pc；新京报官微：https://baijiahao.baidu.com/s? id＝1669977299574582960&wfr＝spider&for＝pc. 访问日期：2022年1月30日。

② 张勇：《个人生物信息安全的法律保护——以人脸识别为例》，载《社会科学文摘》2021年第8期。

人生物识别信息,严重损害了郭某的个人信息权益。我国《个人信息保护法》规定,"个人信息处理者不得以个人不同意处理其个人信息或者撤回同意为由,拒绝提供产品或者服务"。因此,被告提出的"不同意将指纹识别变更为人脸识别,将无法正常入园",同时也侵害了郭某的消费者权益,并构成违约。

二、人脸识别技术应用要有一定限制

近年来,人脸识别技术普及度逐年大幅升高,加上该技术与其他生物特征识别技术相比,具有使用简单、获取方便、结果直观、非接触性验证及可扩展性良好等众多优势,已经被广泛地运用到金融、保险、教育、电子商务等领域,刷脸支付、刷脸开门、面容解锁的应用场景也越来越广泛。然而,在享受技术便捷生活的同时,由人脸识别引发的纠纷也为我们每个人敲响了警钟。由于面部特征具有终身唯一且无法改变的特点,一旦泄露,后果将十分严重,因此要对人脸识别技术应用作出一定的限制,以维护个人信息安全。回应社会现实呼声,2021 年我国《个人信息保护法》出台了,其中规定"处理个人信息应当遵循合法、正当、必要和诚信原则,不得通过误导、欺诈、胁迫等方式处理个人信息""处理个人信息应当具有明确、合理的目的,并应当与处理目的直接相关,采取对个人权益影响最小的方式""取得个人同意,个人信息处理者方可处理个人信息"。

本案中,被告野生动物世界没有明确、合理目的,在未经本人同意的情况下,强制收集郭某的个人生物识别信息,并以"不同意将指纹识别变更为人脸识别,将无法正常入园"相威胁,是对人脸识别技术的滥用,应当被禁止。

三、法院判决合情合法合理,符合法律与伦理双重规范要求

人脸识别技术通过对人脸面部特征进行分类、识别,会形成特定人的生物识别信息,被广泛用于政府、军队、银行、社会福利保障、电子商务、安全防务等多领域进行身份识别,并发挥了极大功效。然而,实践中却出现了人脸识别技术被大量滥用的现象,产生了一定的伦理风险。"人脸识别技术的伦理风险主要包括隐私泄露、识别错误、安全风险和歧视等四个方面的伦理风险。"[①]为防范技术应用风险,近些年我国相关部门先后出台了《网络安全法》《信息安全技术个人信息安全规范》《刑法修正案(九)》《关于办理侵犯公民个人信息刑事案件适用法律若干问题的解释》《民法典》《最高人民法院关于审理使用人脸识别技术处理个人信息相关民事案件适用法律若干问题的规定》和《个人信息保护法》等法律法规,对人脸识别技术应用,对个人信息收集、存储、使用、加工、传输、提供、公开、删除等均进行了相应规范,基本做到了有法可依。因此,滥用人脸识别技术,非法收集、存储、使用、加工、传输、提供、公开、删除个人信息,不仅构成违法,也有悖于社会伦理,会面临法律与伦理双重风险,产生并承担双重责任。

本案中,法院认定生物识别信息作为敏感个人信息,体现自然人生理和行为特征,应谨慎处理和严格保护。野生动物世界滥用人脸识别技术,强制收集郭某个人生物识别信

---

① 胡晓萌、李伦:《人脸识别技术的伦理风险及其规制》,载《湘潭大学学报(哲学社会科学版)》2021 年第 4 期。

息行为，应当被禁止。法院支持郭某的诉讼请求，既是依法判决，也是对工程伦理精神的召唤与回应，是合理的，也是值得点赞的。

相关概念索引

个人信息

理论界对个人信息内涵莫衷一是，定义非常多。立法上，我国《民法典》规定，"个人信息是以电子或者其他方式记录的能够单独或者与其他信息结合识别特定自然人的各种信息"；《个人信息保护法》规定，"个人信息是以电子或者其他方式记录的与已识别或者可识别的自然人有关的各种信息，不包括匿名化处理后的信息"。理论界对个人信息法律属性的认识也不一致，一些学者认为"个人信息权益对处理者和国家机关获得的个人信息数据同时具有外部约束力"[①]，将个人信息界定为一种权益，而非一种具体权利，我国立法也采用此种观点。还有学者主张"信息不是为了保护而存在于世间的，相反恰恰是为了利用。为了促进信息的利用，将个人信息权利化是唯一的道路"[②]。不管对个人信息内涵与性质理解与认识如何不同，对其应进行严格法律保护是一致的。

个人信息按照不同的标准，可分为不同类别。我国《民法典》将个人信息总括归纳为"包括自然人的姓名、出生日期、身份证件号码、生物识别信息、住址、电话号码、电子邮箱、健康信息、行踪信息等"。《个人信息保护法》则将个人信息分为一般个人信息与敏感个人信息，其中规定"敏感个人信息包括生物识别、宗教信仰、特定身份、医疗健康、金融账户、行踪轨迹等信息，以及不满十四周岁未成年人的个人信息"。个人敏感信息与隐私范围大体一致，要予以更加严格的保护，因此《个人信息保护法》强调"只有在具有特定的目的和充分的必要性，并采取严格保护措施的情形下，个人信息处理者方可处理敏感个人信息"。

信息社会中，个人信息是以一定载体为依托，对个人身份、身体特征、心理特点、民族、信仰、偏好、习惯、党派等进行客观翔实的描述，个人信息实质为个人在信息社会中的另一个自我存在。因此，个人信息具有了与本人同质的精神性人格价值。信息经济发展以及信息技术普及，使信息成为最重要的生产要素之一，各种各样的信息包括个人信息也具有了一定的财产属性，成为一种重要的稀缺资源，为政府行政决定、企业市场决策提供基础。因此，现代社会中个人信息兼具社会经济资源和个人人格利益的双重价值，这也是其日益引起社会关注的根节所在。

隐私

人不仅是生物存在，更是一种精神、社会化和意识的存在，人需要追求精神利益，需要

[①]　张新宝：《论个人信息权益的构造》，载《中外法学》2021年第5期。

[②]　申卫星：《论个人信息权的构建及其体系化》，载《比较法研究》，https://kns.cnki.net/kcms/detail/11.3171.D.20210915.1640.004.html，2021-09-16。

人际关系的空间维度与内心安宁,因此隐私就成为人不可或缺的本能需要。"现代社会是一个技术专制的时代,人的生存方式与人际交往模式在科技的推动与影响下发生了革命性的变革,人的生存空间平面化,人更多地依赖于技术,而技术使用日趋大众化、媒介日益个人化,使得技术日渐消解人的个体性,使之趋向于单向度的人,人格独立性色彩弱化,导致了现代社会隐私危机的产生与显现。"①因此,现代社会更需强化、深化对隐私的理解与保护。

我国《民法典》规定,"隐私是自然人的私人生活安宁和不愿为他人知晓的私密空间、私密活动、私密信息"。隐私内涵包括"独处性,指的是个人独立于群体,且不受他人干扰的自由;秘密性,即为某些事物或信息的秘密性;自治性,指的是个人可以自我决定将自己的哪些信息在什么时候、以什么方式以及在多大程度上与他人交流,允许人们自由控制自身和作出自己的决定;匿名性,意味着人们在拥有合理隐私期待的场合即公共空间具有抵抗隐私侵害的自由,这种自由包括个人拥有保持匿名的权利;亲密性,是私人范围之内隐私维护的需要"②。隐私包括私人信息、私人活动及私人领域三个组成部分。私人信息属无形隐私,主要指个人信息如病历、身体缺陷、健康状况、女性三围、财产状况、宗教信仰等;私人活动则属于动态隐私,主要指个人私密活动如社会交往、夫妻性生活、婚外恋等;私人领域即私密空间,指个人隐秘部位及个人日记、居室等。我国《民法典》规定,"自然人享有隐私权。任何组织或者个人不得以刺探、侵扰、泄露、公开等方式侵害他人的隐私权"。对隐私权进行法律保护,不仅能够实现人的自由与尊严,更符合社会公众伦理价值观,能够稳定社会秩序,促进社会和谐。

人脸识别技术

人脸识别技术,"是通过收集自然人脸部信息,使用算法、算力等科学技术对面部表征进行精准分析,从而进行身份识别的一种可视化的识别技术。人脸识别技术首先借助摄像机、计算机成像技术来获取基础人脸图像数据库,之后应用生物统计学原理,凭借计算机技术的强大识别和储存功能,对数据信息进一步分析处理,提取专有信息,最后,通过构建数学模型,对数据信息进行对比分析,从而实现其身份确认或者身份查找的功能"③。人脸识别技术包含三部分,即人脸检测、人脸跟踪和人脸比对,人脸识别技术系统包括人脸图像采集及检测、人脸图像预处理、人脸图像特征提取以及匹配与识别。人脸识别技术具有使用简单、获取方便、结果直观、非接触性验证及可扩展性良好等众多优势,被广泛地运用于政府、军队、银行、社会福利保障、电子商务、安全防务等领域。随着技术的进一步成熟和社会认同度的提高,人脸识别技术的应用将越来越广。

人脸信息属于敏感个人信息中的生物识别信息,是生物识别信息中社交属性最强、最易采集的个人信息,具有唯一性和不可更改性,一旦泄露将对人身和财产安全造成极大危害,甚至可能威胁公共安全。而现实中,人脸识别技术在为社会生活带来便利的同时,所

---

①　吴元国:《论隐私权》,黑龙江大学 2013 年博士研究生论文,第 5 页。
②　岑剑梅:《电子时代的隐私权保护——以美国判例法为背景》,载《中外法学》2008 年第 5 期。
③　赵爽:《人脸识别技术风险的法律规制研究》,中国矿业大学 2020 年硕士学位论文,第 7 页。

产生的个人信息保护问题也日益引发社会关注和担忧。如商家使用"无感式"人脸识别技术在未经同意的情况下，擅自采集消费者人脸信息，分析消费者性别、年龄、心情等，进而采取不同营销策略；物业企业强制将人脸识别作为业主出入小区或单元门的唯一验证方式；线上平台或者应用软件强制索取用户人脸信息等。实践中，因人脸信息被泄露导致公众"被贷款""被诈骗"，以及隐私权或名誉权被侵害等事件也多有发生，这些行为严重侵害了个人人身和财产权益，破坏了社会秩序。

为加强个人信息保护，禁止人脸识别技术滥用。2021年6月，最高人民法院发布《关于审理使用人脸识别技术处理个人信息相关民事案件适用法律若干问题的规定》（法释〔2021〕15号），其中规定"信息处理者处理人脸信息有下列情形之一的，人民法院应当认定属于侵害自然人人格权益的行为：（一）在宾馆、商场、银行、车站、机场、体育场馆、娱乐场所等经营场所、公共场所违反法律、行政法规的规定使用人脸识别技术进行人脸验证、辨识或者分析；（二）未公开处理人脸信息的规则或者未明示处理的目的、方式、范围；（三）基于个人同意处理人脸信息的，未征得自然人或者其监护人的单独同意，或者未按照法律、行政法规的规定征得自然人或者其监护人的书面同意；（四）违反信息处理者明示或者双方约定的处理人脸信息的目的、方式、范围等；（五）未采取应有的技术措施或者其他必要措施确保其收集、存储的人脸信息安全，致使人脸信息泄露、篡改、丢失；（六）违反法律、行政法规的规定或者双方的约定，向他人提供人脸信息；（七）违背公序良俗处理人脸信息；（八）违反合法、正当、必要原则处理人脸信息的其他情形"。此规定的出台，对自然人人脸信息（生物识别信息）保护，处理基于人脸识别技术应用所引起的民事纠纷，具有积极意义。

法律责任

"法律责任是由特定法律事实所引起的对损害予以补偿、强制履行或接受惩罚的特殊义务，亦即由于违反第一性义务而引起的第二性义务。"[1]法律责任作为一种特殊义务，其中包含着强制性因素，这种强制性因素来源于法律主体的同意、承诺，抑或是国家或其他共同体的外在强力。这些因素形成社会共同体的理性约束，排除了任何法律主体运用暴力强制的合法性、正当性。行为的规范评价是法律责任的价值本位，对于合法规范行为，法律给予肯定赞许的评价、承认和保护；对悖于规范行为，法律给予否定不赞许的评价。否定性评价就体现在法律责任的认定和归结中，也就是说法律责任是法律对行为评价的结果。某一行为，如被刑事法律否定，就形成刑事责任；被民事法律否定，会形成民事责任；被行政法律否定，则形成行政责任。因此，法律责任是带有强制性的不利法律后果，法律责任的设定，是全体社会成员共同选定的一种博弈规则，并自愿遵守该游戏规则。

法律责任是由法律规定，由一定国家机关依法追究，必要时以国家强制力保证实施的。因此，"法律责任的认定和追究，只能由国家专门机关依照法定程序来进行"[2]，非国家机关的社会组织和公民个人都无权追究违法者的法律责任。法律责任依性质和价值本

---

① 张文显：《法理学》，高等教育出版社、北京大学出版社2011年版，第122页。
② 孙国华主编：《法理学》，法律出版社1995年版，第417页。

位的不同,可分为四种,即民事责任、刑事责任、行政责任和违宪责任,其中民事责任又分为违约责任和侵权责任。违宪责任是国家机关及其工作人员、各政党、社会团体、企事业单位和公民的言论或行为违背宪法的原则、精神和具体内容因而必须承担一种相应的政治法律责任,一般不会在工程领域直接发生。工程领域中的违法、违规或违约行为,都有可能导致违约责任、侵权责任、刑事责任或行政责任承担。法律对应当维护的利益加以认定和规定,并以法律上的权利或权力、义务作为保障这些利益的手段。法律责任的目的在于通过使当事人承担不利法律后果,保障法律上的权利或权力、义务得以生效,实现法的价值。法律责任的目的要通过法律责任的功能来实现,法律责任功能包括预防、救济和惩罚三种功能。

相关理论与制度解读

一、个人信息与隐私的关系

"个人信息保护与隐私权是两个既有联系又不完全相同的范畴,相互关系本就复杂。"[①]依据我国《民法典》的规定,"个人信息是以电子或者其他方式记录的能够单独或者与其他信息结合识别特定自然人的各种信息,包括自然人的姓名、出生日期、身份证件号码、生物识别信息、住址、电话号码、电子邮箱、健康信息、行踪信息等""隐私是自然人的私人生活安宁和不愿为他人知晓的私密空间、私密活动、私密信息"。可见,二者存在一定重合之处,即隐私中的私密信息属于个人信息,个人信息中的部分信息属于隐私中的私密信息。

个人信息与隐私的关联是客观存在的。隐私与个人信息都属于人格权益范畴,个人信息保护范围可大体界定为与公民个体独立意志和交互行为的独立自主具有密切联系的信息。隐私主要保护个人的私密信息不受他人打扰与干涉,是对个人私生活的安宁的维护,但隐私在某些特定场景下同样具有交互性,如患者在就医过程中,必须将自己身体和健康信息对医生进行说明等。隐私与个人信息在侵害方式上虽有区别,但都包括非法收集、转让、泄露等形式。隐私和个人信息的主要区别体现为以下方面:一是权利性质不同,隐私主要是一种精神性人格利益,个人信息则包含精神和财产双重利益,是一种综合性权益。二是权利内容不同,隐私权主要是一种被动性人格权,重心在于防范个人秘密不被披露;个人信息权益则主要是一种主动性人格权,主要指主体对个人信息支配,并进行排他、积极、能动地控制和利用。三是权利保护强度不同,法律对隐私权保护力度强于个人信息。四是侵害方式不同,侵害隐私权方式包括非法披露和其他方式,如非法拍摄、私闯民宅、非法窥视、非法窃听等;侵害个人信息主要表现为非法搜集、非法利用、非法存储、非法加工或非法倒卖等。五是保护方式不同,隐私权权利人受到侵害时可要求停止侵害、排除妨碍,并可请求损害赔偿(主要是精神损害);当个人信息权益受到侵害,除采用精神损害赔偿方式外,在个人信息被商业化利用,造成权利人财产利益损失时,也可要求财产损害

---

① 周汉华:《平行还是交叉——个人信息保护与隐私权的关系》,载《中外法学》2021年第5期。

赔偿。六是是否需要证明损害不同，个人信息受到侵害，一般情况下受害人应当证明实际损害发生，但侵害隐私权并不必然要求受害人必须证明有损害发生。七是对隐私保护主要借助于民法方法保护，而对个人信息保护则要考虑综合治理，除依靠民法对其进行保护外，还需要行政法等公法予以保护[①]。

二、个人信息法律保护

个人信息与隐私关系虽错综复杂且存在较大差异，但二者均属自然人重要人格权益（个人信息有时还体现一定的经济利益），都应受到法律的严格保护。"目前，世界各国立法对于个人信息的保护主要采取两种模式：一是制定单独的个人信息保护法，可称为综合立法模式，如欧洲法模式；二是通过不同法律来保护个人信息，可称为分别立法模式，如美国法模式。"[②]我国先后出台《民法典》与《个人信息保护法》，对隐私权和个人信息采取了分别立法、交叉适用保护模式。"交叉适用的基本特征是将个人信息保护与隐私权两个概念以及两项制度交织在一起，在两者的互动中通过辨析相互关系进行选择与判断""适用必须首先区分隐私权与个人信息保护的关系，从交织的链条中辨析究竟侵犯隐私权还是个人信息权益"[③]。

我国《民法典》在"人格权编"设置"隐私权和个人信息保护"专章，对隐私权和个人信息进行区别保护，其中规定自然人享有隐私权，任何组织或者个人不得以刺探、侵扰、泄露、公开等方式侵害他人的隐私权；自然人的个人信息受法律保护，处理个人信息应当遵循合法、正当、必要原则，不得过度处理。人格权或其他人身利益受到侵害的，受害人有权请求行为人承担停止侵害、排除妨碍、消除危险、消除影响、恢复名誉、赔礼道歉和损害赔偿等民事责任。《个人信息保护法》以专门法形式，规定了个人信息处理规则、个人信息跨境提供规则、个人在个人信息处理活动中的权利、个人信息处理者义务、履行个人信息保护职责部门及法律责任等具体内容。其中规定，"违法处理个人信息，或者处理个人信息未履行个人信息保护义务的，由履行个人信息保护职责的部门责令改正，给予警告，没收违法所得，对违法处理个人信息的应用程序，责令暂停或者终止提供服务；拒不改正的，并处罚款；依照有关法律、行政法规的规定记入信用档案，并予以公示。国家机关不履行个人信息保护义务的，由其上级机关或者履行个人信息保护职责的部门责令改正；对直接负责的主管人员和其他直接责任人员依法给予处分。处理个人信息侵害个人信息权益造成损害，个人信息处理者不能证明自己没有过错的，应当承担损害赔偿等侵权责任。违反规定，构成违反治安管理行为的，依法给予治安管理处罚；构成犯罪的，依法追究刑事责任"。

同时，为解决隐私与个人信息保护交叉问题，《民法典》规定"个人信息中的私密信息，适用有关隐私权的规定；没有规定的，适用有关个人信息保护的规定"。也就是说，当隐私与个人信息保护出现法律规范重叠交叉时，应当优先适用隐私保护规则，相关法律没有规

①　王利明：《和而不同：隐私权与个人信息的规则界分和适用》，载《法学评论》2021年第2期。
②　王利明：《论个人信息权的法律保护——以个人信息权与隐私权的界分为中心》，载《中国检察官》2013年第11期。
③　周汉华：《平行还是交叉——个人信息保护与隐私权的关系》，载《中外法学》2021年第5期。

定的则再启用个人信息保护规则。

三、工程伦理

"工程是人类有组织、有计划、按照项目管理方式进行的成规模的建造或改造活动。大型工程涉及经济、政治、文化等多方面的因素,对自然环境和社会环境造成持久的影响。"[①]工程活动集成了技术、经济、社会、自然和伦理等多种要素,其中伦理要素关注的是工程师等行为主体在工程实践中如何能够"正当地行事"的问题。工程中的伦理要素常常和其他要素纠缠在一起,使问题复杂化,于是就产生了工程中的技术伦理、利益伦理、责任伦理和环境伦理等问题。工程伦理是伦理学的分支,主要关注工程决策和设计、实施过程中,工程与社会、工程与人、工程与环境的关系合乎一定社会伦理价值的思考和处理问题。工程伦理是社会对工程活动进行道德评价的结果,工程伦理有广义与狭义之分。广义工程伦理扩大了工程活动的性质和范围,认识到工程活动参与者的多元化,认为工程活动中的主要问题是决策和对策问题,不仅指职业伦理,还包括工程决策伦理、工程政策伦理和工程过程的实践伦理。狭义工程伦理仅指职业伦理,即工程师职业伦理,是指工程师在工程设计和建设、工程运转和维护等工程活动中,所应遵循的道德伦理原则和行为规范[②]。工程伦理作为一种职业伦理,是对工程师这一职业群体职业人员特有的行业伦理,工程伦理作为工程师的价值指南和行为依据,对塑造职业信念、规范职业行为、构建职业环境具有重要意义。

工程伦理可分为伦理原则(准则)和具体伦理规范两个层次。工程师伦理原则集中体现凝聚工程师的职业精神与职业价值观,包括热爱职业、忠诚履责,以人为本,公平正义,可持续发展等。伦理规范,是伦理关系和伦理实体的性质、价值精神与取向的集中体现,并制度化、外化为实体成员应当恪守的规则和准则。世界各国、各类工程师团体的章程中,无一例外地都对职业伦理规范作出了明确规定,虽然各自的表述不同,但都是从工程师处理人与人,人与自然以及人与社会关系等视角,梳理出具体的伦理规范,故其内容大同小异。我国台湾中华工程师学会1996年修订的《中国工程师信条》中,对工程师确定了4则8条具体职业伦理规范准则,其中工程师对社会的责任包括守法奉献(恪守法令规章、保障公共安全、增进民众福祉)、尊重自然(维护生态平衡、珍惜天然资源、保存文化资产)。对专业的责任包括敬业守分(发挥专业技能、严守职业本分、做好工程实务)、创新精进(吸收科技新知、致力求精求进、提升产品品质)。对业雇主的责任包括真诚服务(竭尽才能智慧、提供最佳服务、达成工作目标)、互信互利(建立相互信任、营造双赢共识、创造工程佳绩)。对同僚的责任包括分工合作(贯彻专长分工、注重协调合作、增进作业效率)、承先启后(矢志自励互勉、传承技术经验、培养后进人才)。

四、法律与伦理关系

法律是"由国家制定或认可并依靠国家强制力保证实施的,反映由特定物质生活条件

---

① 朱京:《论工程的社会性及其意义》,载《清华大学学报(哲学社会科学版)》2004年第2期。

② 王志新:《工程伦理学教程》,经济科学出版社2008年版,第13～14页。

所决定的统治阶级意志，以权利和义务为内容，以确认、保护和发展对统治阶级有利的社会关系和社会秩序为目的的行为规范体系"①。伦理不仅包含对人与人、人与社会和人与自然之间关系处理中的行为规范，也深刻地蕴含着依照一定原则，来规范行为的深刻道理，包括人的情感、意志、人生观和价值观等方面。伦理包含伦理关系、伦理实体、伦理规范和伦理秩序四个构成要素，"规范也称制度，通俗地说就是一种规则，亦即对人们的行为模式进行引导、约束和激励的规则体系"②。伦理规范，是伦理关系和伦理实体的性质、价值精神与取向的集中体现，并制度化、外化为实体成员应当恪守的规则和准则。实践中"职业伦理""职业道德""职业道德伦理"或"职业伦理道德"等词语均表达同一含义，其内涵一般都是指"伦理规则或规范"。

法律和伦理道德是现代社会的两种重要且不同的社会规范，伦理与法律之间的关联是任何文化都不会否定的。"道德规范和法律制度在本质上表达了自我同一性要求。"③道德是法律的精神，法律是道德看得见的符号。伦理不仅在理想层面上提供立法的精神，而且与法律之间在内容上，也存在着相互转化的关系。当某种伦理要求通过立法形式，强制性地要求人们执行，而不是通过社会舆论与内心信念起作用时，伦理也就转化为法律。法律规范具有明确的形式性，以权利义务的确定性，以国家强制力为后盾，来调整人们的行为，但调整范围有限，伦理道德规范则具有模糊性，主要存在于人们的共同意识之中，约束范围广，但缺乏强制性。

案例启示

一、每个人都应积极主动地保护个人信息

网络时代背景下，依托互联网平台，数字经济得以快速发展，人脸识别技术应用范围与领域也在持续扩大、增长。然而，人脸识别技术采集的敏感个人信息，具有唯一性和不可更改性，一旦泄露将对个人的人身和财产安全造成极大危害，甚至还可能威胁公共安全。"个人信息处理对个人利益的侵害事前不易防范、事中无法制止、事后难以查找，个人与技术、商业主体以及公权力之间的力量严重失衡，没有天然对抗后者的手段，几乎不存在任何私力救济的途径。""出于维护自身人格尊严、人身财产安全以及通信自由和通信秘密等利益之必要，个人对其个人信息应当享有一定程度的控制。""因此，赋予并保障个人在个人信息处理活动中的权利逐渐走向世界各国个人信息保护立法的中心。"④我国《个人信息保护法》规定，自然人的个人信息受法律保护，任何组织、个人不得侵害自然人的个人信息权益；处理个人信息，尤其是个人敏感信息应当取得本人同意；个人对其个人信息

① 张文显：《法理学》，高等教育出版社、北京大学出版社2011年版，第47页。
② 王永：《我国检察官职业伦理规范研究》，山东大学2012年博士学位论文，第17页。
③ ［法］爱弥尔·涂尔干：《社会分工论》，渠东译，生活·读书·新知三联书店2000年版，第17页。
④ 张新宝：《论个人信息权益的构造》，载《中外法学》2021年第5期。

的处理享有知情权、决定权,有权限制或者拒绝他人对其个人信息进行处理;个人有权向个人信息处理者查阅、复制其个人信息;个人发现其个人信息不准确或者不完整的,有权请求个人信息处理者更正、补充;个人有权要求个人信息处理者删除个人信息;自然人死亡的,其近亲属为了自身的合法、正当利益,可以对死者的相关个人信息行使查阅、复制、更正、删除等权利。

为维护个人信息利益,每个人都应积极主动地保护个人信息,要谨慎向来路不明的机构、企业及个人提供自己的个人信息,特别是人脸识别信息、指纹信息等不可变信息;在提供相关信息前,要仔细询问采集相关信息的原因和用途,是否有合法依据,以及相关企业数据安全保护措施;在可以选择其他识别方式的情况下,建议选择刷卡、密码等可变识别方式,以保护自身的个人信息安全;针对不合理强制性采集,应当事前拒绝或者在事后主动收集证据,并及时向互联网管理部门、工商部门、消费者保护协会、公安机关等相关机构进行投诉;在因个人信息泄露遭到人身、财产损害时,应通过刑事报案、民事诉讼等方式,追究相关责任人的法律责任。本案中,郭某的权利意识较强,认为野生动物世界单方变更入园方式,强行采集人脸信息行为不仅构成违约,还有可能危害其人身和财产安全,故不同意接受人脸识别,而引发诉讼,就是积极保护个人信息、主动维权的表现,是值得称赞的。

二、企业要尊重个人信息,谨慎收集、保护个人信息

"市场存在盲目性、自发性和利己性,经营者在对消费者个人生物信息的收集、存储、计算的每一个过程都可能涉及信息和隐私之间的相互转化。生物信息的利用能带来利益、便捷和效率,但使用的限度和程序值得在法律层面考虑应当如何进行有效规范。消费者个人生物信息一边要保护一边也要有效利用,如何才能平衡二者之间的关系,是法律所需要明确的界限。"[①]我国《个人信息保护法》规定,个人信息处理包括个人信息的收集、存储、使用、加工、传输、提供、公开、删除等;处理个人信息应当遵循合法、正当、必要和诚信原则,不得通过误导、欺诈、胁迫等方式处理个人信息;处理个人信息应当具有明确、合理的目的,并应当与处理目的直接相关,采取对个人权益影响最小的方式;处理个人信息应当遵循公开、透明原则,公开个人信息处理规则,明示处理的目的、方式和范围;任何组织、个人不得非法收集、使用、加工、传输他人个人信息,不得非法买卖、提供或者公开他人个人信息;取得个人的同意,个人信息处理者方可处理个人信息;个人信息处理者应当根据个人信息的处理目的、处理方式、个人信息的种类以及对个人权益的影响、可能存在的安全风险等,采取措施确保个人信息处理活动符合法律、行政法规的规定,并防止未经授权的访问以及个人信息泄露、篡改、丢失。

企业应加强个人信息处理风险防范,化解人脸识别技术应用的法律、伦理风险。应制定技术安全风险评估和信息安全管理制度,建立事前预防和事后规制一体化的多层级安全保障机制,以协同控制方式保护个人信息;要在遵守法律的基础上,规范采集个人信息,杜绝"强制采集""隐匿采集"和"被采集"等现象的发生;在需要采集用户人脸识别信息等

---

① 马紫玮:《基于人脸识别的消费者个人生物信息法律保护研究》,西南科技大学 2021 年硕士学位论文,第 27～28 页。

敏感场合，应向被采集者自觉提示并主动释明；鼓励研发人员设计符合个人信息保护规范的低风险产品，改良人机互动通知、选择框架等内置程序，保障信息主体的知情权、同意权；在更新服务协议或新增识别方式时，应保留用户的选择权利，避免利用技术、经营优势进行强制；对存储的用户个人信息，应强化数据加密级别和脱敏层级，避免数据泄露；应确保个人信息处理活动符合法律、行政法规的规定，并防止个人信息泄露、丢失或被篡改；如发生或者可能发生个人信息泄露、篡改、丢失情形，应立即采取补救措施，并通知履行个人信息保护职责的部门和个人。本案中，野生动物世界因缺乏个人信息保护意识和相应管理机制，违反事先约定，单方变更入园方式，违反个人信息处理者义务，侵害了消费者个人信息权益，应被禁止，故法院判其败诉是合情合理合法的。

三、相关企业与从业人员应提升人脸识别技术精度，减少识别错误

人脸，作为重要的视觉线索，传达着重要的非语言信息。人脸识别技术应用主要分为三类：一是身份验证，如利用人脸识别进行考勤、手机或电脑的面部识别解锁等；二是身份识别，如利用采集的人脸信息与数据库进行比对，对特定人身份进行识别；三是状态识别，判断被检测对象的精神状态、注意力等。"在人脸分析中，影响其准确性的有五个关键因素：光照（人脸在适度光照变化下会得到较好识别结果，出现较大光照变化时识别结果会下降）；姿态（姿态变化会引起投影变形和自我遮挡，对身份鉴别过程产生影响）；表情（人脸识别算法对普通表情变化较为鲁棒，但对特别夸张表情如吃惊等反应不强烈）；年龄（随着年龄增长，人的面部特征会以非线性形式发生明显变化）；遮挡（遮挡尤其遮挡人脸上半部分，会对识别带来很大影响）。"[①]因此，随着人脸识别技术应用范围越来越广泛，尤其是涉及公共财产安全的应用，对人脸识别与验证精确度和可靠性的要求也越来越高，这也为该项技术的进一步发展提出了新的要求和挑战。

我国《个人信息保护法》规定，"处理个人信息应当保证个人信息的质量，避免因个人信息不准确、不完整对个人权益造成不利影响"，因此相关企业与从业人员应注重提升人脸识别技术适用精度，减少识别错误。企业应坚持更高标准，组织人员对人脸识别技术进行深入研究，提高技术识别精度，避免因个人信息识别不准确、不完整对个人权益造成不利影响；应吸收伦理、法学、社会学等专家参与研究开发，妥善解决技术应用关涉的伦理、法律与社会问题，防止个人信息泄露，保证数据库安全，确保个人信息不被侵犯；应严格遵守技术标准，采取数据加密、病毒防护、访问控制、员工培训等措施，保障人脸识别技术系统和数据安全；应采取措施来确保人脸识别技术系统的结果准确性、稳定性，减少、降低错误识别；应提升从业人员的安全意识和职业道德意识，提高专业技术人员的科技水平，最大限度地降低个人信息安全风险。

四、公权力应受严格约束，并积极维护个人信息安全

"在现代技术的支持下，政府拥有了无限量的个人信息，每一个人都处于政府数据库

---

① 侯晓楠：《人脸识别关键技术研究》，上海交通大学2017年博士学位论文，第3页。

下的微小数字化客体，每个人无论愿意与否，事实上已经成为政府数据库的'囊中之物'。"[1]事实上，个人信息不仅成为政府的"囊中之物"，也被学校、团体等组织机构所掌握。政府也好，学校等社会组织机构也罢，他们对个人信息的掌握都源于其具有或行使一定公权力，"公权力具有无限扩张的趋势，而公权力扩张会对人权构成威胁"[2]。因此，有必要对公权力进行约束与限制，防止其滥用，对个人信息造成危害。

我国《个人信息保护法》对公权力的约束与限制，体现为两个方面：一是制定了"国家机关处理个人信息的特别规定"，要求国家机关为履行法定职责处理个人信息，应当依照法律、行政法规规定的权限、程序进行，不得超出履行法定职责所必需的范围和限度；国家机关处理个人信息，应当依法履行告知义务；国家机关处理的个人信息应当在境内存储；法律、法规授权的具有管理公共事务职能的组织为履行法定职责处理个人信息，适用国家机关处理个人信息的规定。二是明确了"履行个人信息保护职责的部门"，规定国家网信部门、国务院和县级以上地方人民政府有关部门是履行个人信息保护职责的部门；明确了各级、各类个人信息保护职责部门的工作职责和具体措施。可见，我国立法对国家机关和相关组织的个人信息保护职责分为两部分，即既要履行其自身处理个人信息的义务，也要对社会个人信息处理行为进行监管。

实际工作中，相关国家机关或组织不得将采集的个人信息挪作他用，更不得公开或供他人使用；应加强数据信息监管，对人脸数据等个人信息储存要有严格的安全防护标准，要防止个人数据信息泄露；应加强对个人信息处理企事业单位监管，制定严格个人信息保护和监管机制，对于人脸数据等信息的采集应制定严格标准；应建立健全人脸识别技术市场准入制度，提高行业入门门槛，对涉足人脸识别技术的企业严格审查；应加强企业个人信息数据处理工作审查，规范企业合规行为，保证其依规而行，从而保障数据安全，防止人脸识别技术风险的发生；应建立人脸识别技术安全标准，定期或不定期地对该技术应用进行综合评估，预防科技、法律或伦理等社会风险的发生；应加强企业间的技术交流，最大可能地保证最新科技成果共享，降低科技应用风险；要运用刑事、行政、民事等多种手段严惩个人信息非法收集、贩卖行为，维护自然人人格尊严与社会秩序。

思考题

1.人脸识别技术应用会引发哪些伦理风险？

2.我国对个人信息是如何保护的？

3.个人应如何维护个人信息安全？

4.企业应如何履行个人信息保护义务？

---

① 张娟：《个人信息的公法保护研究——宪法行政法视角》，中国政法大学 2011 年博士学位论文，第 2 页。

② 郑贤君：《试论社会主义公法体系的建立》，载《法学杂志》2003 年第 2 期。

5.政府机关的个人信息保护义务有哪些?

参考文献

1.吴元国:《论隐私权》,黑龙江大学 2013 年博士研究生论文。

2.赵爽:《人脸识别技术风险的法律规制研究》,中国矿业大学 2020 年硕士学位论文。

3.孙国华主编:《法理学》,法律出版社 1995 年版。

4.王志新:《工程伦理学教程》,经济科学出版社 2008 年版。

5.张文显:《法理学》,高等教育出版社、北京大学出版社 2011 年版。

6.马紫玮:《基于人脸识别的消费者个人生物信息法律保护研究》,西南科技大学 2021 年硕士学位论文。

7.侯晓楠:《人脸识别关键技术研究》,上海交通大学 2017 年博士学位论文。

8.张娟:《个人信息的公法保护研究——宪法行政法视角》,中国政法大学 2011 年博士学位论文。

案例十九　人体器官移植——守住底线,维护生命健康

提　　要	人体器官移植技术挽救生命,使濒死病人恢复健康,却存在巨大技术伦理风险。应全方位、多角度地构建技术应用伦理风险防范机制,防范、化解风险;应严厉打击器官移植相关违法犯罪行为,强化器官移植技术应有之社会价值;应构建社会激励机制,鼓励公众积极捐献人体器官,缓解器官短缺难题;应推进科技发展,提高人造器官的应用率,让科技更好地增进人类福祉。
基本概念	人体器官移植　伦理风险　社会激励机制　人造器官

案情简介

2012 年,湖北人邓某因赌博输钱,开始在网上搜索卖肾信息,结识陕西省人民医院肾移植科主治医师陈某,二人合谋为他人进行肾脏移植手术牟利。后邓某购买手术器械、药品等,并租赁武汉江夏区藏龙岛一处私房作为手术室,陈某担任主刀医师。邓某又邀彭某担任麻醉师,姚某担任其助手;鲁某、耿某担任护士;张某、黄某、欧某通过互联网寻找"供体"和"受体";朱某负责开车接送;边某、潘某对"供体"进行看护,形成了 12 人组成的组织贩卖人体器官犯罪团伙。2012 年年底至 2013 年 8 月,该团伙共实施 6 次犯罪,成功 4 次。团伙每次收取"受体"17 万元至 36 万元不等费用,4 次手术共非法牟利 98 万余元。其中邓某牟利近 40 万元,陈某每次手术获利 5 万至 8 万元,其余人每次分获 2000 至 2 万元不等。

2013 年 8 月,经媒体举报,武汉市公安局将该犯罪团伙打掉,并将犯罪成员缉拿归案。2014 年 8 月,武汉市江夏区人民法院审理认为,被告人邓某、陈某等 12 人行为构成组织出卖人体器官罪,其中 10 人多次组织他人出卖人体器官,属情节严重。邓某和陈某系主犯,邓某被判有期徒刑 7 年,并处罚金 10 万元;陈某被判有期徒刑 6 年,并处罚金 8 万元。彭某、姚某等 10 人,分别被判处两年 4 个月至 1 年 2 个月不等的有期徒刑。此案为湖北省首例组织出卖人体器官罪宣判案件。

移植是指将一个个体的细胞、组织或器官用手术或其他方法,导入自体或另一个个体的某一部分,以替代原已丧失功能的一门技术。根据导入移植物不同,分为细胞、组织和

器官移植。人体器官移植,是指摘取人体具有特定功能的心脏、肺脏、肝脏、肾脏或者胰腺等器官的全部或者部分,将其植入接受人身体以代替其病损器官的过程。人体器官移植技术不仅解除了部分病人病痛,挽救了生命,而且恢复了生产生活能力,这一技术是对人类文明的巨大贡献。此项技术自问世以来,得到了广泛应用,我国也成为世界器官移植大国。据统计,截至 2021 年 10 月 18 日,全国累计器官捐献志愿登记人数已超过 394 万人,完成公民逝世后器官捐献 3.6 万余例,捐献器官 10.8 万余个,挽救近 10 万器官衰竭患者生命。仅"十三五"期间,人体器官捐献志愿登记人数就达 277 万余人,累计完成捐献 3.2 万余例,捐献器官 9.5 万余个。全社会人道资源动员能力不断增强,社会参与度明显提升。到 2025 年,人体器官捐献工作体系将进一步完善,人体器官捐献志愿登记人数预计将超过 650 万人。

随着人体器官移植手术的快速发展,器官紧缺已成为制约该技术应用与发展的瓶颈,也催生了人体器官"黑市",促使有些人铤而走险,以身犯法。为规范人体器官移植技术的推广与应用,打击违法犯罪行为,我国陆续出台了《人体器官移植条例》《人体捐献器官获取收费和财务管理办法(试行)》《民法典》《人体器官捐献协调员管理办法》《人体器官捐献登记管理办法》《医疗机构和医师人体器官移植执业资格认定审核标准和审核程序》《关于规范活体器官移植的若干规定》和《人体器官移植技术临床应用管理规范》等法律或技术规范文件;2011 年,我国修改《刑法》,增加了人体器官移植犯罪的相关罪名。这些措施对防范人体器官移植技术法律与伦理风险起到了积极作用。[①]

案情分析与结论

一、组织他人出卖人体器官是严重的违法犯罪行为

人体器官是人身体的重要组成部分,失去尤其是缺失不可再生性人体器官会对人体健康造成损害,甚至导致死亡。因此,人的身体完整性与人体器官完好性一直是法律重点保护的范围。我国《民法典》规定"自然人的身体完整和行动自由受法律保护""完全民事行为能力人有权依法自主决定无偿捐献其人体细胞、人体组织、人体器官、遗体。任何组织或者个人不得强迫、欺骗、利诱其捐献"。《刑法》规定"组织他人出卖人体器官的,处五年以下有期徒刑,并处罚金;情节严重的,处五年以上有期徒刑,并处罚金或者没收财产""未经本人同意摘取其器官,或者摘取不满十八周岁的人的器官,或者强迫、欺骗他人捐献器官的,依照本法第二百三十四条(故意伤害罪)、第二百三十二条(故意杀人罪)的规定定罪处罚""违背本人生前意愿摘取其尸体器官,或者本人生前未表示同意,违反国家规定,违背其近亲属意愿摘取其尸体器官的,依照本法第三百零二条(盗窃、侮辱、故意毁坏尸

[①]　资料来源:搜狐新闻,http://news.sohu.com/20140813/n403399635.shtml;中国人体器官捐献管理中心:http://www.codac.org.cn;中国红十字会官网:《中国红十字事业发展"十四五"规划(2021—2025 年)》,2022-02-01。

体、尸骨、骨灰罪)的规定定罪处罚"。

本案中,邓某伙同主治医师陈某,纠集彭某等 12 人,租用私房做手术室,形成网上寻找器官供体与受体,对供体进行看管,对供体麻醉、手术、摘取、运送器官一条龙犯罪团伙,其行为不仅严重威胁了生命健康安全和社会生活秩序,还严重背离了基本社会伦理道德标准,阻碍了器官移植技术的健康有序发展。依照上述规定,邓某、陈某等 12 人应受到法律严惩。

二、主治医师陈某等人严重违背了医疗技术伦理

"就像其他技术一样,器官移植技术作为一种先进的医疗技术,也不可避免地具有两面性。它在给人们带来希望的同时,也为人们带来了一些伦理问题,向传统的生命伦理带来了一系列挑战。"[①]医务工作者作为人体器官移植技术的实施与推广者,更应关注该技术应用伦理问题,防范伦理风险。我国《人体器官移植条例》规定"医疗机构及其医务人员从事人体器官移植,应当遵守伦理原则和人体器官移植技术管理规范""实施人体器官移植手术的医疗机构及其医务人员应当对人体器官捐献人进行医学检查,对接受人因人体器官移植感染疾病的风险进行评估,并采取措施,降低风险""在摘取活体器官前或者尸体器官捐献人死亡前,负责人体器官移植的执业医师应当向所在医疗机构的人体器官移植技术临床应用与伦理委员会提出摘取人体器官审查申请""人体器官移植技术临床应用与伦理委员会不同意摘取人体器官的,医疗机构不得作出摘取人体器官的决定,医务人员不得摘取人体器官"。《人体器官移植技术临床应用管理规范(2020 年版)》规定,"严格遵守人体器官移植技术操作规范和诊疗指南,严格掌握器官移植技术适应证和禁忌证""规范使用中国人体器官分配与共享计算机系统,移植器官来源合法、可溯源""人体器官移植技术临床应用应当严格履行伦理审查程序,遵守知情同意、隐私保护等伦理学要求"。

本案中,主治医师陈某等人伙同、参与出卖他人器官的行为,不仅构成了犯罪,还严重违背了医疗技术伦理,除应受到法律严惩外,还应依据上述规定,由原发证部门吊销其执业证书,并由相关单位予以开除且对其进行医疗职业禁止限制。

三、器官短缺是诱发人体器官移植犯罪高发、多发的根本原因

随着人体器官移植手术的快速发展,由于捐献器官数量有限,器官紧缺已成为器官移植发展的瓶颈。据报道,我国每年大约有 150 万人因末期器官功能衰竭需要器官移植,但每年能够使用的器官数量不到 1 万,供求比例达到 1∶150[②]。人体器官短缺是世界性难题。近些年,随着器官移植技术的推广应用与人们意识的提高,我国器官捐献热情逐年提高,加之生物仿生技术也加大了人造器官供给,极大地缓解了器官短缺状况,但仍难以满足器官移植的现实需求,严重制约了人体器官移植技术的发展。强烈需求刺激供给,高额利润催生违法犯罪。"据统计,每年在世界范围将近三成左右的人体活体器官是直接由黑

[①] 姜帆:《我国人体器官移植的伦理思考》,沈阳师范大学 2017 年硕士学位论文,第 1 页。

[②] 数据来源于 2009 年 8 月 25—26 日,中国红十字总会和卫生部在上海召开的全国人体器官捐献工作会议上公布数据。

市提供的，黑市的营销范围不仅仅局限于一国内部，而是纵贯了整个欧美强国及亚非拉这样的第三世界国家"①，我国亦不例外。我国自人体器官移植技术应用开始，由于器官极度短缺，也催生了人体器官"地下交易市场"，甚至产生了大量犯罪行为，相关新闻报道、案件处理也频频见诸媒体，引起社会关注。

本案中，邓某、陈某等12人仅在一年不到时间，就实施6次犯罪，非法牟利98万余元，反映了人体器官地下交易的"繁荣"与强烈供需现实。因此，需要建立起高效、综合的社会管理机制，"依靠法律手段来协调和处理科技活动中的各种复杂社会关系，运用法律来组织、领导、管理科技工作，为科技的进步创造良好的法律环境"②，以利于开拓更多器官移植供体来源，疏通器官紧缺之瓶颈，促进我国人体器官移植技术的快速发展，使更多人康复，挽救更多生命。

四、对犯罪分子的惩处符合法治与社会伦理双重精神

器官或人体组织是一种"有生命的物""脱离人体的人体组织或器官既然是物，又具有生命力和活性，因此是特殊的物的形态，是有生命的物"。"对它的保护力度不同于一般物，其移转时有特殊规则的要求，这样才能既满足医学上抢救病患的急需，又能够符合社会伦理、道德要求，维护社会文明秩序。"③组织出卖他人人体器官不仅是一种严重的违法犯罪行为，而且会引发故意伤害、故意杀人、绑架罪、拐卖妇女儿童及盗窃、侮辱、故意毁坏尸体、尸骨、骨灰等其他犯罪行为，严重威胁生命健康安全和社会生活秩序，其危害程度大大超出器官获取危害行为本身。人体器官移植是医学史上的一次重大突破，但"人体器官的移植建立在这样的一种信念的基础之上，即人体和无偿捐献器官都是难能可贵的，不能将他们商品化"④。"人体器官移植是对整个社会和全人类倡导了一种新的现代社会的人文精神，即利他的行为和精神，人体器官的捐赠也正是这一精神行为的体现，这种捐献行为给人类增添了互助互爱的社会风尚。"⑤因此，人体器官移植不仅仅是一项技术应用，更蕴含着一定的社会价值追求和社会伦理精神。

本案中，邓某伙同主治医师陈某，纠集彭某等12人为获得高额利益，利用网络，采取欺骗、强制等手段，非法摘取他人器官卖出谋利，其行为不仅严重侵害了供体生命、健康、知情和隐私等人格利益，还破坏了社会生活秩序，妨碍了器官移植技术的健康有序发展，严重背离了人类社会的基本伦理精神，违反了人类基本道德观、伦理观和价值观。因此，他们除应接受法律审判，受到法律严惩外，还应受道德规范约束，并受到道德谴责。

① 林露：《我国人体活体器官移植立法》，海南大学2015年硕士学位论文，第2页。
② 王家福：《社会主义商品经济法律制度研究》，经济科学出版社1992年版，第195页。
③ 杨立新、曹艳春：《脱离人体的器官或组织的法律属性及其支配规则》，载《中国法学》2006年第1期。
④ ［美］安德鲁·金柏利：《克隆——人的设计与销售》，内蒙古文化出版社1997年版，第47页。
⑤ 舒孝文：《人体器官移植管理对策研究》，湖南师范大学2014年硕士学位论文，第11页。

相关概念索引

一、人体器官

人体器官"是由不同类型的人体组织构成的,能够发挥特定生理机能的集合体"[①]。生活中,像眼、耳、鼻、舌、心、肝、肺、胃、肾等人体器官较直观,而骨骼、肌肉、皮肤等器官却容易被忽略。医学上人体器官有广义和狭义之分。广义的人体器官既包括心脏、肺脏等不可再生器官,也包括毛发、血液等可再生器官;狭义的人体器官主要为不可再生器官,是指与人体脱离之后不可能再次生成,且可能会影响人体健康安全的器官,如心、肝、肺、胃、肾等。我国《人体器官移植条例》与《人体器官移植技术临床应用管理规范(2020 年版)》规定,人体器官是指"具有特定功能的心脏、肺脏、肝脏、肾脏、胰腺、小肠等器官的全部或者部分",不包括"人体细胞和角膜、骨髓等人体组织"。可见,目前能够应用于移植技术的器官还仅限于人体器官中的一部分,并不是全部。

人体器官移植分为死体移植与活体移植,用于移植的器官也相应分为死体器官与活体器官两种。死体器官来源于人死亡后的尸体,是在人死后,将尸体上某些器官移植给他人使用。从医学角度来讲,死体器官较之于活体器官在摘取、使用等方面限制会少一些,但这并不意味着可以随意进行摘取。因为"尸体作为丧失生命的人体物质形态,其本质在民法上表现为身体权在权利主体死亡后的延续利益,简称为身体的延续利益""由于尸体与死亡公民的人格利益和近亲属的人格利益以及社会道德因素紧密相关,对尸体的利用必须严格依照法律规定进行",不得"非法侵害尸体,非法利用尸体"[②]。《人体器官移植条例》规定"公民生前表示不同意捐献其人体器官的,任何组织或者个人不得捐献、摘取该公民的人体器官""该公民死亡后,其配偶、成年子女、父母可以以书面形式共同表示同意捐献该公民人体器官的意愿""从事人体器官移植的医疗机构及其医务人员应当尊重死者的尊严""对摘取器官完毕的尸体,应当进行符合伦理原则的医学处理,除用于移植的器官以外,应当恢复尸体原貌"。《刑法》规定,"违背本人生前意愿摘取其尸体器官,或者本人生前未表示同意,违反国家规定,违背其近亲属意愿摘取其尸体器官的,依照本法第三百零二条(盗窃、侮辱、故意毁坏尸体、尸骨、骨灰罪)的规定定罪处罚"。

活体器官来源于具有生命的人的身体,活体器官移植是将活体人身体上的器官移植给他人。活体器官移植涉及供体的生命维系、健康保持及身体完整等诸多内容,较之死体器官移植复杂得多,因此对其技术操作要求也要比死体移植严格得多。2009 年,我国卫生部专门下发了《关于规范活体器官移植的若干规定》(卫医管发〔2009〕126 号),明确"任何组织或者个人不得强迫、欺骗或者利诱他人捐献人体器官"。"活体器官捐献人与接受人仅限于结婚 3 年以上或者婚后已育有子女配偶;直系血亲或者三代以内旁系血亲;养父

[①]　《现代汉语多功能词典》,东北朝鲜民族教育出版社 1994 年版,第 775 页。

[②]　杨立新:《人身权法论》,人民法院出版社 2002 年版,第 417、420、421 页。

母和养子女之间关系、继父母与继子女之间关系等""从事活体器官移植的医疗机构及其医务人员在摘取活体器官前，应当履行评估活体器官捐献人的健康状况是否适合捐献器官；评估摘取器官可能对活体器官捐献人健康产生的影响，确认不会因捐献活体器官而损害捐献者正常的生理功能"等义务。《人体器官移植条例》规定，"未经本人同意摘取其器官，或者摘取不满十八周岁的人的器官，或者强迫、欺骗他人捐献器官的，依照本法第二百三十四条（故意伤害罪）、第二百三十二条（故意杀人罪）的规定定罪处罚"。

二、人体器官移植技术

"人体器官移植技术，是指将人体器官捐献人具有特定功能的心脏、肺脏、肝脏、肾脏、胰腺、小肠等器官的全部或者部分，植入接受人身体以代替其病损器官的技术。"[①]自 18 世纪开始，世界上有学者就开始进行器官移植的动物实验探索。1936 年，俄国科学家首次为尿毒症患者移植肾脏，但是因对免疫排斥反应一无所知而未使用任何免疫抑制措施，因此器官受体存活期极短。1954 年，美国约瑟夫默里医生成功将同卵双生姐妹间的肾脏进行移植，这是世界人体器官移植医学史上首次获得长期有功能存活病例，约瑟夫默里医生也因此获得了诺贝尔医学奖。20 世纪 60 年代开始，人体器官移植技术得到了很大提高。1963 年，美国相继实现了人体肝脏与肺移植；1967 年，南非实现了世界上首例人体心脏移植；1968 年，美国完成世界首例心肺联合移植，这些手术均获得了成功。此后，该技术日渐成熟，被广泛应用于医疗领域，成为医学领域新兴学科，取得了丰硕成果和巨大进展。

我国自吴阶平教授 1960 年施行首例临床肾移植以来，临床器官移植技术应用已有 60 余年历史。目前，我国已成为世界人体器官移植大国，国际上能够开展的肾脏、肝脏、心脏、肺、脾脏、小肠、肾上腺、睾丸、卵巢、骨髓和同种异体手等人体器官移植手术，我国都能进行。据统计，截至 2021 年 10 月 18 日，全国累计器官捐献志愿登记人数已超过 394 万人，完成公民逝世后器官捐献 3.6 万余例，捐献器官 10.8 万余个，挽救近 10 万器官衰竭患者生命。截至 2021 年 6 月 11 日，全国具备人体器官移植执业资格的医疗机构共有 180 家，建有肝脏、肾脏、心肺、肺脏、胰腺和肠等 6 种人体器官移植医师培训基地 33 个。

"技术不仅具有自然属性而且具有社会属性或本土性，是社会、政治、经济、文化的产物。技术要在社会中发挥作用需要技术性格（技术本身的性质）与技术风土（技术的生存环境）的统一才能够发挥其社会功能。"[②]人体器官移植技术同其他医疗技术一样，不仅可解除病人病痛、挽救生命，也会产生技术应用风险，要对其进行严格规范。2016 年 9 月，国家卫生计生委制定《人体器官移植医师培训与认定管理办法（试行）》和《人体器官移植医师培训基地基本要求》，以加强人体器官移植医师队伍建设，规范人体器官移植医师培训和管理工作，持续改进和提高人体器官移植技术水平和医疗质量，保障医疗安全；2020 年 8 月，国家卫生计生委印发《人体器官移植技术临床应用管理规范（2020 年版）》，对医疗机构和医疗人员开展人体肝脏、肾脏、心脏、肺脏、胰腺、小肠等 6 种人体器官移植技术

---

① 我国《人体器官移植技术临床应用管理规范（2020 年版）》。

② 王兵：《论人体器官移植技术的社会化》，载《科学技术与辩证法》2002 年第 5 期。

提出基本要求,具体内容主要包括医疗机构、人员、技术管理和培训管理等。

三、人体器官移植供体与受体

"人体器官移植,是指通过手术等方法替代病人人体内已经损伤的、病态的或者衰竭的器官,使本来难以康复的患者得以康复,以挽救垂危的生命。"[①]人体器官移植需要器官源,目前器官来源主要有三种,即死体(尸体)、活体(人的活的身体)和人造器官。人造器官对器官移植技术应用的优势自不待言,也是器官移植技术发展之趋势,但目前还不是十分成熟,因此无法满足实践技术的应用需求。目前,移植手术的器官来源主要还是死体(尸体)和活体(人的活的身体),其中最重要的是活体,也就是主要依靠器官捐赠。无论死体(尸体)和活体(人的活的身体)都是人体器官之载体,故称之为器官供体。有学者将供体定义为提供基因 DNA 片段、器官、组织或其他细胞等,更有学者将供体进一步细化,将其仅限定为器官[②]。这些看法有失偏颇,因为除人造器官外,其他人体器官是无法独立于人体之外自然或加工生成的,一定要依附于人的身体才能生长并存活,因此器官供体应是承人体器官的各种生物体,即人的活体或死体,人体器官移植也因此分为死体与活体移植两种。

供体之一的活体仅限于自然人,即活体之人,"是基于人的自然生理规律而出生和存在的具有自然生命形式的民事主体"[③]。活体上的人体器官承载着一定的生命功能,对其不当摘取有可能会影响供体健康,甚至危及生命安全,因此对其技术应用要求较高,也应确定更加严格的法律、伦理与技术规范。我国《民法典》规定"自然人享有生命权、身体权和健康权,任何组织或者个人不得侵害""完全民事行为能力人有权依法自主决定无偿捐献其人体细胞、人体组织、人体器官,任何组织或者个人不得强迫、欺骗、利诱其捐献"。《人体器官移植条例》和《关于规范活体器官移植的若干规定》明确"活体器官捐献应当遵循自愿、无偿的原则""捐献人体器官的公民应当年满 18 周岁且具有完全民事行为能力""任何组织或者个人不得强迫、欺骗或者利诱他人捐献人体器官"。

人体器官的另一重要供体是死体,即尸体。"由于尸体与死亡公民的人格利益和近亲属的人格利益以及社会道德因素紧密相关,对尸体的利用必须严格依照法律规定进行";不得"非法侵害尸体,非法利用尸体"[④]。因此,对尸体进行器官摘取,也要有相应法律、伦理与技术规范。我国《民法典》规定"完全民事行为能力人有权依法自主决定无偿捐献其遗体""死者的遗体受到侵害的,其配偶、子女、父母有权依法请求行为人承担民事责任""禁止以任何形式买卖遗体"。《人体器官移植条例》规定"公民生前表示不同意捐献其人体器官的,任何组织或者个人不得捐献、摘取该公民的人体器官""该公民死亡后,其配偶、成年子女、父母可以以书面形式共同表示同意捐献该公民人体器官的意愿""从事人体器官移植的医疗机构及其医务人员应当尊重死者的尊严""对摘取器官完毕的尸体,应当进

---

① 蔡昱:《器官移植立法研究》,法律出版社 2013 年版,第 14 页。

② 李娜玲:《关于人体器官法律性质的分析》,载《河北法学》2010 年第 2 期。

③ 刘凯湘:《民法学》,中国法制出版社 2004 年版,第 71 页。

④ 杨立新:《人身权法论》,人民法院出版社 2002 年版,第 420、421 页。

行符合伦理原则的医学处理,除用于移植的器官以外,应当恢复尸体原貌"。

人体器官移植受体,是指通过手术等方法接收体外器官植入,替代体内已经损伤、病态或衰竭器官的病人。一般来讲,只要是病情需要,并有可以相匹配可移植器官的病人,都可成为器官移植受体,但出于社会伦理与器官短缺的社会现实考量,对于受体也要有一定法律、伦理与技术应用规范。我国《人体器官移植条例》和《关于规范活体器官移植的若干规定》规定"任何组织或者个人不得强迫、欺骗或者利诱他人捐献人体器官""活体器官的接受人限于活体器官捐献人的配偶、直系血亲或者三代以内旁系血亲,或者有证据证明与活体器官捐献人存在因帮扶等形成亲情关系的人员","人体器官移植技术临床应用与伦理委员会收到摘取人体器官审查申请后,应审查人体器官的配型和接受人的适应症是否符合伦理原则和人体器官移植技术管理规范,接受人是否存在因活体器官移植传播疾病风险,并出具同意或者不同意的书面意见",受体及家属应向人体器官移植医疗机构缴纳"摘取和植入人体器官手术费、药费、检验费和医用耗材费,以及保存和运送人体器官费用等"。当然,接受器官移植供体的合法权益应受到应有保护,如手术中受到不应有的损害,致使其人身或财产利益受损,相关医疗机构及医务人员应承担相应的法律责任。

相关理论与制度解读

一、人体器官法律属性

生理学上意义上的人体器官,是指由不同类型的人体组织构成的,能够发挥特定生理机能的集合体。法律上可用于移植手术应用的人体器官,是指具有特定功能的心脏、肺脏、肝脏、肾脏、胰腺、小肠等器官的全部或者部分,不包括人体细胞和角膜、骨髓等人体组织,此外还包括人造器官。用于移植手术应用的人体器官不管来自死体或活体,还是人造器官,确定其法律性质是直接关涉如何对移植手术进行法律、伦理规制的前提。目前,人体器官移植主要分为活体和死体移植两种,用于移植的器官也相应分为活体器官与死体器官,这两种器官的法律属性有所不同,同样的器官与人体分离前后的法律性质亦有所不同。

(一)活体器官与死体器官

活体器官来源于具有生命的人的身体,是存在于自然人身体之内并尚未与人体分开的器官。人体器官的作用在于维持自然人身体的完整性,它承担着维持主体人格尊严的使命,作为人格利益的载体而存在。"民法学上之所谓物,须除去人类之身体。"[①]"法律学意义上的身体,专指自然人的身体,是指自然人的生理组织的整体,即躯体""身体由头颅、肢体、器官、其他组织以及附属部分组成,是一个完整的整体"[②]。因此,活体器官因其未与人身分离,仍是自然人身体的组成部分,不能将其视为法律上的物,也不能以物权加之

---

① 郑玉波:《中国民法总论》,中国政法大学出版社1997年版,第154页。

② 王利明、姚辉:《人格权法》,法律出版社1997年版,第73页。

以保护,应当作为人身体的整体部分受到身体权和健康权等人格权保护。基于此种理解和认识,我国《人体器官移植条例》规定,"未经本人同意摘取其器官,或者摘取不满十八周岁的人的器官,或者强迫、欺骗他人捐献器官的,依照本法第二百三十四条(故意伤害罪)、第二百三十二条(故意杀人罪)的规定定罪处罚"。

死体器官来源于人死亡后的尸体,是在人死后,将尸体上某些器官移植给他人使用。"尸体作为丧失生命的人体物质形态,其本质在民法上表现为身体权在权利主体死亡后的延续利益,简称为身体的延续利益""由于尸体与死亡公民的人格利益和近亲属的人格利益以及社会道德因素紧密相关,对尸体的利用必须严格依照法律规定进行"①。因此,将尸体作为供体进行器官移植,要充分保护死者的相关人格权利,要尊重死者生前愿望和死后其亲属意见,依照法律规定进行,不得损害死者及其亲属的人格利益。我国《民法典》规定,"完全民事行为能力人有权依法自主决定无偿捐献其遗体""死者的遗体受到侵害的,其配偶、子女、父母有权依法请求行为人承担民事责任""禁止以任何形式买卖遗体"。《刑法》规定,"违背本人生前意愿摘取其尸体器官,或者本人生前未表示同意,违反国家规定,违背其近亲属意愿摘取其尸体器官的,依照本法第三百零二条(盗窃、侮辱、故意毁坏尸体、尸骨、骨灰罪)的规定定罪处罚"。《人体器官移植条例》规定"从事人体器官移植的医疗机构及其医务人员应当尊重死者的尊严""对摘取器官完毕的尸体,应当进行符合伦理原则的医学处理,除用于移植的器官以外,应当恢复尸体原貌"。

(二)已分离人身之外的器官

未与活体或死体分离的人体器官,其分属于人的身体或尸体组成部分;当供体器官分离出来移植入受体体内后,其当然也转化为受体身体的组成部分。因此,无论哪种情形将其纳入人的身体或尸体整体进行保护应无异议。但经手术摘取、与人体分离且尚未植入受体身体的器官,其并不属于人体或尸体的组成部分,其性质如何? 又该如何保护呢?

"人身的一部分,由身体分离时,已非人身,成为外界之物,当然为法律上之物,而得为权利之标的。让与尚未分离之身体一部分之契约,如约于分离时交付之,则契约有效。若约为得请求强制其部分之分离,则反于善良之风俗,应为无效。"②"脱离人体的人体组织或器官既然是物,又具有生命力和活性,因此是特殊的物的形态,是有生命的物""对它的保护力度不同于一般物,其移转时有特殊规则的要求,这样才能既满足医学上抢救病患的急需,又能够符合社会伦理、道德要求,维护社会文明秩序"③。基于此种理解与认识,《人体器官移植条例》等确立了"坚持人体器官捐献自愿、无偿原则,严令禁止任何组织或个人进行任何形式人体器官买卖""医疗机构、医务人员严格准入、退出机制,构建登记、审核、备案、培训和法律、伦理责任制度""医疗机构除向受体及家属收取必要费用外,不得收取或者变相收取其他费用""医疗机构技术临床应用与伦理委员会术前要对手术风险进行充分评估,并采取措施降低风险"等具体技术与伦理规范。

---

① 杨立新:《人身权法论》,人民法院出版社2002年版,第417、420页。
② 史尚宽:《民法总论》(第3版),正大印书馆1980年版,第223页。
③ 杨立新、曹艳春:《脱离人体的器官或组织的法律属性及其支配规则》,载《中国法学》2006年第1期。

(三)人造器官

人造器官,是指利用生物医学材料,通过生产加工形成的具有天然器官组织功能、能植入人体的仿生器官,可分为机械性人造器官、半机械性半生物性人造器官和生物性人造器官三类。机械性人造器官完全利用自然材料制造,其中不包含任何人体组织,应属于法律上一般之物,依照民法物权保护规则进行一般保护即可。半机械性半生物性与生物性人造器官的制造依赖于人体组织或细胞,其中含有一定的人体基因信息,因此其应属于法律上的"特殊之物",应当参照民法物权保护一般规则,对其进行特殊保护。我国《民法典》规定"自然人的个人信息受法律保护,个人信息包括自然人的生物识别信息""从事与人体基因、人体胚胎等有关的医学和科研活动,应当遵守法律、行政法规和国家有关规定,不得危害人体健康,不得违背伦理道德,不得损害公共利益"。《个人信息保护法》规定"敏感个人信息包括生物识别信息,只有在具有特定的目的和充分的必要性,并采取严格保护措施的情形下,个人信息处理者方可处理敏感个人信息"。

二、人体器官移植供体权利保障

众所周知,全世界的人体器官移植技术发展都面临器官来源短缺的瓶颈问题。目前,手术所需器官主要来源于遗体或活体,为防范技术应用社会伦理风险,世界各国对器官获取均坚持了自愿、无偿捐献原则。人们是否愿意将自己生前或死后器官捐献出去? 良好的社会激励、保障制度固然重要,但更取决于供体对其捐献行为的自我价值判断。供体对自身器官捐献行为的自我价值判断基础,很大程度上取决于捐献行为对其自身权利的实现程度。当供体器官捐献能够为其带来更多物质补偿或精神满足时,供体对其器官捐献行为的价值判断就产生了正效应,就乐于捐献。因此,构建器官供体权利保护体系,提高人们的器官捐献意愿与积极性,对扩大器官来源至关重要,亦是缓解、解决人体器官来源短缺的治本之策。

"人之为人,不仅在于享有自然人的一部分权利资格,而且在于享有自然人的全部权利资格。"[①]人体器官移植供体之权利具体可包括宪法性权利如知情权;人格权利如生命健康权、隐私权、身体权和人格尊严等;经济权利如损害补偿请求权、医疗保障权和社会优抚权等。器官供体的知情权和生命健康权、隐私权、身体权及人格尊严等人格利益保障问题,前文已经有过一些论述,此处不再赘述,这里主要强调供体损害补偿请求、医疗保障和社会优抚等经济利益保障问题。

(一)损害补偿请求权

供体因捐献器官会给其带来误工损失及交通、食宿、营养等费用支出和精神压力,还有可能产生术后不良反应,导致其身体残疾,甚至死亡,这是影响公众活体器官捐献积极意愿的重要因素,若器官供体的这些损害无法得到补偿,即会伤及供体的器官捐献积极性。"补偿主要体现社会对捐献者行为的认可和鼓励,是一种激励制度,它与追求利润的

---

① 刘国涛:《人的民法地位》,中国法制出版社 2005 年版,第 33 页。

器官买卖是截然不同的。"①故主张器官移植供体应享有损害补偿请求权,并不等于支持器官买卖,只是对现有无偿原则的修正。供体捐献人体器官尤其承诺死后向非亲属人员捐献器官应是值得鼓励之行为,全社会应形成鼓励、支持的良好氛围。

事实上,有些国家和地区已经确立了器官供体的此种权利,如2002年欧盟各国签署的《人权和生物医学公约有关人体器官和组织移植的附加议定书》中规定"不得因人体及其组织而获取任何经济利益或同类利益,但非经济利益的支付不受该条的限制,尤其是支付给活体器官供体因器官摘取或相关医学检查而产生的收入损失和其他合理费用的补偿;支付与移植有关的合理的医疗或技术服务的费用;赔偿活体器官供体在器官或组织摘取过程中因不当行为造成的损害"。我国香港地区的《器官移植条例》规定"不得以金钱或有价事物付款,但不包括付款以支付或偿还切除、运送或保存所获提供器官的费用;或任何人因提供其身体器官而招致的任何开支或收入方面的损失"。我国澳门地区同样也规定了供体有获得医疗保障和损害赔偿的权利等。明确器官供体损害补偿请求权对减轻供体负担,鼓励其捐献器官积极性具有重大作用,也体现了社会与法律的公平正义。

(二)医疗保障权

器官供体在移植手术中有可能产生的医疗费用包括手术准备阶段的检查费用、手术实施阶段的手术费用和手术后身体健康恢复及预防术后不良反应的必要医疗费用等。这些费用尤其是术后身体健康恢复及预防术后不良反应的必要医疗费用支出一定要有所保障,这对消除供体捐赠器官顾虑,减少其后顾之忧,鼓励社会器官捐献,扩大器官来源意义重大。这些费用承担者应该是器官受体,但由于器官移植手术费用高昂,一般情况下很多受体都无法承担,应建立社会援助机制,在受体无力或无法独立承担这些费用的情况下,可启动社会援助保障机制。

(三)社会优抚权

社会优抚权对于器官移植供体来讲,既是一种现实激励手段,又是一种预期激励手段,此种权利确立与保护对器官捐献增长具有积极意义。"一个社会、一个时代之所以能够维系一定的社会伦理秩序,就在于这种伦理关系的基本稳定,就在于这种伦理关系所滋生出来的社会认知与情感内容的某种公度性。"②为鼓励社会公众人体器官捐献的积极性,缓解人体器官短缺之现实,将人体器官捐献供体(尤其是非亲属间器官移植供体)纳入社会优抚对象是可行的。

此项权利的权利主体应包括人体器官移植供体及其亲属,亲属范围包括器官供体之配偶、父母、子女和与之形成并具有抚养、扶养、赡养关系的其他近亲属。权利内容可参照军人及家属的优抚待遇设置,具体包括社会荣誉获得权、就业、入学、学费减免、贫困救济、信贷、分配住房、税费减免等方面的优先权、医疗费用报销或减免,伤残生活福利,死亡或伤残后获得抚恤金等社会优待待遇等。具体权利内容设计要区分活体器官移植与死体器

---

① 赵金萍、陈晓阳、曹永福、杨同卫:《论人体肾脏捐献中的合理补偿原则》,载《医学与哲学》2006年第2期。

② 高兆明:《论人类基因组工程技术应用的道德风险》,载《东南大学学报(社会科学版)》2001年第1期。

官移植的不同情形，对于活体器官捐献，由于有血缘亲情维护，器官供体社会优抚权内容可适当减少；对于将器官提供给非亲属受体的死体器官捐献，此种行为应得到社会表彰、奖励，故在供体社会优抚权内容可适当增加，以真正起到预期的激励作用。

三、人造器官的发展与应用

人造器官，是指利用生物医学材料，通过生产加工形成的具有天然器官组织功能、能植入人体的仿生器官。为解决人体器官短缺这一世界性难题，人造器官一经提出，就逐渐受到重视并快速发展，现代高分子物质化学和材料工程、电子及自动控制技术、3D 打印等技术的发展和进步，也为人造器官的开发制造提供了坚实的物质基础。目前，人造器官主要分为三种，即机械性人造器官、半机械性半生物性人造器官和生物性人造器官。机械性人造器官是完全用没有生物活性的高分子材料仿造一个器官，并借助电池作为器官动力，如利用纳米技术研制出人造皮肤和人造血管等。半机械性半生物性人造器官是将电子技术与生物技术结合起来，如将人体活组织、人造组织、芯片和微型马达组合在一起的人造肝脏。生物性人造器官则是利用动物或人体身上的细胞或组织，制造出一些具有生物活性的器官或组织。生物性人造器官又分为异体人造器官（如在猪、鼠、狗等身上培育人体器官）和自体人造器官（利用患者自身细胞或组织来培育人体器官）。

科技发展推动了人造器官的制造与医疗临床的应用，从人造子宫、胃、肾、肺、心脏、骨骼、皮肤、视网膜、血、血管到肌肉，人造器官种类日益丰富、工艺日益复杂精细、材料日益高级、科技含量日益提高。目前，几乎所有人体器官都基本能够制造成功并应用到人体。"我国组织工程人造器官的研究水平已基本与世界发达国家同步，某些方面已处于世界领先地位，尤其在皮肤、骨和软骨、血管、神经和角膜的研制方面已经取得了很大进展。"[①]相关机构先后制定通过了组织工程医疗产品分类和术语标准、组织工程皮肤分类标准、组织工程医疗产品胶原特性和实验指南、组织工程医疗产品的细胞及组织和器官处理指南等标准，为人造器官的临床应用，为广大器官移植患者带来福音。

虽然人造器官与人体器官相比较具有诸多优势，但如何破解人体对人造器官的排斥反应，是目前影响其应用推广的关键所在。用人造器官取代人体器官，是人体器官移植技术的发展方向，相信随着技术创新的不断深入发展，人造器官将会更简单、更实用、费用更低，会更可靠地满足患者需求，成为人体器官的优质替代来源，从而彻底缓解捐献器官短缺问题。

四、人体器官移植技术伦理

伦理一般被理解为处理人与人、人与社会，以及人与自然各种关系的原则和规范。伦理不仅包含着对人与人、人与社会和人与自然之间关系处理中的行为规范，也深刻地蕴含着依照一定原则，来规范行为的深刻道理，包括人的情感、意志、人生观和价值观等方面。"医学是人道的事业，人道主义精神始终是医学灵魂和最基本道德思想，因此善是医学的

---

① 韩富明、苏玉军：《人造器官有了"国标"》，载《大众卫生报》2004 年 9 月 22 日。

内在特征。"①"善显然有双重含义,一是事物自身就是善,二是事物作为达到自身善的手段而是善。"②人体器官移植技术本身就符合医学"善"的本质要求,该技术一方面让病人从疾病中摆脱出来,让人拥有健康身体;另一方面通过治疗病人,推动社会与人类向前发展。人体器官移植技术自问世以来,挽救了大量生命,使众多濒死病人恢复健康,但因其自身的技术特点与应用风险,使该技术在取得丰硕成果和重大进步的同时,也产生了巨大伦理风险。人体器官移植手术面临的伦理风险与困境主要包括器官短缺、器官买卖甚至盗割,器官短缺诱发杀人、伤害、绑架等刑事案件,器官分配不公,供体权利保障不足,供体与受体间经受亲情或其他情感考验,医务人员对供体、受体健康和生命评判、衡量与取舍等等。如何防范、化解这些伦理风险,是摆在人体器官移植手术应用与推广面前的一道无法回避的必答题。

为解决上述问题,世界各国都建立了相应的技术应用伦理原则与规范。我国对人体器官移植手术的应用一直保持严格、审慎态度,并构建了较完备的人体器官移植技术应用法律、伦理与技术规范。相关规范坚持了国际通行的人体器官捐献原则,严令禁止任何组织或个人进行任何形式的人体器官买卖;为维护器官分配公平,确立了器官捐献和移植手术患者排序公平、公正和公开原则;构建国家人体器官捐献预约、自愿登记、协调员和器官转运绿色通道等制度;制定了人体器官、遗体捐献管理办法。强化供体权利保障,坚持人体器官捐献自愿、无偿原则,规定不得摘取未满18周岁公民的活体器官用于移植;维护亲属间器官移植优先权,规定活体器官接受人仅限于活体器官捐献人配偶、直系血亲或者三代以内的旁系血亲,或者有证据证明与活体器官捐献人存在因帮扶等形成亲情关系的人员。建立了医疗机构和医务人员严格准入、退出机制,构建了登记、审核、备案、培训和法律、伦理责任制度,确保技术应用的安全无害性;制定了医疗机构及医务人员伦理原则和技术应用规程,强调术前要对手术风险进行充分评估,并采取措施降低风险;要求人体器官移植医疗机构要设置技术临床应用与伦理委员会,对每一例手术都要进行严格技术应用与伦理风险审查;为避免器官移植商业化,规定医疗机构除向受体及家属收取必要费用外,不得收取或者变相收取其他费用。为维护人格尊严,建立了对器官捐献人、接受人和患者个人资料保密制度。这些规定对规范人体器官移植技术的应用与推广,防范、化解技术应用伦理风险,保证医疗质量,保障人体健康,维护公民合法权益,起到了积极作用。

案例启示

一、应全方位、多角度地防范人体器官移植技术应用伦理风险

"器官移植的历史,一方面是科学技术的成就史,另一方面也是一部道德焦虑和冷峻

---

① 李雪霜:《人体器官移植的伦理思考》,武汉理工大学 2010 年硕士学位论文,第 14 页。

② 亚里士多德:《尼各马可伦理学》,中国社会科学出版社 1990 年版,第 8 页。

的道德思考史。"①如前所述，人体器官移植技术自问世以来，其本身的技术应用特点蕴含着巨大的伦理风险，较好地防范、化解这些伦理风险对于该技术的进一步的应用与发展至关重要。人体器官移植技术伦理风险源于器官供体和受体、社会其他成员以及社会整体不同的利益诉求，产生于技术应用的各个环节，因此需要社会各主体全方位、多角度，采取多种措施予以防范、化解。国家应建立器官移植技术相关法律、伦理与技术规范，对该技术应用进行有效规则的问题，前文已经论述，不再赘述。这里主要论述供体、受体以及医疗机构与医务人员伦理风险防范问题。

人体器官移植供体包括自然人活体与遗体，无论活体与遗体都是自然人的权利载体，因此供体对其身体或遗体相关权利的主张与维护，是防范、化解器官移植伦理风险的首道防线。首先，供体应对自己器官移植的相关权利及保障做到知晓，并积极主张维护。供体对自身权利主张与维护，不仅是对自身权益的保障，也是对受体与社会负责，对技术应用负责，可从源头上防控伦理风险的发生。其次，供体应洁身自爱、遵纪守法，不参与器官买卖或变相买卖。器官买卖固然存在威逼、欺骗、强制、盗割等行为，但实践之中的确存在一些人自愿出卖器官的现象，助长了器官买卖市场的"繁荣"。供体出卖自身器官一般是在不具备医疗资质的非正规机构，医疗条件与医务人员均不符合规范要求的情况下进行的器官摘除手术，身体极易受损甚至危及生命；手术流程不规范，有可能也会对器官受体产生危害；没有经过伦理审查，产生伦理风险的概率会更大。有的时候，出卖器官手术是由具有资质医务人员参与的，本案即是如此，这也为不良医务人参与违法犯罪行为提供了机会。因此，供体不参与人体器官买卖既是对自己的健康生命等利益的维护，也是维护器官移植术规范发展之必需。

人体器官移植受体应做到以下几点：一是不得通过器官买卖获得移植机会。人生来都是平等的，要尊重他人（供体）权利，不得用钱以牺牲他人健康之手段，换取自身生命或健康。没需求就没有供给，受体减少器官移植非法需求，就等于减少了器官非法买卖行为。二是不得强迫、欺骗或者利诱他人（尤其是亲属）捐献人体器官。世界各国之所以在活体器官捐献中坚持"亲情维护"原则，就是想基于供体与受体间的亲情关系，以增加器官捐献概率。因此，受体虽经受病痛折磨渴望移植器官，亦不得以亲情胁迫，对亲属进行道德绑架，让可能性供体承受社会舆论压力或道德审判，如此将背离器官移植技术应用的初衷。三是要主动积极地对供体因捐献器官受到的损害和可能会产生的伤害或损失承担责任。供体捐献器官是无偿服务社会、助人好善的行为，应当得到社会的肯定、鼓励或嘉奖。当其因器官捐献遭受不应有的损害时，应当得到一定回报或补偿，不能让其"流血又流泪"，否则社会正义将会蒙羞，也会减损公众器官捐献的积极性。当然，对器官供体进行补偿应是全社会整体利益考量的结果，非受体一人之职责，但受体应当保有此种情怀，也应义无反顾地承担起此份社会责任。

"科学虽然伟大，但它只能回答'世界是什么'的问题，'应当如何'的价值目标却在它的视野和职能的范围之外。"②因此，医疗机构与医务人员作为人体器官移植技术应用的

① 孙慕义：《新生命伦理学》，东南大学出版社 2003 年版，第 149 页。
② 爱因斯坦：《爱因斯坦文集》（中文版）（第 3 卷），许良英译，商务印书馆 1979 年版，第 182 页。

推广者,对其进行严格的医学伦理规范,可最大限度地有效化解技术应用伦理风险。医疗机构应遵守伦理原则和人体器官移植技术管理规范,依法规范开展人体器官捐献与移植工作;未经人体器官移植技术临床应用与伦理委员会同意,医疗机构不得作出摘取人体器官的决定,医务人员不得摘取人体器官;应建立完善人体器官移植技术临床应用管理制度、质量控制制度、数据报送管理制度,能够贯彻落实各项规章制度、人员岗位职责、医疗护理技术操作规程和相关技术规范;应具有人体器官移植技术工作相适应的场地和设备设施。医务人员应严格依法执业,不得参与器官买卖等非法行为;要履行伦理审查程序,遵守知情同意、隐私保护等伦理学要求;应对人体器官捐献人进行医学检查,对接受人因人体器官移植感染疾病的风险进行评估,并采取措施,降低风险;应尊重死者的尊严,对摘取器官完毕的尸体,应当进行符合伦理原则的医学处理;应对人体器官捐献人、接受人和申请人体器官移植手术的患者的个人资料保密。人体器官移植医师应定期接受器官移植技术临床应用能力评价,包括中国人体器官分配与共享计算机系统规范使用情况、手术适应证、手术成功率、严重并发症、医疗事故发生情况、术后患者管理、患者术后生存质量、随访情况、病历质量和数据报送质量等;应依规定期参加培训基地培训。医疗机构与医务人员是人体器官移植技术应用推广的法定专业机构与人员,他们对技术应用价值与伦理要求的认识与理解会高于一般社会公众。因此,相关医疗机构与医务人员应对人体器官移植技术应用伦理风险防范承担更大责任,也会取得更大的积极效果。

二、应严厉打击器官移植相关违法犯罪行为

如前所述,因器官短缺而诱发的器官买卖或盗割、绑架、杀人、伤害等违法犯罪行为,是制约人体器官移植技术应用的毒瘤,也是引发技术应用伦理风险的最大隐患。非法获取人体器官违法犯罪行为一般表现为买卖人体器官、强制摘取人体器官、摘取未成年人活体器官、非法使用尸体器官等。这些行为不仅严重违背社会伦理道德,还具有较强的科技性,会引发其他犯罪,并具有国际化发展倾向。为打击此类犯罪,我国 2011 年通过《刑法修正案(八)》,确定了组织出卖人体器官罪新罪名以及可能涉及的故意伤害罪、故意杀人罪和盗窃、侮辱、故意毁坏尸体、尸骨、骨灰罪以及医疗事故罪等罪名。这些罪名轻则要处以三年以下有期徒刑、拘役或者管制,且可并处罚金或者没收财产;重则可处以死刑。

应该说,《刑法修正案(八)》出台后,对打击人体器官买卖及由此诱发的其他违法犯罪行为起到了积极作用,但实践中此类案件却仍频频发生,居高不下。本案即发生于《刑法修正案(八)》出台后的 2012 年年底至 2013 年 8 月间,并成为湖北省首例组织出卖人体器官罪的宣判案件。因此,对此类犯罪行为加大打击力度势在必行。为增大打击力度,可为组织出卖人体器官罪等罪名增设单位犯罪主体,具体包括参与实施其器官犯罪的医疗或其他机构;可增加走私人体器官罪,以打击日益活跃的国际器官走私行为;可增加为人体器官移植犯罪提供服务罪,打击为人体器官犯罪提供帮助、储存、运输或提供中介、宣传服务等辅助犯罪行为。此外,对医疗机构和医务人员故意违反风险告知义务且造成严重后果的违法行为,也应课以刑罚,约束人体器官移植技术规范应用[①]。对因器官短缺而诱发

---

① 杨剑:《论人体器官移植犯罪的刑法规制》,宁波大学 2019 年硕士学位论文,第 20～26 页。

的器官买卖或盗割、绑架、杀人、伤害等违法犯罪行为进行严厉打击，增强打击力度和刑罚威慑力，可以最大地限度减少器官移植技术的应用伦理风险。

三、构建社会激励机制，鼓励公众积极捐献人体器官

如前所述，当前限制、制约人体器官移植手术广泛应用发展的瓶颈是器官短缺，而捐赠又是移植器官的主要来源，因此如何提高公众器官捐献的积极性是解决当前移植技术应用之关键所在。公众器官捐献积极性的提高有赖于社会引导，应构建一定的社会激励机制，助推公众的捐献热情。人体器官移植关涉的社会关系极其复杂，决定公众人体器官捐献意愿的因素同样也复杂多样，需针对不同情形，采取了不同措施对策，扎实推动公众积极捐献器官。对于活体器官捐献者，根据其器官捐献对身体健康影响情况，基于健康恢复、营养补助、劳动能力减损等方面考虑，可给予一定经济补偿；对于公务人员，应采取措施鼓励其去世后自觉捐献人体器官，在社会中起到模范引领作用；对于从事高危行业人（如警察、驾驶员、高空、井下作业人员等），在其与器官捐献登记机构签订死后器官捐献协议后，可以在其生前给予特殊生活津贴、更高的医疗待遇、减免一些税费等优惠；对于生活困难人群，在其与器官捐献登记机构签订死后器官捐献协议后，可以给予更高的最低生活补助和医疗保障；对于违法犯罪分子，在其与器官捐献登记机构签订死后器官捐献协议后，可视为具有"立功表现"，在量刑或处罚时给予一定从轻或减轻考虑；对于死刑犯，在其与器官捐献登记机构签订器官捐献协议后，可以承诺在其死刑执行后给予一定经济补偿用于其死后家属生活，或用于被害人民事赔偿等。另外，全社会应形成倡导器官捐赠的积极引导氛围，充分鼓励积极捐献者，为器官捐献创造良好的社会环境。

实践中，人们器官捐献意愿不高有传统思想与固有观念禁锢原因，如《孝经》中就有"身体发肤，受之父母，不敢毁伤，孝之始也'"[①]的说法，因此要提高公众器官移植意愿，首先应促使公众改变传统观念与认识，积极主动加入器官捐赠行列。"器官捐赠与移植是人类施福于自身的举动，在人类生活中，每个人看似孤岛，其实血脉相连，只有互相救助，才能实现人类全体的幸福。"[②]人类社会是每一个社会成员间相互关系结成的网格系统，彼此相互依存，每个人都不会独自生长，当你在享受"岁月静好"的时候，有人在为你"负重前行"，同样你也有义务为他人"负重前行"。因此，每个人都应为社会和他人着想，加入器官捐献行列，使很多生命得到挽救；同样当自己需要器官移植时，也会得到他人捐献的器官，实现"岁月静好"与"负重前行"间社会价值的美好转换，如此才能共同构建美好社会。其实，除特殊情形外，捐献人体器官一般不会给个人增加太大负担，带来巨大风险。有些活体移植手术所需器官对供体健康等并无伤害，如摘取皮肤等，只需在身体隐秘之处摘取一定器官即可；有些活体移植手术只需摘取供体器官一部分如小肠等，对人体健康几乎没有什么影响，也不会产生不良术后反应，此种器官捐献对供体来讲应该不应有太大顾虑。对于遗体捐赠来讲更是如此，公众只需转变观念，认识生命之真正意义，树立自愿捐献器官

---

①　杨立新、曹艳春：《脱离人体的器官或组织的法律属性及其支配规则》，载《中国法学》2006 年第1 期。

②　林光祺、盛瑞：《我国人体器官捐献供体稀缺的现实思考》，载《医学与哲学》2004 年第 12 期。

的高尚道德行为观念,自愿捐助遗体,使自己有限的生命实现真正的生命价值岂不是更好?

四、推进科技发展,提高人造器官的应用率

如前所述,科技发展推动了人造器官制造与医疗临床应用,用人造器官取代人体器官,是人体器官移植技术发展的方向,也可彻底缓解捐献器官短缺现象。虽然人造器官与人体器官相比较具有诸多优势,但如何破解人体对人造器官的排斥反应,并使人造器官更简单、更实用、更可靠、费用更低,需要进一步推进科技创新发展。

干细胞研究是继人类基因组大规模测序之后最具活力、最有影响和最有应用前景的生命科学领域。尽管目前关于干细胞向具有功能性器官的分化研究还处于雏形状态,但充满希望且进展迅速,比如在体外从多能干细胞分化成具有简单功能的肠、肝、软骨、血管和皮肤等研究,就已经取得一定成果。组织工程是以干细胞技术为基础发展起来的,它有望解决临床上急需的人工器官问题。目前,利用干细胞培育人体器官技术还存在分化效率低、安全性不够等许多关键技术难题,需要科学家与技术人员共同努力,进一步推动研究,以解决器官紧缺的世界难题[1]。3D 打印技术具有可个性化定制、精度高等特点,在构建复杂微观结构方面具有显著优势,近些年在人造器官制造领域得到了广泛应用。目前,3D 打印技术较多地应用于人体硬组织打印,如组织模型、植入式医疗器械等,并且具有良好的临床应用效果表现,但对人体软组织进行 3D 打印还处于研究初期,许多技术难关有待攻克。在再生医学领域,3D 生物打印具有独特优势,尤其人体干细胞最适合 3D 生物打印,但与打印人体硬组织相比,软组织 3D 打印需要更加复杂的 3D 生物打印技术[2]。因此,未来需要对 3D 打印人体器官技术进一步加大研发力度,以促进人造器官技术的应用发展。

思考题

1.人体器官移植技术存在哪些伦理风险?

2.如何构建全方位、多角度的器官移植技术伦理风险防范机制?

3.如何加大打击器官移植违法犯罪行为力度?

4.如何构建社会激励机制,鼓励公众捐献人体器官?

5.如何提高人造器官的应用率?

---

[1] 赵广立:《干细胞技术的人造器官"梦"》,载《中国科学报》2013 年 10 月 11 日第 010 版。

[2] 连小奇、程茂波:《3D 生物打印让我们离人造器官越来越近》,载《中国医药报》2020 年 7 月 28 日第 004 版。

参考文献

1. 蔡昱:《器官移植立法研究》,法律出版社 2013 年版。

2. 李雪霜:《人体器官移植的伦理思考》,武汉理工大学 2010 年硕士学位论文。

3. 杨剑:《论人体器官移植犯罪的刑法规制》,宁波大学 2019 年硕士学位论文。

4. 孙慕义:《新生命伦理学》,东南大学出版社 2003 年版。

5. 舒孝文:《人体器官移植管理对策研究》,湖南师范大学 2014 年硕士学位论文。

6. 林露:《我国人体活体器官移植立法》,海南大学 2015 年硕士学位论文。

7. [美]安德鲁·金柏利:《克隆——人的设计与销售》,新闻编译中心译,内蒙古文化出版社 1997 年版。

案例二十 # 核电站泄漏——核能的机遇与挑战

提　　要	核技术的应用一方面为人类解决能源危机带来无限希望,另一方面又使人类不得不长期生活在核泄漏、核废物随意排放和处置的威胁中。由此,核技术开发利用既可以造福人类推动社会经济发展,也可能给人类造成巨大灾难。因此,在核能技术应用中,应该注重生态风险、人体健康风险、社会风险,加强对核技术应用的审查评估,保持核技术应用和核废物处理的公开透明,加强生态保护,避免核泄漏风险。
基本概念	核电站　核能　核技术　核伦理

案情简介

日本福岛核电站建成后曾多次发生事故。1978 年,第一核电站发生临界事故,但一直被隐瞒至 2007 年才公之于众;2005 年,地震导致两座核电站中存储核废料的池子中部分池水外溢;2006 年,第一核电站 6 号机组曾发生放射性物质泄漏事故;2008 年,核电站核反应堆 5 加仑少量放射性冷却水泄漏。此外,2007 年,东京电力公司承认,从 1977 年起在对下属 3 家核电站总计 199 次定期检查中,曾篡改数据,隐瞒安全隐患。其中福岛第一核电站 1 号机组反应堆主蒸汽管流量计测得的数据曾在 1979 年至 1998 年间先后 28 次被篡改。

2011 年 3 月 11 日,日本东北太平洋地区发生里氏 9.0 级地震,引起海啸发生,导致福岛第一核电站、福岛第二核电站遭受严重损坏,其中第一核电厂的放射性物质泄漏,含有核物质的沸水流入大海,酿成严重核泄漏事故。2011 年 4 月 12 日,日本原子力安全保安院将福岛核事故等级定为核事故最高分级 7 级(特大事故),与苏联切尔诺贝利核事故同级。

事故发生后,日本政府宣布,在东京与其他 5 个县府境内的 18 所净水厂侦测到碘—131 超过婴孩安全限度;在 320 公里范围内,包括菠菜、茶叶、牛奶、鱼虾、牛肉在内,很多食物都侦测到放射性污染。根据法国放射线防护与原子力安全研究所发表的报告,事故造成大量 27PBq 铯—137 释入大海,这是人类有史以来,观察到的最大量人造放射性物质释入大海，造成放射性物质大量弥散。

福岛县在核事故后以县内所有儿童约 38 万人为对象实施了甲状腺检查。截至 2018 年 2 月，已诊断 159 人患癌，34 人疑似患癌。其中被诊断为甲状腺癌并接受手术的 84 名福岛县内患者中，有 8 人癌症复发，再次接受了手术。截至 2018 年 3 月，福岛核泄漏事故造成 257 吨核燃料堆芯熔化、约 100 万吨污染水仍难以处理。原本物产丰饶、环境优美的福岛县变得令人生畏，至今依然有 370 平方公里（占全县面积 2.7％）的土地被划为"禁区"；全县总人口比灾难前减少了约 17.8 万人；污染土等废弃物总量超过 1500 万立方米，并且如何处理核污染废弃物依然没有眉目。2018 年 3 月，日本会计审计署公布的检查结果显示，东京电力公司因福岛核事故支付的赔偿总额已达 76821 亿日元（约合人民币 4619.95 亿元）。

2021 年 4 月 13 日，日本政府正式决定将福岛第一核电站上百万吨核污染水排入大海，多国对此表示质疑和反对。对这一关系本国民众、周边国家人民切身利益和国际公共健康安全的大事，日方不与周边国家和国际社会充分协商，一意孤行的做法极其不负责任。据报道，日本复兴厅 2021 年度预算中有关福岛核事故的公关经费大幅提升至 20 亿日元，是 2020 年的 4 倍。2021 年 7 月，福岛核电站再次发生核废弃物泄漏。[①]

案情分析与结论

一、日本福岛核电站事故频发存在核技术应用风险

核电技术是核应用技术的一个重要方面，为人类解决能源危机带来了希望，同时核技术的应用也给人类发展带来了严峻的挑战。毫无疑问，核技术开发利用的核能既可以为造福人类，缓解能源危机，改善人类生活、推动社会经济发展起到积极作用，但同时也应该看到核技术应用存在的风险。日本福岛核电站自建成后曾多次发生事故，从 1978 年，第一核电站发生临界事故，2005 年、2006 年、2008 年分别产生了不同程度的核电安全事故，直到 2011 年因 9.0 级地震，引起海啸发生，导致福岛第一核电站、福岛第二核电站遭受严重损坏，造成核事故最高分级 7 级特大事故。这期间日本福岛核电大小事故频发，可能存在多种因数，如设计缺陷、安全文化不足、监管体系漏洞等因数[②]，归根到底说明了核技术应用是存在风险的。因此，在实际的利用核能和核技术过程中要提高安全防范意识。

二、日本福岛核电站核泄漏对周边生态环境造成严重破坏

人类核技术开发利用事件活动对生态的影响非常巨大，生态环境是人类赖以生存的

---

① 案例来源：福岛核事故_百度百科，https：//baike.baidu.com/item/％E7％A6％8F％E5％B2％9B％E6％A0％B8％E4％BA％8B％E6％95％85/10709052，2022-02-02。

② 国家原子能机构：《福岛第一核电站事故的四个因素》，发布日期：2021-05-27，http：//www.caea.gov.cn/n6759300/n6759310/c6812067/content.html，2021-11-08。

基础。核电站泄漏事故导致严重的生态环境问题甚至影响到了人自身的生存。核辐射会对周边的水、土壤自然环境、生物包括人的成长发育造成重大伤害。例如案例中，福岛核泄漏导致其周边 5 个县府境内的 18 所净水厂侦测到碘－131 超过婴孩安全限度；在 320 公里范围内，包括菠菜、茶叶、牛奶、鱼虾、牛肉在内，很多食物都侦测到放射性污染，大量 27PBq 铯－137 释入大海，大量 27PBq 铯－137 释入大海，原本物产丰饶，环境优美的福岛县变得令人生畏，至今依然有 370 平方公里（占全县面积 2.7%）土地被划为"禁区"；污染土等废弃物总量超过 1500 万立方米。这种环境破坏和污染至今依然没有良好的解决办法，也就是周边生活的人们和生物将在相当长的一段时间内面临因核污染所造成的自然环境和资源被破坏的威胁。

三、核污染会对人类和生物生命健康造成巨大伤害

核泄漏、核污染对人生命健康会造成巨大伤害，严重威胁人的健康。"核技术应用不慎造成的核辐射可以穿透一定距离被人体的机体吸收，使人体受到外辐射伤害。若是放射性物质通过吸收、皮肤伤口及消化道吸收进入体内，就会引起人体的内辐射。"[①] 不论是内辐射还是外辐射，身体受到的辐射量超过人体能承受的极限值，就会导致严重的放射性疾病。显著的表现是，出现恶性的癌症和畸形病变。核泄漏造成的污染，会传导到有机体的下一代。有分子生物学家研究指出，放射性物质对地球上的任何有机物都会产生影响严重的可能会引起基因突变、生物变异，导致出现向白细胞增多症、骨癌等，对生物和人类的遗传发育造成重大影响。福岛县在核事故后以内所有儿童约 38 万人，截至 2018 年 2 月，已诊断 159 人患癌，34 人疑似患癌。一旦土地、水源、空气被核污染，那么这些被污染的地方将成为人类的禁区，正如案例中的福岛县，原本物产丰饶、环境优美的地方，显现如今成了令人生畏的地方，该县至今依然有 370 平方公里（占全县面积 2.7%）土地被划为"禁区"，全县总人口比灾难前减少了约 17.8 万人。这表明，自然环境和资源一旦受到核污染，其破坏有可能是永久性的不可逆的对人类和生物的生存与繁衍造成灾难性的、毁灭性的打击。

四、日本政府将核污染水排入大海是极其不负责任的表现

在处理核事故和核废料、核污染时应该遵循安全、科学、无害化原则。无害原则对象不仅仅是本国人民和生态环境，还要顾及周边环境和人们的生存。毕竟核污染对人的健康的负面影响是重大无比的。尤其是在致癌方面，福岛县在核事故后以县内所有儿童约 38 万人为对象实施了甲状腺检查。已诊断 159 人患癌，34 人疑似患癌。其中被诊断为甲状腺癌并接受手术的 84 名福岛县内患者中，有 8 人癌症复发，再次接受了手术。案例中，日本政府正将福岛第一核电站上百万吨核污染水排入大海，多国对此表示质疑和反对。对这一关系本国民众、周边国家人民切身利益和国际公共健康安全的大事，日方不与周边国家和国际社会充分协商，一意孤行的做法极其不负责任。海洋是人类公共的财产，日本

---

① 陈彬：《科技伦理问题研究——一种论域划界的多维审视》，中国社会科学出版社 2014 年版，第 122 页。

处置福岛核废水不仅仅是日本国内的问题，还应该秉持科学态度、履行国际义务，同利益攸关国家和国际原子能机构充分协商①。

相关概念索引

核工程伦理

核能是重原子核发生裂变或轻原子聚变时释放出来的巨大能量。1905 年爱因斯坦提出相对论，并以其质能方程式表明质量可以转化为能量，说明原子蕴藏了巨大的能量。物理学家通过一系列实验发现，当用中子轰击铀核使之产生裂变时，会有新的中子产生并轰击别的铀核，这种反应像链式一样持续进行，并释放出巨大的能量。至此，人类发现了原子核中蕴藏着巨大的能量，人类开始核能的研究、开发利用。以核电为例，每一个 235U原子核裂变时，会放出约 200MeV 的能量。以 1 克的 235U 完全裂变时产生的实际能量来算，约为 6.7×10^{10} 焦耳的能量，相当于 2 吨优质煤完全燃烧所产生的能量②。核工程是随着核技术的发展和应用而产生的。人们在利用核技术开发利用核能过程中，必然会对核工程涉及的伦理问题进行探讨和分析。核工程伦理最早萌芽于科学家对使用核武器巨大威力和核战争毁灭人类的危险而担忧和呼吁。《罗素-爱因斯坦宣言》是罗素和爱因斯坦以"人类代表"而非个人身份发表的废止核战争、呼吁世界和平的宣言。对社会以及核开发利用、核伦理问题讨论发挥了极大的影响力，自此核伦理问题逐渐成了科学家和政治家以及大公众关心的话题③。他们在宣言中说："作为人，为了人：牢记你的人性，忘记其他。如果这样做，会有一条通向新乐园的坦途；如果不这样，留下的只是种族灭迹的风险。"④传统的核伦理是研究"战争与道义"，随着对核能有益方面的应用，伦理学研究者把核伦理学作为科技伦理的一个具体构成内容加以讨论。因此，有学者认为："核伦理学不是关于核开发利用的伦理道德规范守则，而是关于核开发利用领域的伦理学理论与实践的学问，它涉及核科学与技术、政治学、经济学、管理学、法学、社会学、心理学、认识论、环境生态学等相关学科领域。"⑤因此，核工程涉及多个学科和伦理领域，如核工程涉及的科技伦理，要求核科学家在从事核能研究、开发和应用时，要承担相应的社会责任，控制核技术应用的风险，确保核技术成果能够为人类谋福；核安全伦理要求尊重每一个生命个体，以"安全第一"为首要原则，维护人类安全、健康和福祉；核工程生态伦理，要求尊重和保持

---

① 国家原子能机构：《排放核废水入海，日方不可一意孤行》，http://www.caea.gov.cn/n6758881/n6758890/c6811531/content.html，2022-02-02。

② 姜圣阶、任凤仪：《核燃料后处理工学》，原子能出版社 1995 年版，第 8 页。

③ 冯昊清：《基于核安全发展的核伦理研究》，中南大学 2008 年博士学位论文，第 14 页。

④ Joseph Rotblat, Daisaku Ikeda, *A Quest for Global Peace*: *Rotblat and Ikeda on War*, *Ethics and the Nuclear Threat*, London: I.B. Tauris & Co. Ltd, 2007, p.127.

⑤ 冯昊青、李建华：《核伦理学论纲》，载《江西社会科学》2006 年第 4 期。

生态环境为宗旨,以现代及未来人类继续发展为着眼点,在核开发利用中对生态环境保护的自觉和自律,不能急功近利,造成生态环境的灾难性毁灭。

核废物

核废物是指含有 α、β 和 γ 辐射的不稳定元素并伴随有热产生的无用材料。放射性废物,是指核设施运行、退役产生的,含有放射性核素或者被放射性核素污染,其浓度或者比活度大于国家确定的清洁解控水平,预期不再使用的废弃物。

国际原子能机构(IAEA)2009 年根据放射性水平将核废料分为六大类:高水平废物、中水平废物、低水平废物、极短寿命废物、极低水平废物、豁免废物,并且推荐了对应的处理方式方法。我国于 2018 年实施的《放射性废物分类》第 5 条规定,我国的放射性废物分为五种,即极短寿命放射性废物、极低水平放射性废物、低水平放射性废物、中水平放射性废物和高水平放射性废物,豁免废物或解控废物不属于放射性废物。其目的在于为国家放射性废物管理战略提供基础,为放射性废物的产生、处理、贮存、处置等全过程安全管理提供依据,确保以安全和经济的方式管理废物[①]。

因此,任何生产、使用和操作放射性物质的部门和场所都可能产生核废物,但主要来源有 7 个方面:(1)铀、钍矿山、水冶厂、精炼厂、浓缩厂、钚冶金厂、燃料元件加工厂等,也称核工业的前处理厂矿;(2)各类反应堆(包括核电站、核动力船舰、核动力卫星等)的运行;(3)乏燃料后处理工业活动;(4)核废物处理、处置过程;(5)放射性同位素的生产、应用与核技术应用过程,包括医院、大学和研究所的有关活动;(6)核武器的研究、生产和试验活动;(7)核设施(设备)的退役活动。

核废物的存放是举世瞩目的难题。目前常见的高放射性核废物,是采用地质深埋的方法。常见的矿山式处置库,位于 300～1500 米深处。若深部钻孔,如在花岗岩石中凿一个地下处置库,则要建在几千米深处。库的结构包括天然屏障和工程屏障,以防止废物中的放射性核素从包装物中泄漏,但很难保证在长达上百万年中包装材料不被腐蚀、地层不变动。我国在高放废物地质处置场选址和评价、地下实验室设计建造以及缓冲材料研发等方面与国际原子能机构开展持续交流合作,在放射性废物管理,特别是高放废物地质处置领域的技术能力迈入世界前列。2021 年 6 月,国际原子能机构批准的北山高放废物地质处置地下实验室正式开工,中核集团核工业北京地质研究院负责设计建造,其建成后将成为世界上规模最大、功能最全的地下实验室[②]。

核污染

核废料产生的辐射,人体直接暴露在这种环境中,会产生癌变、遗传效应,甚至于直接死亡。在被污染过后的地方生存,放射性核素会经呼吸道吸入放射性核素,污染的食品和

---

① 罗上庚:《放射性废物处理与处置》,中国环境科学出版社 2007 年版,第 12 页。

② 国际原子能机构:《国际原子能机构首个高放废物地质处置协作中心在中国成立》,2021 年 10 月 14 日发布,http://www.caea.gov.cn/n6758881/n6758892/c6812708/content.html,2021-11-14。

水源经消化道摄入,经皮肤或伤口入侵人体产生内照射,从而导致上述症状[1]。研究表明,母亲在怀孕初期腹部受过 X 光照射,她们生下的孩子与母亲不受 X 光照射的孩子相比,死于白血病的概率要大 50％。受放射性污染的人在数年或数十年后,可能出现癌症、白内障、失明、生长迟缓、生育力降低等远期效应,还可能出现胎儿畸形、流产、死产等遗传效应。

相关理论与制度解读

一、核事故

核事故是指大型核设施,如核燃料生产厂、核反应堆、核电厂、核动力舰船及后处理厂等发生的意外事件,导致放射性物质外泄,辐射超出正常辐射的安全范围,造成周围环境被污染,对公众和工作人员健康造成危害。核事故的破坏性主要是引发放射性物质外泄。国际原子能机构(IAEA)将核事故依据灾难影响程度划分为 7 级,其中将对安全没有影响的事故划分为 0 级,影响最大的事故评定为 7 级。根据是否有辐射对公众产生影响,核事故又被划分为 2 个不同的阶段,其中 1 级到 3 级被称为核事件,而 4 级到 7 级才被称为核事故,0 级在事故评定范围中,称为偏差对完全没有影响[2]。

核事故除了具有突发性、破坏性和紧急性等一般公共事故的特点外,还具有致病性、持续性、污染严重性和复杂性的特点。放射性物质对人体具有极大的危害,且不可逆,放射性物质直接破坏人体 DNA 和蛋白质等,从而造成人的基因变异和器官功能的紊乱,正常的生理代谢受到严重影响。核辐射能够诱发癌症和白血病,有关资料显示,自从切尔诺贝利核事故发生以来,事故周边的民众出现消化疾病、骨骼疾病和心血管疾病的数量与以往相比大幅上升,其中呼吸系统和神经精神系统等方面的疾病呈增加趋势,尤其是儿童甲状腺肿瘤、心血管疾病死亡率最高达 38.5％。某些疾病发病率如成人和儿童甲状腺系统肿瘤发病率明显增加[3]。核事故的致病致命性分为短期和长期两类,短期大剂量外照射引起的辐射损伤包括全身性辐射损伤(急性放射病)和局部性辐射损伤(人类身体某一器官或组织受到严重损害);在较小辐射长时间的照射下也会对人体健康造成危害,通常造成一些影响健康的疾病会有较长的潜伏期。

(1)持续性。核污染和放射性危害是持续性的,在短期内是不可消除的。核反应在释放能量的同时,也会产生新的放射性元素,有些放射性元素的半衰期较长,甚至需要上万年才能消除。在核事故发生后,核污染的影响并不会立刻被清除,而是取决于放射性核素的半衰期。通常情况下,放射性物质一旦经历爆炸,在短时间内其仍在放射出一些射线,

---

[1] 周平坤:《核辐射对人体的生物学危害及医学防护基本原则》,载《首都医科大学学报》2011 年第 2 期。

[2] 国际原子能机构:《国际核事件分级(INES)使用手册》2001 年版。

[3] 王文欢:《核事故处理的伦理分析》,南华大学 2017 年硕士学位论文,第 8 页。

根据元素本身的衰减周期进行衰减。核污染与化学污染较为相似,污染源被处理之后造成的污染物并不会随之消失。核事故所造成的辐射的远期效应是一种需要经过很长时间的潜伏期才显现在受照者身上的效应,而且核事故的波及面十分广泛,受核污染的地域范围十分辽阔,放射性物质传播十分迅速,有较多的传播途径。

(2)严重污染性。核事故造成的污染不仅对人体的健康构成危害,同时还严重破坏了生态环境,而且由于核事故造成当地的环境污染,这些被污染物同样也会对人体造成一定的危害,从而形成了次生污染。核污染对环境一方面是直接产生放射性污染物,如放射性气溶胶等;另一方面是利用空气、废水等进行传播的污染。直接放射性污染往往可以控制在核事故发生的有限范围内,但是通过带有大量放射性和空气、废水间接污染难以控制。在福岛核电泄漏事故中,日本政府将数百万吨核废水直接倒入海洋中,对周边海洋环境和海洋生物造成了重大影响。

(3)复杂性。由于核事故在发生时会出现爆炸、放射性污染等灾害,破坏力十分巨大,因此一旦发生核事故,情况便会极其复杂,会造成严重的损失,直接影响核电事业的发展。核事故发生后的治理措施执行情况妥善与否,直接关系社会经济的稳定发展;核事故发生之后,公众对核电事业的发展产生质疑;对生态环境破坏力巨大;事故应急面临医学救援困境;事故容易造成社会恐慌,严重损害公众的身心健康。核事故的复杂性,决定了其处理过程比一般的公共事故要更加复杂,处置要求,程序要更加科学规范严谨。

二、核电工程及其伦理风险

核电工程是一项规模庞大、结构复杂的工程实践活动。核电工程建设在为人们的生活带来巨大的经济利益的同时,也给人类带来了巨大的安全威胁。核电建设项目风险来科学技术、社会经济利用、核工程管理等多方面不确定性因素影响,其建设、运营、管理等无时无刻不与人类、社会、环境息息相关。这其中复杂的伦理关系涉及了一系列的安全问题,对人类健康、对社会安定、对环境变化等都可能产生潜在安全风险。核安全问题一直在核发展史上扮演着重要的角色。随着核利用发展史的延伸,核电厂的工程技术、安全管理水平也在持续的改进和完善中日益精进,核安全水平也在不断地提高、稳定。核事故具有低发性,其事故率在能源行业整体范围内远低于平均水平,也就是说核安全水平在某种程度上维持在一个相对较高的水平上。但是,小概率并不代表不发生,核安全有赖于核技术、核控制系统设备、环境、人员等多方面的协调配合和可靠保障,一旦其中某一方面、某一环节出现疏忽或失误,核电项目的低发风险很可能演变成高危险的事故。

核电工程伦理风险是指核电工程项目在建设、运营、管理过程中,所涉及的各方参与者由于伦理关系的影响、伦理规范的约束而造成利益损失的可能性。核电工程伦理风险包括一般工程项目共有的伦理风险,同时兼顾考虑核电项目的特殊性质而产生的伦理风险。如核电的放射性污染、核泄漏的安全隐患等高危险因素对人类生存、环境保护、社会稳定等带来的潜在伦理风险。核电工程活动也是人类工程活动中的一种,核工程师在核工程活动中肩负着对决策过程进行指导和调节作用,确保核工程决策的科学性、系统性、前瞻性,在核工程实施过程中应该以服务全人类、对实现人类可持续发展负责,在核工程应用过程中应该确保公众安全健康福祉,促进工程与社会、人、自然的可持续发展①。

案例启示

一、树立"安全第一"的核能发展观,预防核事故的发生

核电作为高效、清洁、可循环利用的能源形式,在一定程度上缓解了传统火电在能源供求和环境保护之间的矛盾,具有突出的优势,也成为我国乃至世界应对气候变化、解决能源危机的重要选择。随着核电事业的发展及核电技术的发展,核电的安全性得到了极大提高。比如,"第四代"核电站能够大幅度地降低堆芯损伤的概率和程度,具备快速恢复反应堆运行的能力,安全性、可靠性更高。但是科学技术本身具有不确定性和高复杂性,使得其在应用过程中充满风险。所以,技术层面提出的"安全"只是一种相对的安全。核能技术作为现代高科技的典型代表,同样会存在科技上的缺陷,导致核事故的发生。因此,在积极发展核能、利用核电技术的同时,不能犯"技术决定论"的错误,要始终对科学技术保持理性的态度,正视科学技术存在的风险,牢固树立科学的安全核能发展观。《中国的核安全》白皮书指出,中国核安全观是习近平新时代中国特色社会主义思想在核安全领域的集中体现,是中国总体国家安全观的重要组成部分②。"安全第一"是中国核能发展的基本方针,为了确保核安全,中国建立了较为完整的核安全法、核安全监管体系。同时,中国政府高度重视核应急管理工作,颁布了《中华人民共和国放射性污染防治法》《核电厂核事故应急管理条例》《国家核应急预案》等法律法规。同时中国的核事故应急实行三级组织体系,即国家核应急组织、核电厂所在省(区、市)核应急组织和核电厂运营单位应急组织。与此相反的是案例中的日本福岛核事故,福岛核电站自建成后就多次发生事故。1978年第一核电站发生临界事故,但一直被隐瞒至2007年才公之于众,东京电力公司承认,在对下属3家核电站定期检查中,仅第一核电站1号机组反应堆主蒸汽管流量计测得的数据曾在1979年至1998年间先后28次被篡改,这充分说明了核电企业对核安全发展观的不重视,甚至故意隐瞒重大风险,最终一步步地酿成了重大核事故,最终给企业自身发展带来了严重危害,甚至动摇了人类对整个核电事业的信心。这就是违背"安全第一"的核能发展观所导致的后果。

二、坚持核能合理开发利用与生态环境保护并行

福岛核事故的起因是海啸所引发的地震摧毁了第一核电站的冷却系统,反应堆温度升高而导致核电站爆炸。核电运行对生态环境的影响,一方面是放射性污染,包括放射性废水、放射性废气和放射性固体废物。而且这种核废物对环境的污染具有持续性长、覆盖

---

① 李正风、丛杭青、王前等编:《工程伦理》,清华大学出版社2019年版,第233-235页。

② 国家原子能机构:《核安全观》,2021年11月1日发布,http://www.caea.gov.cn/n6759381/n6759387/n6759388/c6812774/content.html,2021-11-14。

面广、破坏性严重的特点。一座 100 万千瓦的核电站,一年卸出的燃料约为 25 吨,其主要成分是铀和钚等放射性重金属。核废料中的放射性核素通过衰变放射出衰变热,改变了地下的温度分布,影响流体黏度、流体密度,进而影响流体的运移,致使土壤中一些物质的化学性质发生转变。另一方面,核废料中的放射性核素可能从容器中浸出,随着地下水的迁移进入生物圈,对整个生态环境造成影响。放射性核素进入土壤、大气和水源中,转移到食物链,将造成更大的生态灾难。在开发利用核能时,在确保安全第一的前提下还需要重视生态环境保护。毕竟核电工程是一项巨大的系统工程,必须具有战略思维和长远眼光。在宏观发展上,要始终以"发展和安全并重、权利和义务并重、自主和协作并重、治标和治本并重"的中国核安全观为指导,理性处理核电发展"好"与"快"的辩证关系,坚持以"好"为根本前提,以"好"促"快"。因此,核电发展既不能停滞不前,也不能把步子迈得太快,要科学地制定核电发展的规划,合理地控制核电发展的总体规模。在微观布局上,要防止一些地方的盲目跟风、企业的盲目扩张,过多、过快地上马核电项目。要严格行政审批,设立较高的进入壁垒,维持适度垄断的市场秩序,根据核电技术、客观条件和社会环境,稳步推进、有序发展,坚持开发利用与环境保护并行,不能只开发利用,不考虑环境保护问题。例如,福岛县在核事故以前原本物产丰饶、环境优美,核事故之后福岛县变得令人生畏,至今依然有 370 平方公里(占全县面积 2.7%)土地被划为"禁区",全县总人口比灾难前减少了约 17.8 万人,污染土等废弃物总量超过 1500 万立方米。因此,不保护好生态环境,最终受影响的还是人类自身。正如恩格斯所言:"我们不要过分陶醉于我们人类对自然界的胜利。对于每一次这样的胜利,自然界都对我们进行了报复。"[①]因此,在核能开发利用过程中,要坚持开发利用与保护生态环境并重。

三、完善核电项目和核技术风险评估和管理机制,推进核技术造福人类

为了保证核电事业规范、有序、健康发展,中国政府至今已先后颁布百余部相关法律、法规、规章、标准及其他规范性文件,涉及核电站建设、运行、退役和核事故安全应急等诸多方面,努力培育与国际先进水平接轨的核电建设和运营管理模式[②]。为了保障核安全,预防与应对核事故,安全利用核能,保护公众和从业人员的安全与健康,保护生态环境,促进经济社会可持续发展,我国制定了《中华人民共和国核安全法》,领域及管辖的其他海域内,对核设施、核材料及相关放射性废物采取充分的预防、保护、缓解和监管等安全措施,防止由于技术原因、人为原因或者自然灾害造成核事故,最大限度地减轻核事故情况下的放射性后果的活动。我国的核安全监督管理体制"由生态环境部(国家核安全局)作为核安全监督管理部门负责核安全的监督管理,工业和信息化部归口管理的国防科工局作为国务院核工业主管部门,国家发展和改革委员会归口管理的国家能源局作为能源主管部门,由公安、交通运输、卫生、环境保护等主管部门在各自职责范围内负责有关的核安全管理工作。我国的核安全实行独立监管,核安全监管机构独立作出安全决定,不受其他任何

---

① 习近平:《习近平谈治国理政》(第 2 卷),外文出版社 2017 年版,第 208 页。
② 国家原子能机构:《中国核电》,2017 年 6 月 16 日发布,http://www.caea.gov.cn/n6758882/n6758896/c6791596/content.html,2021-11-14。

组织机构的干涉,当出现涉及核安全与核技术相关的重大风险时,其他利益相关者必须服从核安全监管机构独立和专业的判断"[1]。以上均说明了中国在完善核电项目、应用核电技术过程中始终保持规范、有序健康发展的原则,积极与国际社会和国际原子能机构等进行交流合作,以最高的责任感和使命感促进核技术的安全利用,推进核技术造福人类。避免出现如案例中福岛核电事故中事故频发,并且隐瞒事故篡改数据等恶意现象存在。在事故面前,东电公司作为福岛核电站的直接运营者与管理者却屡次的反应迟缓、犹豫不决,最终导致了灾难的失控。其作为利益的相关方之一,在面临自身利益和风险的冲突选择面前,选择了其自身利益最大化。从工程投资收益角度计算,核电站建设初期的一次性投入是成本的主要组成部分,建设投产并网发电后,其成本费用多在于日常的维护费用,这部分成本相对于发电而带来的巨大的收益而言是微不足道的。事故发生时,一旦东电公司选择灌注海水用于冷却,就意味着废弃了所有反应堆,而东电长期私有化,其价值取向已经偏差,在面临利益冲突和工程风险选择的时候,东电公司错误地评估了事故的收益和风险,最终选择了保住其核心资产。

此外,在事故面前,政府作为核电工程项目的又一主要利益相关方,其审批不严、监管不力等也都在一定程度上扩大了事故的影响。福岛核电站地处权威机构划定的指定地震观测地,该地区地震的多发,而地震恰恰是核电站重要的安全威胁之一。地方政府为了地方经济政治利益,忽视其自身环境条件限制,盲目地申请审批核电工程项目建设,甚至不惜以该地区的安全和生态环境为代价。政府在核电立项审批方面的缺陷成为风险产生的不可回避的根源问题。事故发生后,政府也没有承担起其监管伦理责任,及时止损。主要的原因在于,政府与企业之间长期存在着经济往来,经济利益的联系使政府失去了监管的地位。因此,各国应通过独立、严格有效的核安全监管,确保核设施的安全可靠运行,确保良好的核安全记录,增强公众对核能的信心,让核能技术更好地造福人类。

四、提高核工程信息透明度对公众和周边国家负责

核工程信息透明:其一,表现在利用核技术方面,比如有多少座核电站、计划规划中有多少在建核电站、装机容量、使用技术等方面;其二,表现在对核废物的处理方面,核废物的形式、储量和辐射程度等数据应该公开;其三,对核技术应用中导致的核事故程度和问题应该及时向公众和国际社会公开,否则容易引起周边民众、周边国家和国际社会的恐慌。例如,东京电力公司承认,从1977年起在对下属3家核电站总计199次定期检查中,曾篡改数据,隐瞒安全隐患。其中福岛第一核电站1号机组反应堆主蒸汽管流量计测得的数据曾在1979年至1998年间先后28次被篡改。在2011年3月日本福岛核泄漏事故发生后,重新唤起了人们的"黑色核记忆"。因为日本福岛核事故的影响,德国冻结延长核电站使用期限政策,意大利将新反应堆计划延期一年,英国、美国的重启和新建计划均受到阻力,印度和澳大利亚表示要进一步检查核电的安全性,中国则宣布暂停审批新的核电

---

[1]　中国核学会:《绿色核能科普宣传大纲——核安全监管》,2020年6月8日发布,http://www.ns.org.cn/site/content/7693.html,2021-11-08。

项目,对运行和在建的核电进行安全检查[①]。正是由于日本福岛核电站对其事故的刻意隐瞒所导致的重大核事故严重影响了公众对核电的接受度影响和制约了核电的发展。与日本截然相反的态度,中国在使用核电技术方面保持着公开透明,截止到 2019 年 6 月,中国投入商业运行的核电机组共 47 台,装机容量 4873 万千瓦;在建核电机组 11 台,装机容量 1134 万千瓦。2018 年,全年核发电为 2865 亿千瓦时,约占全国累计发电量的 4.22%。在核电建设方面,坚持热堆、快堆、聚变堆"三步走"技术路线,近期以百万千瓦级先进压水堆为主,积极发展高温气冷堆、商业快堆和小型堆等新技术[②]。中国政府和有关机构积极寻求国际合作,2021 年 10 月,国际原子能首个高放废物地质处置协作中心在中国成立。协作中心通过开展研究、举办国际会议、组织培训研讨等方式,分享中国在高放废物地质处置技术领域的实践和经验,为中国与国际原子能机构及其他国家深入交流合作提供平台。

提高核工程信息的透明度的目的就是要加强核能利用的公开、公平性,避免因隐瞒重要的核能利用、核技术使用、核废物处置而造成对公众和周边国家的伤害。比如,日本政府不顾多国的反对和质疑,一意孤行地将福岛第一核电站上百万吨核污染水排入大海,对这一关系本国民众、周边国家人民切身利益和国际公共健康安全的大事,日方不与周边国家和国际社会充分协商,一意孤行的做法极其不负责任。这一不负责任的做法完全违背了"安全第一""不伤害公众健康""不严重污染环境"的核能发展准则,势必对其核能发展造成重大损害。

思考题

1. 核工程应该遵循哪些伦理原则?
2. 如何减少核事故带来的危害?
3. 如何保持核能开发利用与保护生态环境之间的平衡?
4. 如何让核电技术更好造福人类?
5. 在核废物处置过程中应该遵循哪些原则?

参考文献

1. 陈彬:《科技伦理问题研究——一种论域划界的多维审视》,中国社会科学出版社 2014 年版。

2. 刘元欣:《核电建设项目工程伦理风险评估模型与控制研究》,华北电力大学 2016 年博士学位论文。

---

① 闫坤如:《核电风险的社会可接受性及其决策伦理探析》,载《伦理学研究》2017 年第 2 期。
② 中国核学会:《绿色核能科普宣传大纲——核电的高效与安全保障(一)》,发布于 2020 年 5 月 20 日 http://www.ns.org.cn/site/content/7635.html,2021-11-08。

　　3.冯昊清:《基于核安全发展的核伦理研究》,中南大学2008年博士学位论文。

　　4.李正风、丛杭青、王前等编:《工程伦理》,清华大学出版社2019年版。

　　5.姜圣阶、任凤仪:《核燃料后处理工学》,原子能出版社1995年版。

　　6.任灿:《我国核电发展的伦理反思》,南华大学2016年硕士学位论文。